宫闱旧梦

当红墙黛瓦邂逅近国色天香

[兰泊宁 著]

中国铁道出版社有限公司
CHINA RAILWAY PUBLISHING HOUSE CO., LTD.

图书在版编目（CIP）数据

宫闱旧梦：当红墙黛瓦邂逅国色天香 / 兰泊宁著 . — 北京：
中国铁道出版社，2018.4（2022.1 重印）
ISBN 978-7-113-24060-8

Ⅰ . ①宫… Ⅱ . ①兰… Ⅲ . ①女性－历史人物－生平事迹－
中国－古代 Ⅳ . ① K828.5

中国版本图书馆 CIP 数据核字 (2017) 第 292660 号

书　　名：宫闱旧梦——当红墙黛瓦邂逅国色天色
作　　者：兰泊宁

责任编辑：田　军　曾山月　　　　　电　　话：(010) 51873012
装帧设计：成晟视觉　　　　　　　　电子信箱：tiedaolt@163.com
责任印制：赵星辰

出版发行：中国铁道出版社有限公司（100054，北京市西城区右安门西街 8 号）
印　　刷：佳兴达印刷（天津）有限公司
版　　次：2018 年 4 月第 1 版　　2022 年 1 月第 2 次印刷
开　　本：700mm×1000mm　1/16　印张：15.5　字数：224 千字
书　　号：ISBN 978-7-113-24060-8
定　　价：45.00 元

目 录

目
录

戚夫人:

遭受荼毒，为爱不悔

美丽的偶遇

暮霭来临，可知我在冷风中遥思君？落日黄昏，晚霞似火红，愁怀寂寂无语，柳叶飘摇天地起晚风。白浪雪似涌，红尘似一梦。如今独自回首，魂梦与谁同？茫茫尘世，已不能再相逢。多少离愁别绪，叹，叹，叹，与君相爱一场空。爱到不能爱，黄泉路阻断，相似的痛纠缠着，回首苍茫路，又一段生死绝恋正在上演。

凄美的戚夫人最为震撼世人的是她被血腥制成一个"人猪"。"人猪"是个通俗说法，其实就是"人彘"。这是一个发生在宫廷里关于阴谋与权力女人之间惨烈血腥的故事。

戚夫人是汉高祖刘邦的宠妃，称戚姬，名懿，下邳（今江苏邳州）人，祖籍秦末汉初定陶（今山东定陶）。生年不详，死于公元前194年。她善长跳"翘袖折腰"之舞，舞姿轻盈，歌声婉转，是西汉初年的歌舞名家。戚姬出生贫苦，她的父母都是下层老百姓。刘邦和戚姬相遇的时候，正逢楚汉争天下，他在征战到定陶时遇到了年轻美丽的戚姬。

公元前 205 年，楚汉争霸正酣，项羽率领精锐骑兵三万人马突袭彭城（今江苏徐州），长驱直入，兵临城下，来势不可敌。几战下来，汉王刘邦也落荒而逃了。

刘邦逃至定陶。他疾奔了许久，看着日色西沉，人困马乏倒还在次，腹中饥饿实在难熬，于是敲开一户农家的门，以求点饮食。

美丽的偶遇开始了。

在攀谈中，戚老汉得知来人是汉王刘邦，便诚惶诚恐地下拜。刘邦扶起老人，问他家世。老汉道："老朽姓戚，世居戚庄。因为连年战乱，妻子流离，俱已不在人世，现家中只有我和小女相依为命。"

老汉叫女儿备酒备饭，招待刘邦。当戚家姑娘端着酒饭款步来到近前，刘邦感觉整个世界都焕然一新。本来他正在逃亡路上，原是焦虑万分，却不想一见到这位虽布裙荆钗却难掩天生丽质的小家碧玉，他就掉进了温柔乡。缘分的力量不可抗拒。

戚老汉命女儿放下酒饭向汉王刘邦行礼。刘邦也起身向戚家姑娘还礼。

戚家姑娘盈盈拜毕，脉脉转身，返入内屋，自有一番风韵。肌肤胜雪，仪态万千；虽衣衫朴陋，却愈发显得天生丽质、光彩照人。

这边刘邦与戚老汉连连举杯，边吃边聊。几杯下肚，刘邦渐渐放松下来，委婉地问戚家姑娘是否许人。

一看话题竟扯到女儿的婚事上来，戚老汉便知汉王对自己的女儿有意，不禁喜出望外，连忙说："小女今年十八岁，尚未订婚。今日大王到此，莫非前缘注定，应侍大王巾栉，大王如不嫌弃，就让小女伺候大王吧。"

刘邦说："我逃难至此，得蒙留宿，已是感激不尽，怎好再委屈令爱做我的姬妾呢？"

戚老汉说："只怕小女配不上大王，大王何必过谦？"

"既承老丈美意，我领情便是了。"刘邦说罢，当即解下玉带，算是给戚家姑娘的聘礼。

不想戚家姑娘却不愿意，她情愿在膝下侍奉爹爹，也不愿意贪图什么富贵。无奈戚老汉必要女儿听父命，不可任性。孝顺的女儿只得点头同意了。

当夜便成婚，在简陋的农舍里。

是夜，两情缱绻，珠胎暗结。戚姬后来产下一子，就是赵王刘如意。

次日吃过早饭，刘邦便辞行要走，戚老汉父女俩苦劝汉王多住几日。刘邦说："我军溃败，将士们不知所在，我怎能在此久留？请让我回去收集散卒，待有了大城可住，定来迎接老丈父女，决不失言！"

到了刘邦辞行之际，这个温柔的戚姓小女子眉锁愁峰，眼含珠泪。刘邦此时一改武夫豪气，绵绵絮语，握着她的柔嫩玉手，情致缠绵，恋恋难别。

❀ 两情缠绵

此后一别经年。刘邦果不食言，安顿下来以后，他便接走了父女两人。

刘邦与戚夫人团聚，共度快乐时光。

从此，刘邦总是把戚夫人带在身边，南征北讨也好，出外巡游也罢，总是难舍难分。

史书记载，戚夫人舞技奇绝，善跳"翘袖折腰"之舞。从出土的汉画石像看来，其"翘袖折腰"的舞姿相当优美，甩袖和折腰都有相当高的技巧，且花样繁复。

她起舞时，只见两只彩袖凌空飞旋，娇躯翩转，如牡丹盛极，海棠初绽，极具韵律美。

当时流行的《出塞》《入塞》《望妇》等曲目，一经戚夫人演唱并舞蹈，刘邦则百听不烦、百看不厌。

此外，戚夫人还长于鼓瑟，节奏分明，情感饱满细腻。

史籍中记载，戚夫人经常鼓瑟操琴，陪侍在刘邦身边。刘邦则与戚夫人随声唱和，高兴时拥着戚夫人开怀大笑，忧伤时则两个人相对唏嘘。

有一天御史大夫周昌来奏事，见刘邦正在宫中抱着戚夫人玩耍，扭头就走。刘邦喝令周昌跪下，他走上前去，骑在周昌的脖子上问："周昌你说，我是什么样的君主？"周昌毫不客气地说："你是桀纣一类的昏君。"刘邦也不生气，倒哈哈大笑起来。

君臣二人为何这般随便？原来，周昌为人强直刚正，忠心不二，他出生入死几十年跟随刘邦，是泗水亭的卒吏，刘邦的亲兵。周昌见刘邦这样沉溺于酒色，心中气愤，因此冒出了昏君的话来。刘邦虽然做了皇帝，但不免还带有乡下佬的无赖习气，也犯不着为了几句话杀掉一个大臣，何况又是多年出生入死的老战友。所以嘻嘻哈哈地大事化小，小事化了。

由这件事可以看出，戚夫人受到的专宠，不仅惹恼了那受冷落的吕后，就是大臣们也看不惯。戚夫人和她的儿子赵王如意的命运也就可想而知了。

戚夫人所受刘邦的恩宠并不亚于褒姒、妲己、杨贵妃等人，但这仅仅是一份缠绵情爱，没有对国家政局造成任何负面影响。戚夫人是个歌舞曼妙的旷世美人，也是个哀婉悲惨的苦命女人，更是个纯朴的乡村女孩。她率真可爱的人格里，没有投机政治的野心，这可能就是她没有祸国的原因所在。和普通的帝王与宠妃的关系不同，刘邦对戚夫人没有居高临下的恩赐，戚夫人自然也还是金丝雀，但她对刘邦却不是献媚者。

他们之间更多的时候是平等的情侣，刘邦疼爱戚夫人并以丈夫的身份保护她，而柔弱的戚夫人也如妻子一样疼爱自己的夫君。

或者说，他们之间就是爱情，虽然戚夫人符合宠妃的一切标准。戚夫人是刘邦温柔痴情的红颜知己，而刘邦是戚夫人温存体贴的情人，看得出，这种情感状态让他们很幸福、很满足。

宫廷里有的是权力。

宫廷里有的是杀机。

宫廷里没有爱情。

爱情是宫廷里的奢侈品。

吕后最是量狭的为人，再加上照照镜子，既已年色早衰，哪能容得下这位戚夫人。相貌既美如花又年轻如初春三月，且一言一行都妩媚动人，再加上刘邦又对她特别宠爱，凡此种种，一缕赛过山西老陈醋的酸气，便自丹田直冲到脑门后，吕后的理智在这种浓度严重超标的酸液里被扭曲了。她如何能不妒不嫉不疯狂？但吕后虽有河东狮吼之威，惧于刘邦，一般情况下，倒也未能发作出来，只是找个借口就辱骂戚夫人一番。

戚夫人和皇后吕雉，因一个男人，成了对头。

她们的爱不一样，吕雉嫁刘邦时，刘邦只是个普通的、落魄不得志的男人；而戚夫人嫁刘邦时，刘邦是汉王，已经威风凛凛。在吕雉眼中，刘邦不过是个长相有些欠佳的男人，她见识过他的落魄、他的无奈、他的泪水、他的贫穷和狡猾；而戚夫人见识的，是唯一的、八面威风、号令天下的刘邦！戚夫人的爱更多些，也更纯粹些。

夺嫡大战

刘邦称帝后，封吕雉为皇后，立吕雉生的儿子刘盈为太子，封女儿为鲁元公主。吕雉家族的很多人都受了封。戚氏被封为戚夫人。时隔不久，刘邦与戚夫人所生的儿子刘如意也获封代王。

爱屋及乌，戚夫人生的儿子刘如意也深受刘邦喜爱。这一年赵王如意长到八岁，高高个头，虎头虎脑却又机灵聪明。据史书记载，刘邦不喜欢刘盈的原因是，认为这孩子软弱无用、性情仁柔，"不类己"。而刘邦喜欢刘如意的理由很简单：刘如意乖巧聪明、行事果断，举止言谈都有刘邦的风范，"类我"。

于是，夺嫡大战在所难免。

公元前197年初秋的一天，刘邦端坐在未央宫前殿的御座之上，文武大臣在殿前两侧排开。

在封建时代，为了避免诸公子争位，要确立一个合法继承人。谁是唯一的合法继承人呢，只有嫡妻生的长子才具有资格。按宗法制度，立太子有两条原则：一是立嫡不立庶，二是立长不立贤。刘盈为嫡妻吕后所生，已在公元前 205 年被立为太子，是天下的储君，如今已有九年。刘邦要更易太子，便被视为动摇国本，必须汇聚大臣共同商议。

那天临朝时，刘邦提出了废立太子的事情。群臣一听都十分震惊，黑压压地跪了一片。他们同声力争，都说"立嫡以长"是古今通例，而且刘盈册立了几年，并没有过错，不能无端废掉。刘邦不肯听从，命令大臣立即起草诏书。

突然，殿中传来一声大呼："不、不……不可！"令刘邦和众臣们都吃了一惊。他们仔细一看，原来是有些口吃的大臣周昌在情急之下大声喊道。

刘邦问："你只说'不可'二字，究竟是何道理？"

曾经骂刘邦为桀纣之君的御史大夫周昌越急越口吃，他说："就是'不可行'！陛下欲废太子，臣……觉得不可以。陛下，这更易太子的事使不得。愚臣说不出个子丑寅卯，但臣期……期……知其不可！臣期……期……不奉诏。"周昌面带怒容，急得脖子都红了。他话说得急，再加上本来就口吃，现在更加吐字不清，所以一连串的"期、期、期"把刘邦也逗笑了。满朝大臣看周昌越着急越结巴，也笑了起来，气氛缓和了许多。这时，又有一些大臣为刘盈说话，于是刘邦宣布退朝。

退朝后，文武大臣都走完了。周昌因为心中有事，觉得话说得不畅快，坐在那里发愣，所以最后一个下殿。

这时吕后也顾不得皇后的尊严，从东厢房跨步出来，直奔周昌跟前。周昌还没来得及行礼，吕后倒扑通给他跪下了。吕后感激涕零地说："御史大夫，今天若没有你，太子一定保不住了。"

周昌扶起吕雉，一本正经地说："我劝谏陛下，是为社稷国家，不是为太子，为何要谢我！"说罢，扬长而去。

原来，吕雉料定刘邦会提出废除太子的事，便在刘邦上朝时，躲在边房中偷听。刘邦宣布更易太子，吕雉急坏了，一颗吊着的心更加紧张。她只觉得眼睛发黑，两腿发软，差点儿瘫在地上。吕雉知道，太子一废，她的皇后地位也就完了，说不定还要被打入冷宫呢！

结果，局面逆转了。

就这样，在刘邦执政期间，他多次于朝堂上，向群臣提出废立太子之事，但每次群臣总是伏在地上，不约而同地坚决反对。之所以有这个结果，一方面是源于不可废长立幼的礼法制度，另一方面乃是戚夫人并不懂得权术，朝堂中没有支持她的力量。她的全部就是她倾心爱着的刘邦，所以这个结果便是必然。

但这样的结果对于戚夫人而言，无异于晴天霹雳，她认定除非立如意为太子，她才会有安全感，他日母子俩才不会死于吕雉之手。刘邦虽然为难得直皱着眉，但此刻的戚夫人宛如一株带雨梨花，嘤嘤而泣，让刘邦不禁又怜又爱："朕心里有数，决不会让你们母子吃亏就是了。"

戚夫人无奈，只得耐心等着。刘邦却也真心替她设法。

娶了吕后爱女鲁元公主的赵王张敖在这种情况下就不能高枕无忧了，不久后发生了一个变故，刘邦无端迁怒于小张，以"驭下无方、难膺重任"为由，降他为宣平侯，改封爱姬戚夫人之子、本已是代王的刘如意为赵王，并把代地并入赵国。

刘邦在个人好恶与正统原则之间徘徊着，内心的痛苦是不言而喻的。掌玺御史赵尧揣摩出刘邦的为难之处，便推荐周昌为赵王相。因为周昌素来为吕雉、太子及内外群臣所敬畏，让他保护赵王如意是最适合的。

刘邦深知御史大夫周昌，正直无私，忠心辅主助上，就命他担任赵地之相，前往镇守。周昌原是刘邦同乡，素病口吃。每与他人辩论是非时，即使辩得面红耳赤、青筋涨起，也一定要把自己的意思申述明白，方肯罢休，所以盈廷文武将吏无不惧他正直。

戚夫人见更立太子无望，也只好同意赵王刘如意去封国。在悲壮的气氛中，赵王赴任了。

送走了如意，戚夫人痛哭不止。刘邦安慰道："朕这是为你好啊！儿子在外，有自己的军队，谁能动他！只要他活着，谁又敢动你！"

刘邦满心以为这下算是对戚夫人至矣尽矣，谁知戚夫人却痛哭着说："陛下请想想，普天之下莫非王土，纵使有重要封地、得力辅臣，将来皇后想要我母子性命，也是易如反掌的。我并非一定要去争太子之位，实因我母子的两条性命都悬诸皇后掌中……"

戚夫人一头倒入刘邦怀内，泪飞如倾盆雨，哭得天昏地暗、乱箭攒心。刘邦又急又怜，只得譬喻劝解说："人生在世，万事本空。我如今劝你得过且过，何必过于认真？比如我此时尚在与你说话，只要一口气不来，也无非做了一场皇帝梦罢了。"说着，不禁眼圈微红，摇头长叹。

戚夫人一见刘邦为她伤感，暗想皇上本有旧疾，怎能让他再受刺激，只得收起一片已碎的芳心，反去劝慰刘邦。正凄怆之际，前来问候万岁圣安的吕后已疾步走了进来，一见刘邦面带悲凉，无力地斜卧在御榻，开口便怪戚夫人道："圣躬有恙，你为什么还要惹陛下生气？"戚夫人赌气，只遵礼向她微拜一下，就一声不语退到后房去了。吕后又向刘邦似劝非劝似讥非讥地絮叨了一番，这才退出。刘邦一等吕后退下去，忙安慰戚夫人。戚夫人且泣且语，说："陛下在此，皇后尚且这般；倘若圣躬千秋以后，我岂能安居此宫一日？"

🌸 不可逆转的悲剧

公元前 194 年，刘邦带兵征讨淮南王英布，中了一支冷箭，回到长安，病势沉重。

戚夫人一直在旁边伺候，见刘邦的伤病很严重，她心里非常担忧。因为她知道，如果刘邦有个三长两短，吕雉是不会给她好果子吃的。因此，戚夫人日夜啼哭。刘邦想到吕后太厉害，太子刘盈制不住母后，担心戚夫人和赵王刘如意的性命保不住，遂狠下决心更易太子。刘邦再次召开大臣会议，这回是奉常叔孙通带头廷争。

他说："从前，春秋时晋献公宠爱骊姬，废太子申生，立小儿子奚齐，晋国五世不宁，乱了好几十年；而秦始皇不早立扶苏，二世胡亥篡位亡了国，陛下是亲见的。现在太子刘盈仁孝，为何要无端废黜？如果陛下一定要废黜太子，就请先杀了老臣吧！"叔孙通一再强调："太子是天下根本，根本动摇，天下震动，于社稷不利！"

叔孙通原是秦朝博士，眼看秦政废坏，一转身投了刘邦。大家都知道叔孙通圆滑得很，他不会轻易强谏。这一次却出人意料，他带头强谏，使刘邦大为吃惊。当然，叔孙通知道满朝文武都反对易太子，所以他才大着胆子说了这一番话。这样一来刘邦又下不了决心了，这次朝议仍然是不欢而散。刘邦狐疑不决。

此后，内外群臣多次上疏，希望不要废太子。刘邦见状，也只能拖下去。

这一阶段，吕雉一直为儿子的太子之位忙活着。她见刘邦一意孤行，不得不四处求助。

她找来智多星留侯张良商议保全太子之法。张良不愿介入皇帝老儿家中之事，不肯出谋划策。吕后让她大哥建成侯吕泽去威胁张良，吕泽说："你为皇上不知谋划了多少计策，今天皇后求你谋划一计你都不肯，这是对国家有二心。保太子是保国本啊！"张良说："陛下打天下，他听我的计，可现在天下已定，他爱着戚夫人和她的儿子，这不是用话语能够劝转的。因为这是爱的力量。皇后色衰而爱驰，怕是没有办法了。"

吕泽还是不放过留侯，一定要他再想想办法。张良沉思了一会儿，说："办法倒是有一个，这要看太子的运气了。终南商山上有四位隐居的老人，陛下很崇敬这几个人，多次请他们下山做客，就是请不来。一位姓庾，名宣明，号东园公；一位姓崔，名广，号夏黄公；一位姓周，名术，号角里先生；还有一位叫绮里季。这四老住在商山，人称商山四皓。皇后派人多带些金玉绵缎等重礼，命太子写下相请的亲笔书信，向四老说明国本之重。若太子请得这四人来，陛下就不会再说什么了。"

吕泽依计而行，四老竟然下山了，就住在吕泽的宾馆里。

吕后见时机已到，便召来太子办了一席家宴，请来四老作陪。吕后陪着刘邦入席，刘邦见有四位老人，心中不觉诧异。刘邦问太子，这四老是何人？还未等太子答话，四老就自报姓名：东园公、角里先生、夏黄公、绮里季。

刘邦听罢，又是一惊，瞪大了眼睛把四老仔细打量了一番，然后徐徐地说："朕多次请你们，你们都躲起来。小儿何德何能，劳驾四老相辅？"四老回答说："太子仁孝恭敬，尊礼儒士，天下能人都愿意为他服务。陛下万岁之后，太子掌政，我等臣民应为国家效力，所以来辅佐太子。"刘邦听了，又喜又忧。喜的是太子得贤辅；忧的是太子羽翼已成，更易不成了。若要强行更换，自己一世的英名将会毁于一旦。

刘邦不免为戚夫人和赵王如意担心起来，此时，他的内心是非常痛苦的。

和戚夫人见面时，刘邦不无伤感地说："我本来是真心要更立太子的，可是群臣反对，甚至四皓也来给太子助阵，可见盈儿已经羽翼丰满，更易不得了，我也无能为力了。"

刘邦说罢，长吁短叹。戚夫人听罢如同晴天霹雳，泣不成声。

刘邦说："你不必悲伤。要知道，富贵有命，得过且过吧。来，我们一起唱歌跳舞吧。"

戚夫人只得止住哭泣，缓缓地跳起楚舞。

刘邦随着舞乐的节奏打起了拍子，边打边唱，哼起了一首《鸿鹄歌》：

鸿鹄高飞兮，一举千里；
羽翮已就兮，横绝四海。
横绝四海兮，当可奈何！
虽有矰缴兮，尚安所施！

刘邦吟唱，戚夫人起舞，他接连唱了四次，音调凄怆。戚夫人听着语意，越觉悲从中来，不禁泣下如雨。刘邦拥着她，也是泪湿皇袍。

二人悲悲切切、凄凄惨惨，最后索性抱头大哭起来。

这一场悲剧在刘邦的妥协中，终于不可逆转了。

太子已经羽翼丰满，可以一飞千里，虽有网罗，也无能为力啊！事态已是无法撼动，我们没有办法了，听天由命吧。刘邦为自己开脱得多么漂亮而彻底！

其实，太子是他的儿子，吕后再毒，也是他给的权，她才敢杀戮随意。真正听天由命的，是戚夫人母子俩。

男人的爱何其凉薄。他明明知道她日后处境必然不妙，却任由悲剧发生，任由戚夫人母子成为牺牲品。终其能做的，就是将年轻的她宠在怀里，百般疼爱。

圈禁永巷

公元前 195 年旧历四月甲辰（即四月二十五日），为打江山而身负无数重创的刘邦，终于走到了生命的尽头，在长安的长乐宫中瞑目而崩，时年五十有三。用史书的话说就是"龙驭上宾"。

临终前，刘邦拉着戚夫人的手，长叹道："看来朕是负定了你，奈何奈何！"此前只是悲泪哀泣得肝肠寸断的戚夫人，听了这话，反倒收了泪，坚定地说："不，陛下，你没有负我！有此真情，不虚今生。哪怕日后刀斧加身，我也永远不悔！"

接下来，当时只有十七岁的皇太子刘盈嗣位，尊其生母吕后为皇太后。这位新皇帝就是惠帝。正如刘邦所料，惠帝柔弱，政权旁落到了吕太后手里。朝廷大政均奉皇太后旨意行事。也就是说，汉皇室的一切大权尽归吕后，当然，现在应当称她为吕太后。

那天，她召掌握重权的大臣陈平入宫，问询他若害了戚夫人，廷臣会不会有闲话。自古以来，从来不愁没有落井下石者，陈平素知吕太后对戚夫人恨之入骨，于是揣度其意，奏道："宫中之事，廷臣哪好干涉，太后尽管自便。"

吕太后得此支持，马上就将戚夫人召来，历数其罪："你狐媚先帝，病中不戒房事，一罪也；欲废太子，以子代之，二罪也；背后诽谤国母，三罪也……此几样罪乃其大者，你其余之罪，数不胜数，现在你还有什么话说？"

戚夫人自知大势已去、靠山已失，就算有一万个理由可以为自己申辩，也不敢言语半句。

吕太后喝一声："速将髡钳为奴的刑罚，加于她的身上！"

几个大力宫女，走上来先把戚夫人身上的锦衣绣服退去，换上粗布衣裳，然后把她头上的万缕青丝拔了个干净。接着又按吕太后的意思继续用刑，直到拔光了戚夫人身上的所有毛发。戚夫人疼得颤抖不已，辗转哀吟，珠泪滚滚，可惜再没有人会怜爱她、保护她了。

吕太后见状，狞笑道："今日且到这儿，让你先吃些苦头再说。"然后即令戚夫人着了赭衣，并将她打入永巷内圈禁，从事舂米等重体力劳动。每日勒限舂米一石，专派心腹内监管理，若是少半升，即杖百下。

从此人生快乐一去不复返，长乐宫成了戚夫人的囚牢、集中营、肉体折磨工厂。可怜戚夫人一双嫩白玉手，平日只谙弹唱，哪能高举大石杵舂臼，又没有气力，但是怕挨杖打，只得早起晏眠地干活儿。她的任务是每天不停地舂米。戚夫人娇贵柔弱，在刘邦身边这几年养尊处优，这样的刑罚自然承受不了。那一天，她一面泪水横流，一面悲声唱了那首著名的曲子：

子为王，母为虏！
终日舂薄暮，常与死相伍！
相离三千里，谁当使告汝？！

吕雉和戚夫人，是女人的两个极端。一个太强大，强大到失去了女人的温柔和娴淑，自己已经是自己的王；一个太柔弱，柔弱到必须依靠别人的力量活下去，如一株菟丝子，依靠在男人这棵植物上发绿长叶，可惜依靠一枯，便再无力生存，只好任人摆布。

🌀 毒杀刘如意

监管戚夫人的吕太后的心腹听了戚夫人的吟唱，忙报知吕太后。吕太后发狠道："这个贱人，还想倚靠你儿子来救你！做梦吧！"当即就命使者速往赵国，召赵王刘如意入朝。谁知使者一次往返，赵王不至，二次往返，赵王仍然不至。吕太后怒气成火，直蹿三丈高，正要提兵遣将捉拿赵王，一个心腹内监奏道："赵王不肯应召入朝，全是赵相周昌作梗。周昌曾对朝使说，'先帝嘱臣保全赵王，现闻太后召王入朝，明明是不怀好意，臣故不敢送王入都。'"吕太后听了这话，不由得犹豫起来，回想起初刘邦一次次提出废立太子问题，吕后急得三魂失掉了两魂，可金銮殿之上，吕后又不便力争。正在无可奈何的当口，幸而守法遵礼的周昌极力保全，当时吕后感激万分，曾在退朝时不顾皇后之尊，扑通一下就跪在地上，向周昌表示感谢，并且还是长跪不起，请教如何能长久保全太子之计，不然躲过这一时也是枉然。现在的吕太后虽然再也不会向周昌下跪，但也不得不略微顾全，于是她便想出了一个调虎离山之计：召周昌入都。

周昌接到诏书，哪敢不遵。

吕太后先把周昌软禁起来，然后再召赵王刘如意入谒。赵王刘如意本来仍是拒绝奉召的，因为周昌走前已再三嘱咐他这一点，还做好了安排，以防来使在赵地就对赵王刘如意下手。来使无法，就谎称万缕青丝已全被拔光、整天重劳繁务的戚夫人现在正苦等他前去相救，于是赵王刘如意哭泣着跟随来使，走上了一条不归之路。

仁厚的惠帝与他的亲生母亲为人大不相同，见戚夫人受罪司春，曾几次哭谏，无奈吕太后不准，惠帝只得空替戚夫人嗟叹。现在一见吕太后召赵王刘如意入都，惠帝知道太后不怀好意，于是亲自到灞上将刘如意接到宫里，每天与刘如意同寝同食，寸步不离，使吕后无从下手。转眼过了好几个月，已是惠帝元年十二月中旬。惠帝见吕太后已不甚在意赵王刘如意，就以为母亲已打消了恶念毒意。

有一天，天刚蒙蒙亮，惠帝就起床去打猎了。秦汉时，长安城外就是皇家的上林苑，皇帝时常去打猎游玩。因见时辰尚早，天气又寒，且年不过十二岁的刘如意还酣睡梦中，不忍心叫醒他，就自己出宫去了。待到打猎回来，他心中惦记刘如意，尚未去见吕太后，就先回到了寝宫。一看刘如意仍蒙头高卧，这才放了心，非但自己不去唤他，且让侍从也不许惊动。直至午膳都开过了，还不见弟弟醒来，一种强烈的不祥感觉让惠帝轻轻揭开了锦被，顿时他就伤心得晕倒在地。原来赵王如意，何尝如意人生，时年不过十二岁的他早已七窍流红，死去多时，尸体都僵硬了。

惠帝明知是吕太后下的毒手，除了大哭数场，还吩咐用王礼殓葬刘如意。后来惠帝查得帮助太后害死赵王刘如意的宫奴，瞒着太后，将那个宫奴暗暗处死。惠帝就再无可奈何，做儿子的也不能罪及母亲，只好付诸一叹罢了。

🌀 血腥摧折

可怜赵王刘如意都殡葬了，仍在永巷舂米的戚夫人都毫不知情，仍巴望爱子前去救她。吕太后当然不会放弃这个最好的精神折磨。

这个"好消息"被详细道给了戚夫人。五内俱焚，惨痛何堪，她心中的长明灯永远地熄灭了。

吕太后仍然愁闷，在她看来，处死这个贱婢，自然容易得不费吹灰之力，只是因为想不出让她死得最苦最痛最受尽折磨的法子，所以才烦恼。

那天，吕太后偶到后园闲逛，忽听得有杀猪的声音，很是凄惨，便踱了过去。尚未走近御厨，遥见一只母猪，满身之毛，虽已钳去，当胸的致命一刀，却尚未戳进。原来这个杀猪法子，吕太后也是始作俑者。她说，先戳死而后拔毛，肉味是死的；先拔毛而后戳死，肉味是活的。当时宫内的猪，就这样遭受了无妄之灾，同是被人吃肉，却还要多承受一番凄惨苦痛的虐杀。

吕太后看着那头尚在惨叫痛嚎的猪，顿时狞笑道："那个贱婢的死法就有了。"然后来至堂前，往上一坐，吩咐宫监、侍女，速把"戚婢"带来。

顷刻之间，戚夫人就被带来了。她服服贴贴地向吕太后双膝跪下，不敢开口，悄悄地抬眼朝上一望，只见吕太后满面杀气，两旁侍立的数十名宫女、内监肃静无哗。

突然听得吕太后朝她厉声狞叫道："速把这贱婢的衣服先剥了！"

戚夫人一听吕太后此时说话的声音，宛如阴阴凶鸮，未曾受刑，先已吓得心胆俱碎，低下头，哀声连连地说："太后可否开恩，让我着衣受杖吧，以免先帝颜面不好看。"

吕太后正眼也不睬她，只是将她那双可怕的眼珠子盯着那群宫女、内监。那群宫女、内监即刻拥上前来，转瞬间，就照吕太后的吩咐，把戚夫人剥得如裸虫一般，先以聋药熏聋耳朵，次以哑药灌哑喉咙，再挖眼珠，复刹四肢。可怜戚夫人遭受着这种亘古未有的奇刑惨痛，却连喊叫一声也不能够。

她光着头，两眼已成两个鲜血渐渐滴出的黑洞，耳朵听不见，只能干张大口。无手、无脚，不能站，不能爬，求生不得，求死不能，她只能在心里无声无息地呼喊刘邦救她。她的眼眶处早已没了眼珠，那两个黑洞中流下的不是滴滴泪，而是点点血。人间最残酷的刑罚落到一个女人身上，而下令行刑的却是另一个女人。

受刑过后卧在地上的戚夫人哪里还像一个人形，残躯早已血肉模糊。对此，吕太后还别出心裁地取了个名字，叫作人彘。吕太后这才感觉出了心头之气，然后一面命人将这个血肉模糊的人彘（即曾如花美貌、千娇百媚的戚夫人）投入厕中（也有记载说是扔进了猪圈），一面开怀畅饮，同时令宫女领惠帝去看看人彘。

宫女把吕太后之命传谕给内监，内监忙至惠帝宫中，对正在思念少弟刘如意的惠帝奏道："奴辈奉了太后面谕，前来领陛下去看人彘。"惠帝一听"人彘"二字，颇觉新颖，于是就跟着引路的内监，曲曲折折，行至永巷。

到了一间厕所前，内监开了厕门，指着厕炕里的东西对惠帝说："这个就是人彘，陛下请观。"惠帝往厕内一望，但见一段人身，既无双手，又无两足，手足断处仍是血淋淋的，而四周早已是殷红的一大片。满面是血又没了一双眼珠子，只剩了两个血肉模糊的窟窿，且面目模糊得难以辨认。一张嘴开得甚大，却听不到发出什么声音，只是一阵阵的血腥气逼人。除了那一段身子还能微微打颤抖动，此外看不出这个还是活物的生命对于极端痛苦的任何反应了。

惠帝看得又惊又怕，不由得缩紧了身子，往后直转，问内监道："这究竟是谁？犯了什么滔天大罪，要受这样残酷惨绝的奇刑？"宫监不敢说明，惠帝便硬要宫监说。宫监刚说出"戚夫人"三个字，就几乎把惠帝吓得晕倒。他勉强安定了心神，颤抖地问个仔细。于是内监附耳对他说，是太后命人把戚夫人的手足砍断，眼珠挖出，熏聋双耳，药哑喉咙，最后又令投入厕中，估计得饱受多日的折磨她才能咽下那口气。

果然，时年仅仅二十七岁、生命力如野草一般旺盛的戚夫人，在历经了好几个月的煎熬后，才死在了厕中。当然，也有记载说是死在了猪圈里。总之，戚夫人是被扔在一个极端污秽处慢慢熬毙的，这却是不争的事实。

惠帝不禁失声道："好一位狠心的母后！要知道她毕竟是先皇爱妃，我父亲最心爱的女人啊……"说着眼中就不禁垂下泪来。随即回到寝室，躺在床上一言不发，且不饮不食，就是一个劲儿地流泪。

这边那个内监回报太后，说："皇帝看了人彘，吓得在哭。"吕太后一听，脸上顿时现出得意之色，对众人道："我就是要让他害怕，以使他心有警惕恐惧，知道了我的厉害，以后就不敢生什么异心、违反我的旨意了。"

不想第二天，惠帝宫中的内监前来禀报，说皇帝昨天哭得一夜没睡，今儿早上忽然又哭又笑、自言自语。

到底是亲生儿子，吕太后心疼得忙随内监来到惠帝宫中。只见惠帝卧在床上，两眼发直，呆呆地一阵阵痴笑，问他什么话都答非所问。

医官诊脉之后，说是怔忡之症，一连用了好几服安神解忧的药剂，惠帝才觉有些清爽，可一想起那悲惨的母子俩，就又是呜咽不止。吕太后不放心，回宫之后，常常打发人来问视。

过了几天，惠帝完全清醒了，对吕太后遣来的宫监说："你去替我奏禀太后，人彘之事，实乃兽行，非人之所为。戚夫人随侍先帝有年，怎么能让她死得如此惨痛？！我已有病，况且本来也没有什么才能，难以治理天下，今后可请太后自主专裁吧！"

从此汉廷之中的大臣没有不惧吕太后之威权的，人人都服服帖帖。独有周昌听说赵王惨死，自恨没能保全，深负先帝付托，曾痛哭连日，甚至晕厥数次。及至听到了戚夫人被做成了人彘，他竟哭上殿来，向着先帝曾坐过的御座，口口声声说赵王母子是死于他的手，然后自己扼住自己的喉咙，当场就死在了大殿之上，死在了吕太后面前，死在了群臣面前。

飞扬跋扈的吕太后居然没有治他的罪，还下令厚葬之，赐谥号悼侯，还要给他儿子封官。周昌之子叩谢后却断然拒绝，说是家父生前有言，若违父命，受之有愧。

🎗 还戚夫人一个公道

都说吕后惨杀戚夫人，是因为戚夫人唆使刘邦废黜太子而改立刘如意继位。但严谨的汉代史客观地告诉我们，其实刘邦才是这件事的始作俑者。因为刘邦认为太子过于软弱，难以掌控江山，而刘如意更合适继承大位（太子不似我，如意似我），后来吕后乱政的事实也证明了刘邦所虑正确。如果戚夫人不是为人率直真诚，她完全可以心里偷着乐而口头上又虚伪地谦让。由此看来，戚夫人是一个高雅的艺术家（其歌舞都是国家一级演员水平）、一个小女人情结严重的淑女。她崇尚的不是权力，即使帮刘如意争太子位，也更多的是出于对儿子的亲情关爱。这样的女性不可能具备应付宫廷阴谋陷阱的老谋深算，因此在保护人离世之后迅速地遭受惨祸也是必然了。

戚夫人惨死了，死后她还遭受了无数不公正的评价，因此，请还戚夫人一个公道！

吕太后自从公元前 187 年称制以来，刘家天下早已变成吕氏江山。直到公元前 180 年三月上巳，吕太后依照惯例，亲临渭水举行活动，以祓除不祥。事毕回宫的路上，突然看见一只白色小狗奔到近前，狠咬她的足履，顿时痛彻心腑，大声呼喊。卫士忙抢上前来护驾，却不知出了什么事，吕太后疼得紧皱双眉，呜咽道：“尔等不见一只苍狗咬我吗？还问何事！”卫士都回答实在没看见什么苍狗，吕太后听了这话，便左右四顾，果然什么也没有。可是回宫解袜一看，足踝已经青肿，疼痛难耐，虽敷药服丹，均无效果。于是太史奉命占卜，据其得之爻象，说是赵王刘如意作祟。没奈何，吕太后只得遣人到赵王刘如意坟地墓前祷告，却仍旧无效。吕太后已起不来床，昼夜惨呼痛号，到新秋时节，终于一命呜呼。

吕后独揽朝廷大权后，公然违反刘邦临死前定的“白马之盟”，将吕姓亲属大肆封王封侯，同时更加专权和残暴，引起众大臣的不满和愤怒。公元前 180 年，吕太后死后，刘姓王复位，一场血腥激烈的“铲除诸吕”政变开始了。最后的结果人所共知，此后的数百年里，天下仍是刘姓王朝。吕氏全族男女被屠杀殆尽。

第一卷·戚夫人：遭受荼毒，为爱不悔

❀ 戚堌晚鸦

公元前 179 年，即文帝登基后的第一年，他便下令在戚夫人的故乡定陶建祠祭奠。祠院内古树参天，每到夜晚，乌鸦归巢，绕祠飞鸣，好像在恸哀戚夫人的惨死，当地有"戚堌晚鸦"之说。

"人彘"的故事发生了两千多年，可是人们一直在为戚夫人鸣不平，可谓是人神共愤。想来个中原因，不管社会体制如何改变，人性中对于真善美的价值取向都是共通的、永恒的，否则吕氏家族被杀之惨烈却不被人们所同情，就不能解释了。

软弱、善良、本真、美丽的戚夫人用生前的惨烈、痛苦，永远地战胜了不可一世强权疯狂的吕后。

这是美好人性的胜利。这是美好人性的光辉。

大汉的未央宫闱
我是你手心里袅袅娜娜的珍爱与妩媚
是我浸软了你的钢铁意志
我们是平等的情侣、恩爱的夫妻
我们之间从来就不是帝王与宠妃
我们一同沐浴阳光、一同看花的红、草的绿
无力把美描绘在宣纸上
历史是一场场的生死轮回
凄凉的风轻轻吹过
桃花树树随风散出幽幽的叹息
如今我们的故事早已装订在古籍

两千年前，我轻擎花纸伞
在芍药花丛里柔美呈现
那天你驰马经过，情绪糟糕到了极点
而我们的相遇绝非俯拾皆是的偶然
你说我的手是嫩藕
如玉一般轻抚你心的最柔软

紧攥住异乡夜里盛开的兰花
在怦然心动里更迭着悱恻缠绵
颠鸾倒凤被写成一段段佳话
世人看到了这份收入汉史的情缘

你天明告辞
但却从此永远不能再从我的生活中消逝
我久久凝望你打马离去的柴门
盈眶而出的是经年的孤寂

突然被千里迢迢赶来的热烈包围
共聚的时光如此美妙
锣鼓喧天，喜庆的旋律余音缭绕
发自肺腑的情感如合欢花开，娇羞袅袅
唯愿从此举案齐眉肝胆相照

寒冷的冬天来得太迅急
一片肃杀里，我注定是被制造伤害痛苦的靶子
我甚至被妒忌拥有尸体的完整无缺
于是血腥纠结住这个你深深爱恋过的女子
披露而出的狰狞撕碎了寸寸肌肤

半掩半遮着大红彩绣金帐里火辣的爱情
却造成了耸人听闻的短命
我已触及到了死亡
却还必须每时每刻感受刀刃的雪亮和利锋
幸福惬意与自由自在都是别人的事
我在一直无法止痛的黑暗里，没有一丝表情

淌满面颊的泪水涌潮起寓言一样的结局
绝望中赋予了夜色茫茫的凄楚
在你临终储满真爱的凝眸中

是否映现出我日后的苦旅
在那个不久前的血色黄昏
我的命运是五尺随风飘起的白绫
如能挂在一棵开满雪般花朵的古梨树枝
让我的灵魂烟缕一样迅速遍撒孤寂星空
那简直是对我最大的恩赐
我发不出任何声音
空气中流动的激越凛冽俨如飞升的怒火
直刺云霄，逼问苍穹
婀娜的韵姿为何被扭曲
血泪悲泣，天妒红颜
鬼魅终将尤物抛弃荒郊野山
世路上烟雨飘摇
万丈红尘里又多一个冰冷的花冢
而我就是其中僵硬的木头
直戳戳地冻成一块坚冰
但我的内里却是火山般热烫
雪花漫天飞落，告诉我
千年以后，桃花还会再开
多想能开启这暗哑的珠喉与樱唇
让我再发出美妙婉转的乐音
一辈子也翻不过这道门槛了
只能寄希望于有梦的夜里
化作一朵自由的云

在纡回深沉的绝望里，大梦已醒
我完全迷失了回归的路径
只有那强劲呼啸的猎猎冬风
从美人到枯骨，从春到冬，从未央宫到荒墓
亲爱的，我的世界如何能抵达天明

第二卷

皇后张嫣：

寂寥花事，一生何依

她在寂寞中生长，又在寂寞中开花，最后在寂寞中凋谢。

她终生以寂寞为伴，她就是寂寞开出的一枝美丽花。她忍受着岁月的寂寞，最终用一生将岁月寂寞成一枝美丽的花朵。

她是汉代第二位皇后，但在她身上却有着多个"第一"：

她是第一位经过大婚册立由正宫门抬进未央宫的皇后；

她是第一位乱伦婚姻下的皇后；

她是第一位处女皇后，更是以处子之身将各嫔妃之子作己子抚养的皇后；

她是第一位丈夫去世后人还健在却未能成为皇太后的皇后；

她是第一位被废弃、被人遗忘在角落的皇后；

她更是第一个死在冷宫中的皇后。

她就是汉惠帝刘盈的皇后张嫣。

张嫣祖籍大梁（今河南开封），是汉惠帝刘盈的亲姐姐鲁元公主和宣平侯张敖的女儿，即汉惠帝的外甥女，汉惠帝是她的舅舅。唐代司马贞撰写的《史记索隐》中提到，西晋皇甫谧称张皇后的名字为"张嫣"。《汉宫春色》记载，张氏名嫣，字孟娭，也字丽英，小字淑君。她是史上第一个处女皇后，容颜娟秀绝世，性格温默贞静，爱好种花、读书。张嫣于公元前163年去世，臣民纷纷为她立庙，定时享祭。

🌸 亲情的悲凉与脆弱

皇后张嫣也是汉朝初期宫廷斗争的牺牲品，她和戚夫人、刘如意其实是一样的命运。她在世时默默无闻，《史记》《汉书》都没有关于她的记载。她的婚姻可谓是一团糟糕，有乱伦之耻，也有荒唐之嫌。

她于幼年时嫁给了亲舅舅刘盈，刘盈不愿屈从，所以二人并无夫妻之实，他们只是一对挂名夫妻。

皇后张嫣入宫不过三年，年仅二十三的刘盈就去世了，她未及花季便开始守寡，四十岁时再静悄悄地死去。

皇后张嫣在寂寞痛苦中度过了一生，她从来没有享受过一个女人的欢乐。谁能想到，一个美丽天真无邪的少女，又有"母仪天下"的风光与显赫，却是凄凉和孤苦作了生命的陪衬。张嫣的一生是那么的无可奈何，虽然贵为皇后，却对一切的不公无能为力，自己的命运完全由他人主宰。

命途多舛的张嫣其实是一位温柔淑丽的绝代佳人，张嫣的父亲张敖是当时著名的美男子，被称赞是"古之子都徐公，不能过也"，故而颇能"尚主"。而她的母亲鲁元公主也是位美人。这样看来，无论是像父亲还是像母亲，张嫣的先天基因都是很优秀的，想来确是位美人。

而晋人的《孝惠皇后外传》记载，这位皇后"容与德皆极美而幽废"："皇后蛾眉凤眼，蜻领蝉鬓，两颊丰腴，耳白如面，其温淑之气溢於言表，似长公主，而面格长圆，似宣平侯，或但遥见其肩背，即已叹为绝代佳人……张皇后之美，端重者逊其淑丽，妍媚者让其庄严，明艳者无其窈窕，虽古庄姜、西子，恐仅各有其一体耳。……全体丰艳，其肌肤如凝脂，如美玉，后身不御芗泽，而满体芬馥如芝兰。"

由于母亲和父亲的良好基因，张嫣自幼生得美丽端庄，再加上身份高贵，自然是从小备受家族长辈的疼爱。

吕雉在刘邦登基前，曾为他育得鲁元公主和汉惠帝刘盈一子一女。和其他帝王家那些儿女和母亲不同，这两个孩子跟着吕雉一同颠沛流离，吃尽苦头，甚至是逃难的时候刘邦嫌马车载人多速度慢，还把儿女都扔了下去，这在曾被刘邦抛给项羽做人质的吕雉看来，更是痛彻心扉。吕雉自然对这双儿女疼爱有加，希望能将刘邦带给他们的苦难都加倍补偿。身为鲁元公主的女儿，张嫣便受尽宠爱。

汉高祖九年（公元前198年）三月，刘邦突然派使者赶往赵国，将赵王张敖和赵国丞相贯高、赵午等人一起抓去长安治罪。张敖本人生性忠厚、知书守礼，自继承父亲张耳的王位以来，一向对刘邦恭顺小心。张敖的王后就是刘邦和吕后所生的女儿鲁元公主。鲁元公主带着五岁的女儿张嫣，哭哭啼啼送别了丈夫的囚车后，立即差人赶往长安的宫中，向母亲打探消息，想知道丈夫怎么又得罪了刘邦？从这一天开始，生长在富贵之家的张嫣，便经受着骨肉离散和政治动乱的苦难。

吕雉很快派人向鲁元公主详述了张敖获罪的原因。

原来，刘邦根本就不喜欢这个女婿，嫌弃张敖不如他父亲张耳有英武之气，只是因为张耳在世时，两家已经订了亲，所以不便悔婚。两年前，匈奴进犯，刘邦带兵亲征，路过赵国，张敖亲自出城迎驾，招待刘邦十分殷勤周到。但是，刘邦对他傲慢无理，三句话不出就辱骂发火。作为女婿，张敖仍然笑脸相待，毫无怨言。谁知，刘邦的作为却惹怒了丞相贯高和赵午二人。他俩原是张耳的朋友，张耳临死，嘱咐他俩好好辅佐儿子张敖，如今见少主受此欺辱，大为不平，便相约一起去见张敖，表示愿为张敖出气，设法除掉这无道昏君。

张敖一听，吓得面如土色，忙阻止他们不许再说下去，又咬破手指，对天发誓道："皇上待我不薄，我当世世不忘，若有辜负，不得好死！"

见赵王执意不肯谋反，贯高与赵午私下议论道："大王生性忠厚，不忍背弃刘邦。我等设法去杀了皇帝，事成便好，如果不成，自己一人承担责任！"于是，贯高派了几名刺客，跟随刘邦的踪迹，但一直没有机会下手，这事也就搁置了下来。

一晃几个月过去了，贯高得罪了府中一名亲信属官。这人为报复贯高，遂向刘邦告发了这件事。刘邦不问青红皂白，便将张敖和贯高、赵午一起抓去治罪。

囚车到达长安，急坏了吕雉，她连忙赶去见刘邦，竭力为张敖辩护，说张敖已经是皇家的女婿，怎么可能再生谋反之心？但刘邦不信，反驳道："张敖如果真得了天下，还少你一个女儿吗？"这话说得吕雉哑口无言，干着急也无能为力，但是吕雉一定要亲自参与庭审。

廷尉碍于吕雉在现场，不敢拷问张敖，只是一味对贯高施加酷刑，要他说出主使者。贯高好汉做事好汉当，把一切都承担下来，咬定是自己所为，与赵王毫不相干。他被折磨得几乎残疾，仍不肯牵连赵王。

贯高的行为打动了刘邦，刘邦不禁想道：哪一个人肯断送自身三族的性命，为别人承担谋害皇帝的罪名呢？于是，他又派人去调查，证明贯高所说全是实情，这才相信张敖确实不知情，便赦他无罪。但刘邦还是下令把张敖降为宣平侯，并收去了他原来的封地。

🏵 一场不应当存在的婚姻

这场变故对鲁元公主和张敖一家而言，无疑是天降祸事。经历了这么一场变故，鲁元公主和张敖的日子过得战战兢兢，如履薄冰。张嫣的幼年，就是在这样一种复杂的政治背景和宫廷权力斗争相互交织的漩涡中度过的。

她长得端庄秀丽，又是帝王之家出身，受到很好的教养，所以端的是一派小淑女风范。父亲降为侯爵后，全家迁居长安，她反而有机会经常出入皇宫。

张嫣每次跟随鲁元公主入宫，汉高祖刘邦都会命戚夫人抱着她，给她点心吃。刘邦对戚夫人说："你虽貌美如花，举世无双，可这个小女孩十年以后，恐怕不是你能比得上的。"

阿嫣当五六岁时，容貌娟秀绝世。每从其母出入宫中，高帝常令戚夫人抱之，啖以果饵，谓夫人曰："汝虽妍雅无双，然此女十年以后，迥非汝所能及也。"

——《汉宫春色》

张嫣长到十二岁时，已是一个亭亭玉立、楚楚动人的少女了。因为小时候的家庭变故，她显得比同龄人更成熟，更孝顺父母，心地更善良，而且处事小心翼翼。

这时她的外祖父刘邦已经驾崩，舅舅刘盈做了皇帝。她的温柔安静，颇得舅舅喜欢。张嫣对心地善良、待人宽厚的舅舅也颇有好感，但她无论如何也不会料想到，一场齐天的富贵和一生的悲剧伴随一件乱伦的丑事，一同降落到了她的身上！

高祖驾崩，惠帝即位。因为要守孝三年，这期间不能立皇后，那位倒霉的太子妃还没等到孝期满就死了，当时还未曾有追封的说法，故而这位薄命的太子妃，死后连个追封的名位都没有。另一方面，因为太子妃的去世，导致惠帝后宫的正宫虚位以待。汉惠帝四年（公元前191年），吕雉要为二十岁的刘盈选择皇后了。选来选去她都不放心，生怕自己控制不了新的皇后。为了继续掌握权力，经过一番权衡，吕雉最后竟别出心裁地决定来个亲上加亲，把外孙女嫁给儿子刘盈，这一荒唐的决定也只有吕雉才能做得出来。

这天，吕雉的一纸诏书传到张敖的府中，册立他的女儿张嫣为当今皇后。随后，宫中又派大臣送来白璧、黄金、彩缎、骏马，作为皇家的聘礼。要是在别人家里，这可算是喜从天降，可是张敖夫妇接下诏书后，不禁尴尬万分，舅甥成婚这不是乱伦吗？更何况女儿还未成年，怎么好出嫁当皇后？帝王家出了这种事，不让天下人耻笑吗？夫妇俩呆了半晌，不知如何是好。但吕雉的命令，他们哪敢违抗。

吕雉平生只爱两个人，那就是她的儿子刘盈和女儿鲁元公主。此时她以母后的身份操持军政大权，更是过分地疼爱鲁元公主，竭尽全力地想给女儿一家更高的荣耀、富贵。晚年的她只考虑自己的权势，其他什么都顾不上了。

这时的大臣们也是面面相觑，虽然不伦不类，但哪里敢得罪太后以致遭杀身之祸呢？因此庭议时没有一人敢出面反对。

舅甥结亲已是荒唐，而从年龄上看，更为荒唐。二十岁的舅舅，娶了十二岁的外甥女。吕太后让这一对少男童女结合生儿子，无论在伦理上，还是生理上都是背逆天理的。而吕雉成就这桩婚事的理由居然是张嫣美貌端庄、出身高贵，而甥舅关系并不包括在五伦之类。甚至对此，还有人大拍马屁，提出战国时期晋文公娶姐夫秦穆公的女儿怀嬴来作比喻。这比喻还真真是荒谬，怀嬴并不是晋文公的亲姐姐秦穆夫人所生，两个人并没有实际的血缘关系。

如若张嫣仅是张敖的姬妾所生，那么二人自然就不存在血缘关系了。但根据史书的记载，张嫣是"鲁元公主之女"，而不是宣平侯之女。而张嫣和汉惠帝，分明是存在着血缘关系的亲甥舅，可见这是多么荒唐。还有一个很重要的原因，吕雉费尽心思便是想巩固吕家的地位，如若她想亲上加亲，那么自然不会找一个外姓女子安插在自己儿子身边，按她对女儿的宠爱程度，她自然也做不到将女儿情敌的女儿送入宫中，然后看着女儿悲伤，那不是把张嫣变成另一个戚夫人了吗？因此，这桩婚事是一件彻头彻尾的荒唐加悲剧。

张嫣与刘盈在公元前191年十月结为夫妻，这位中国历史上第一位经过大婚册立的皇后便由正门抬进了未央宫，正式开始了她宫中漫长而孤寂的生活。

吕雉作为皇太后，为儿子和外孙女举办了盛大的婚礼。她亲自制定了仪式方案，从国库拿出黄金两万斤作为聘礼。这在当时相当于两千个中等人家的家产。

在惠帝登基四年后的冬天，长安城张灯结彩，好不热闹。二十岁的皇帝刘盈身着大婚礼服，站在未央宫前殿，迎娶他的皇后张氏。新皇后登上凤辇，在文武百官的簇拥下进皇宫，在未央殿前同刘盈行了大礼。

宫闱旧梦——当红墙黛瓦邂逅国色天色

错嫁错娶两相误

惠帝对母后包办的婚姻极为不满。"人彘"的强刺激，让刘盈一颗仁厚的心无法承受，他从内心痛恨母亲的残忍和宫廷政治的暴戾，但又无力抗衡。交出权力后，他开始变得消极，心如死灰，一蹶不振，一切听命于天，任凭吕雉摆布。当母亲为他安排了这样一桩乱伦的婚姻时，他更加憎恨母亲的专横跋扈。他根本就不愿意接受，但是他已经成了十足的傀儡，没有人理会他的抗议，他只能像羔羊一样服从，这却苦了无辜的张嫣。吕雉不在意舅甥乱伦，但是，刘盈却不愿意接受这个事实。

惠帝对于婚事无从抗拒，唯一的办法只能是，与张嫣不行夫妻之实，保全人伦。

婚后的张嫣从未同丈夫汉惠帝有过夫妻之实。汉惠帝不是灭绝人性之人，故而只是对张嫣很好，却未召幸她，他不愿亵渎可爱的外甥女。他只是在后宫同其他女人厮混，乃至汉宫许多孩子出生后，刘盈都不知道其母是谁。

迎娶外甥女的难堪让惠帝更加自暴自弃，终日沉湎于酒色之间，将有限的生命投入到无限的酒色财气中，在靡靡中消磨自己残存的理智和痛苦。

先是女色，然后又是男宠。根据《史记》的记载，惠帝时期，被封为郎中之人大都是惠帝的男宠，头戴美丽羽毛装饰的帽子，腰系贝玉带，脸上涂脂抹粉，出入于惠帝身边，有名可查的，如闳孺。

大婚后不久，有人密告惠帝，说这桩婚姻是辟阳侯审食其在枕边同太后悄悄定下的。审食其是太后的情人，刘盈也有所耳闻，对于母亲的淫乱，刘盈又羞又恨，总想伺机收拾审食其，现在听说这件事的策划人竟然是他，更如火上加油，刘盈下定决心要报复审食其。

审食其原是刘邦在沛县时的贴身家人，刘邦率三千子弟兵离开沛县时，命他在家照顾吕雉母子。时间一长，审食其就照顾得太周到了，竟然给刘邦戴上一顶绿帽。刘邦并不知道这两个人的暧昧关系，刘邦在即位后，感念审食其护家有功，封审食其为侯。而吕雉同审食其依然旧情不断。

一天，惠帝找了一个借口，把审食其逮捕下狱，准备治以死罪。平时，他什么事都做不了主，唯有这件事，他抓住不放，任凭吕雉怎么派人说情，刘盈就是不肯赦免审食其。吕雉又不便亲自出马为姘夫讲话，急得犹如热锅上的蚂蚁一般。

这时，一个叫朱建的人，走了惠帝男宠的门路，救了审食其一条命。

平原君朱建早年因老母病死，无钱筹办丧礼，多亏审食其馈赠五百两银子，才解决困难。此番审食其有难，朱建很想救他出狱，便找到惠帝的男宠闳孺，托他说情。他对闳孺说："审食其一死，你的性命也难保。"闳孺吓了一跳，弄不明白审食其的死跟自己有什么关系。朱建分析道："你受皇上宠爱，审食其受太后宠爱，一旦皇上将审食其杀掉，太后为报复，也会借故把你杀掉的。"

闳孺一听，很有道理，心想要保住自己的命，必然先要保住审食其的命。于是，他使出浑身解数，设法让刘盈赦免了审食其的死罪。从这件事可见刘盈性格的软弱，戚夫人和刘如意的血使他害怕，他再也不愿去杀生了。

🌀 假孕

对于惠帝的私生活，吕雉更是横加干预。《史记·外戚世家》中记载："吕后长女为宣平侯张敖妻，敖女为孝惠皇后。吕太后以重亲故，欲其生子万方，终无子，诈取后宫人子为子。"吕雉违背天理与道德，千方百计让一个十二岁近亲女孩生儿子，简直是对亲骨肉的摧残。惠帝绝望地喊出"此非人所为"，又岂止是对"人彘"的抗议？！

身为外婆兼婆婆的吕雉最希望张嫣能生子，但由于张嫣年纪实在太小，加之张嫣同惠帝并未有夫妻之实，无法受孕，吕雉便想出了假怀孕的损招。她先让张皇后用衣服把肚子撑起来，装作怀孕的样子。然后到处宣扬皇后有喜了。十个月后，吕雉将一个生子不久的妃子杀掉，把孩子抱给张皇后，并诏告天下：皇后喜得贵子。这个孩子就是刘恭。

吕太后以重亲故，欲其生子万方，终无子，诈取后宫人子为子。

——《史记·卷四十九·外戚世家第十九》

宣平侯女为孝惠皇后时，无子，详为有身，取美人子名之，杀其母，立所名子为太子。

——《史记·卷九·吕太后本纪第九》

惠帝宿西宫眠东殿，拥美人抱夫人。张嫣守着一个皇后的名头，孤寂而安静，却突然传出天下大喜，皇后诞下皇子。

他苦笑，怎么可能？她亦茫然，这对从未行过周公之礼的男女何来儿女？他们不过都是吕雉手上的两颗悲惨的棋子罢了。

这位生子不久的妃子更是不幸，不仅不能母凭子贵，这个孩子反而成了她的催命符。史料记载中，这个可怜的女人连个姓氏都没有。这个孩子便是西汉前少帝刘恭。

不久，吕雉授意惠帝立这个襁褓中的男婴为皇太子。

惠帝早已心灰意冷，吕雉要怎样他都无所谓，于是便如吕雉所愿，立了皇太子。

🌀 变故频频

抑郁成疾，加之酒色过度，汉惠帝年纪轻轻地就死了，那一年是公元前 188 年。皇太子继位，史称"少帝"。十五岁的张皇后仍然是个处女，而且终生是处女。

对于深处正宫的张嫣，漫长岁月里的孤寂落寞，也许是难以应付的。年幼之时，她只是敏感，在名义上，惠帝从舅舅变成了丈夫；而等到她豆蔻年华、少女多情的时候，惠帝却已驾崩。

张嫣收养的儿子刘恭继位，按理说张嫣也该升为太后，凭借她的资质和权位，完全可以成为垂帘听政的皇太后。然而事实却是，吕雉仍处原位，仍称皇太后并临朝称制，张嫣则不称太后，尊号"孝惠皇后"。

寡居宫中的张嫣，什么事也不能过问，一切皆由吕雉做主。张嫣在宫里寂寞度日，美好的青春就这样不明不白地逝去了。

从皇后，到健在却未能立为太后，她的人生，仿佛从来都是被人支配的，她也很少言语。

公元前 187 年，张嫣的母亲鲁元公主去世。

公元前 180 年，张嫣的外祖母——临朝听政的吕雉也去世了。

逝前，吕雉权衡利弊，只能遗嘱吕产等辅政，立侄子吕禄的女儿为后少帝（刘弘）皇后以保障吕氏一族的地位。而对张嫣，吕雉却并无任何托付。

此刻的张嫣无权无势，只得被迫迁入长乐宫。她和母家来往有限。而吕家对于这颗棋子也失去了信心，任由其挂着皇后的名衔自生自灭。

接着，高祖老臣周勃等发动政变，诸吕被诛，刘弘被杀。后宫又成为刘氏的天下，汉文帝刘恒即位。

北宫是未央宫后的一处极为幽静的院落。朝野都知道张嫣与诸吕乱政无关，因而没有在夷灭诸吕时杀死她。

而张嫣虽幸免一死，却受到牵连，被褫夺皇后称号，幽居北宫，在这里幽居了十七年。

✿ 冷宫

惠帝死后，刘家王朝成了吕家天下，这同张嫣无关；吕雉死后，吕氏天下又回归刘家，也同张嫣无关，因为她是傀儡。汉文帝进未央宫执政，她失去了皇后的名分，被迁入冷清的北宫居住，那里如同尼姑庵一样，她一住就是十七年。

当时，诸吕被诛，后少帝已死，剩下的只有默不作声的孝惠皇后张嫣了。这位皇后本可以守节而终，安分一生。然而想一绝后患的功臣集团里，有人提出张嫣淫荡邪僻，应将她处死；也有人认为不用给她太后之名，不如给她皇嫂的礼遇赚取人心。权衡之后，东牟侯刘兴居做主，采取折中的做法：留下张嫣的性命，把她丢进暗室里，令其饮食粗陋。

其实，不过是因为张嫣本身已经无任何政治号召力，也没有任何政治利用的可能性，留下她一个吕氏血统，可以给天下留下仁慈之名。

文帝即位，上任三把火，分封诸臣后，体恤张嫣并无罪过，在张嫣的亲弟弟张偃本已经贬为庶人后，看在他是刘邦亲外孙的分儿上，也封他为南宫侯。不过，张嫣仍然被软禁于宫中。直到三年后刘兴谋反失败而死，她又被挪到北宫，从重监改成了软禁。

此刻，张嫣的地位比一般宫婢好不了多少，深宫中皆是趋炎附势之辈，故而张嫣的境况悲凉也是可以想见的。

等到文帝十二年，汉文帝大赦天下，将惠帝的妃嫔宫娥千余人全部放出宫去，不问婚嫁，却只留下张嫣一人——说来说去，都是皇后这一身份害了她。文帝留下她，未必不是出于她这一身份的考虑——现世安稳，百姓安居乐业，而皇嫂却流落民间，为民为妓为暴死，皆可以造成不小的舆论压力。

不过臣心非君心，文帝十四年冬，匈奴攻边的时候，居然有人敢进言，说单于大举进兵为的是袭取孝惠皇后。结论是这女子是个"祸国之物"，得出的谬论就是"应速赐死"。文帝还不至于那般无知，故而张嫣还是辛酸地活着，忍受着各种嘲讽辱骂，在冷宫里苦度时日。

孤单寂寞一直到死

张嫣生活在北宫中，无声无息，日出日落，整整十七年。

张嫣此时，泪早已哭干了。她常常发笑，冷笑、苦笑、看淡一切地皮笑肉不笑。

冷宫之中，漫漫长夜，谁见幽人独往来？她的一生，宛如一杯温吞水，没滋没味。

张嫣依旧不问世事，在冷宫里过着她安静的生活。也许她想过死，只是为什么死呢？殉情，为徒有夫妻之名的舅舅，不成；殉亲人，诸吕不要她，诸刘也不认她。想想，人生真是悲哀极了，连死都找不到一个理由。那就这样活着吧，好死不如赖活着，活吧，就为自己活下去。

一年又一年，独坐冷宫中，她每日无事可做，就像当初在冷宫之外一样。如今，她每日脑海里浮现的，也只是些微不足道的回忆罢了。十数载宫廷生活，留给她的并不是什么美好的记忆。往昔里，从一开始的愕然出嫁，到外祖母送来各种孩子假冒是她所生的惊恐，到后来，渐渐麻木宫中的各种事情。

当然，人生中还有很多值得回忆的事情：比如她还在父母身边的时候，那段时光甜蜜温馨。只可惜，一道圣旨就此改变了她的命运。这么多年，她在提心吊胆与麻木中过着矛盾交织的痛苦生活，那幼年的家啊，早已模糊的模样，父亲、母亲的模样，早已不清晰。

又起北风了，不知为什么，她的眼前是纷纷扬扬的雪花，就仿佛往事一般在眼前晃过。这冷宫清冷，常年相伴的，也不过只是一床、一桌、一椅罢了。

张嫣手执木梳，齿梳滑过青丝，一梳梳到底。原来，这一生也就这样过了。"长发绾君心"，只是这长发从未经过任何的爱抚，就这样渐渐地白了。

原来，我的头发都白了，我老了。

放下木梳，她古怪地对自己笑了笑，望着窗外，想象中的雪下得更大了，身上还是单衣薄衫，而屋里也更冷了。

一夜北风紧，伴着她安详地魂归。

次日一早，前来给废后张氏送饭的宫女推开门，却发现这位孤单寂寞了一生的皇后，已安静地合上了她的双眼。

❀ 处子身

汉文帝后元元年（公元前163年）三月，张嫣在北宫无声无息地离开了人世，终年四十岁。她没有封号，没有下葬的仪式，只在惠帝的安陵旁挖了一座坟墓埋下了她，连一块墓碑也没有，不另起坟，谥号孝惠皇后。

《汉书》载："春三月，孝惠皇后张氏薨。"书中故意不用"崩"，而用"薨"，也许只是说她已不被当作皇后，属被废之列。没有哀悼，没有披麻戴孝，仿佛宫中的一片落叶，静静地离枝而去。没有国丧，没有大祭，她的尸体被埋到了宫女们的坟间，卑小而不引人注目，亦如她迁入冷宫后的生活。不曾悼念，不曾立碑，甚至连一块象征性的碑文都没有给她。她的一生是个空白。

入殓下葬前，宫中命妇们按例检查张嫣的遗体。然而，此时却有了一个惊人的发现：原来这位温润如玉的皇后依然是处女身！

念及张嫣一生的命运，众人无比感慨，悲伤地为她殓葬。

《古今宫闱秘记孝惠张皇后外传》中曾记载了这样一首诗：

系余童稚兮入椒房，默默待年兮远先皇。
命不辰兮先皇逝，抱完璞兮守空床。
徂良宵兮华烛，羡飞鸿兮双翔。
嗟富贵兮奚足娱，不如氓庶之糟糠。
长夜漫漫兮何时旦，照弱影兮明月凉。
聊支颐兮念往昔，若吾舅之在旁。
飘风回而惊觉兮，意忽忽若有亡。
搴罗帐兮拭泪，踪履起兮彷徨。
群鸡杂唱而报曙兮，思吾舅兮裂肝肠。
冀死后之同穴兮，傥觊地下之清光。

诗歌太过凄丽，满篇充斥着说不出的忧伤。诗歌中那种相依相伴的感情读来伤人心肠。太过浓厚的悲伤，恰如蔡文姬的《胡笳十八拍》。想来，可能是后人为其代言而作，但这诗歌中的哀伤却是对张嫣一生悲苦最为恰当的表达。

入椒房，以椒和泥涂墙壁，取温暖、芳香、多子之义，意喻"椒聊之实，蕃衍盈生"。而对于她而言，恐怕更多的是讽刺和无助吧。文中刻画了她一生的寂寞，及中年的孤苦无助。她和汉惠帝生前没有夫妻之实，也没有夫妻情分，却有着深厚的亲情。因年幼的波折，故而她进宫机会颇多，想来和舅舅也是有几分亲近的。而此后惠帝虽名义上是他的丈夫，实际上却是她的舅舅。在汉初黑暗、压抑的宫廷中，她能依靠的，也许就是这种淡淡的牵系却无法归属的情感吧。然而，随着惠帝的逝去，这些微弱的牵连也断却了，不知该称丈夫还是该称舅舅的矛盾也结束了，而痛苦呢，是否能就此终结？

她以处子之身，默默地在冷宫中活了十余年。

张嫣至死依然是处女身的消息不胫而走，天下的臣民无不怀念她，怜惜她。于是纷纷为她立庙，定时享祭，尊她为花神。为张嫣立的庙，便叫作花神庙。

🌸 一世孤独一生寂寞

谁人不寂寞？何人不寂寞？在红尘中行走，如同一片落叶被风裹挟着；在森林里穿行，寂寞像风，像空气中看不见的尘埃，时时黏着张嫣。其实张嫣小时候是不懂得寂寞的，那时候的张嫣就像是一张白纸，清纯得可以让所有人看见她的心，她的喜、怒、哀、乐，从不掩饰。

很多时候，张嫣很想把内心的寂寞与无奈倾诉给他人，可是，有些话不能说，有些话无法说，有些话根本就不必说。

回忆那么远，那么凉。给予张嫣的疼痛，是一味不可回味的药。曾经以为的天长地久，其实不过是萍水相逢。短短几年，就把张嫣的一生过完了。

蘸着岁月的墨迹，写在冬日的霜白之上，把年华拼成张嫣的回忆。看过的梅花，踏过的枫叶，随时光远去，就这样辗转黑与白的交替。

时光在变，容颜在老，看见的是镜中憔悴的自己。流年的伤，有些累，也有些冷。一切都已物是人非，年华不再，挽不回的过往匆匆。

灯微黄，夜未央，寒冬的水依然冰凉。前尘往事在眉间，这世道太过无常，多少相思已成了清泪，多少寂寞凝结成冰霜，最美的风景终成过往。白发霜染，张嫣把年华守成寂寞。朝朝暮暮，年年岁岁，张嫣把人生写成空白与无奈，如永不能结果的一地落花，伴着几多清冷。

陈阿娇:

金屋里没有爱情

　　君不见长门咫尺闭阿娇，尘生旧金屋。到最后，繁华落尽，阿娇寂寞成殇。素时锦年，稍纵即逝，青春年华，似沙漏般，弹指间，便流逝而去。阿娇青丝变白发，冥冥之中，注定她的爱、她的青春将在多变的皇恩里饱受折磨，直至淹灭。春去秋来，潮起潮落。往日里，天庭空旷，时光静谧；闲看云雾，静听风雨；可谓悠闲自得。转眼快乐即逝，危机四伏，阿娇的人生已至寂寞时节，如花美眷，敌不过似水流年。一切美好，都会悄然褪色，暗自凋零，最后落入尘埃，化作孤独，上了心头。那样明媚鲜妍的容颜，锦绣堆积的身世，终也挽留不住阿娇走向不幸的脚步。繁华落尽，阿娇不过一过客，此生何去何从。风不定，人无常，聚散两茫茫，留下寂寞的阿娇，看遍了人间繁华，空叹再美也终将落幕。此生再不相逢，忍将万种誓言尽抛。人去玉楼空，肠断与谁泣？

　　何处金屋可藏娇？寂寞流年，染泪红颜，怎料此生寂寞如歌。灯火阑珊，最难将息。下玄月，西风凉，此夜何人眠；别时易，见时难，相思系红颜。弱水三千，只取一瓢；梦有万千，只梦一朝。衣带渐宽，消得伊人憔悴；漫长等待，只求被揽入怀。泪如烈酒，灼人心肺，谁知相思已成灾。往事成烟，宿命依旧。画地为牢，锁阿娇几春秋？

　　陈阿娇，生卒年不详，祖籍东阳县（今安徽天长）。汉武帝刘彻的第一任皇后。她是西汉开国功臣堂邑侯陈婴之裔，堂邑夷侯陈午与大长公主刘嫖之女。在汉景帝年间嫁予太子刘彻为太子妃，建元元年（公元前141年）被立为皇后。元光五年（公元前130年），以"惑于巫祝"罪名被废黜，退居长门宫。其后于元鼎至元封三年间（公元前115年—公元前107年）去世。她跌宕起伏的一生，为后世留下了"金屋藏娇""长门买赋"等典故，并于历代文学作品中传唱。

🌀 青梅竹马

　　这位金屋所藏的阿娇，身世煊赫得需要金屋来藏。她是汉武帝妻室中出身最高贵的一位。

　　陈阿娇拥有纯正的汉家皇室血统。她的母亲是汉景帝的姐姐馆陶长公主刘嫖，她的外祖父和外祖母就是汉文帝和窦皇后，她的曾外祖父和曾外祖母就是汉高祖刘邦和薄姬薄太后。

　　馆陶长公主刘嫖怀胎十月，窦太后亲来看望自己的女儿，正逢孩子降生，生的是个女儿。窦太后俯身一看，不由得吃了一惊，这孩子凝眉宽额，鼻直口正，长得太像自己的婆婆薄太后了。窦太后坐下来，轻轻地打了个招呼："嘿，小丫头！"不想这个孩子居然向她张了张嘴，这正是薄太后原来的习惯动作。窦太后想起来了，薄太后在世时曾经开玩笑说，若她有女儿就叫"阿娇"，于是窦太后当场赐名"陈阿娇"。

　　薄太后的经历非常坎坷，她原是魏王魏豹的妻子，魏豹死后，她嫁给刘邦，生了汉文帝刘恒，但是不得宠。陈平、周勃尽诛诸吕以后，刘恒与薄太后入主长安，薄太后凭着自己的高贵和美好，以德治国，力压群雄。汉高祖时天下服其强，薄太后时天下服其良，开创了文景之治的伟大时代。出身贫苦的窦太后就是薄太后一手培养起来的，她对自己的这个婆婆不但感恩戴德，而且心服口服。现在这个小小的陈阿娇居然长得这么像薄太后，所以在陈阿娇长大一点后，窦太后便亲自掌管她的教育，像对皇子皇孙们一样，讲的是帝王故事，读的是治国方略，谈的是政务得失，论的是选才任事。陈阿娇最爱听的恰恰是关于薄太后的故事，每逢她调皮捣蛋，只要窦太后一说讲太姥姥的故事了，她立刻像小猫一样安静下来。

陈阿娇的出生年份不详，但她比汉武帝大好几岁，按辈分算，她是汉武帝的表姐，这一点可以确定。她与汉武帝的亲上加亲巩固了双方家族的政治地位，为汉武帝登上皇位，建立集权打下了基础。

陈阿娇出身王侯世家，她的曾祖父陈婴在楚汉战争时期，曾随项羽征战，后降刘邦，并在汉高祖六年（公元前201年）封一千八百户（《汉书》云六百户）堂邑侯。他死后，侯爵一直由他的子孙们继承。汉文帝三年，陈婴之孙陈午袭堂邑侯，随后娶窦皇后之女、汉景帝的姐姐馆陶长公主刘嫖为妻。生二男一女：长子陈季须（陈须），次子陈蟜，女儿就是阿娇。汉景帝驾崩后，他的儿子刘彻继位。阿娇的母亲馆陶长公主刘嫖更是不得了，她是刘彻的姑妈，是窦太后之女。文帝时封长公主，武帝时封大长公主，亦称窦太主。刘彻能够登上皇帝宝座全靠了他的姑妈。因为她是汉景帝刘启唯一的同母姐姐，是当时朝廷中举足轻重的人物。

汉文帝的窦皇后共有一女二子，女儿就是馆陶长公主，第一个儿子就是汉景帝刘启，第二个儿子就是梁王刘武。长公主是窦太后唯一的女儿，最受窦太后宠爱。窦太后早年失明，长子刘启忙于政务，次子刘武按制常年驻守封国——梁国，平时身边只有馆陶长公主陪着。所以，窦太后对长公主非常信任。汉景帝也倚重这个姐姐照顾太后，协助处理后宫事务。

西汉初期，太后干预朝政是常态，窦太后在朝野中说话很有分量，又安插娘家子弟身居要职，对政务有着非同寻常的影响力。馆陶长公主既有母亲的宠爱，又有皇帝弟弟的倚重，随便出入宫闱，力量不可轻视。

相比陈阿娇，汉武帝刘彻的出身却不太有优势。他既不是嫡子，也不是长子，在十三个兄弟里排行第九，虽然得到父亲的宠爱，却只被封为胶东王，当时他名叫刘彘。如果没什么意外，他的人生将会在平淡无奇、默默无闻中渡过。他的发迹，源起于馆陶长公主的一项政治野心。

馆陶长公主虽然在朝廷里呼风唤雨，但她仍有一项心愿没能实现，那就是光明正大地问鼎皇权。于是馆陶长公主把宝压在了自己的漂亮女儿陈阿娇身上，希望女儿能做皇后。

汉景帝的皇后薄氏因为长期无子，被废。没有嫡子，公元前153年，汉景帝就遵照"立长"原则，立栗姬所生的庶长子刘荣为太子。汉景帝有两个宠妃，一个是栗姬，一个是王娡。栗姬为汉景帝生下儿子刘荣，王娡为汉景帝生下儿子刘彻。汉景帝起初深爱的是栗姬，自然把她的儿子刘荣立为太子。

馆陶长公主是个势利眼，开始，馆陶长公主最想把女儿陈阿娇许配给太子刘荣，准备日后做个皇后。可找到栗姬说媒，栗姬却拒绝了这桩婚事，原因是吃醋。栗姬善妒，这是太子刘荣的不幸。栗姬知道馆陶长公主多次向汉景帝进献美女，便怀恨在心，而后宫诸多受天子宠幸而得到显贵地位的美人皆因长公主之故，这些美人所受到的尊宠超过了栗姬，栗姬便日益愤怒，并且怨恨长公主。待到馆陶长公主欲与栗姬结儿女之亲时，栗姬断然拒绝了这桩婚事。

长公主吃了闭门羹，便恨起了傲慢的栗姬。栗姬轻易得罪了权倾朝野、政治能量极大的长公主，充分暴露了她在政治上的幼稚。

而刘彘的幸运在于他的生母王娡，尽管她只是后宫里一位地位普通的美人，但她聪敏世故。虽然当时儿子才四岁就被封为胶东王，但她早有替儿子夺嗣的打算。她敏锐地发现了长公主和栗姬之间的矛盾，便行动了起来。

馆陶长公主刚在栗姬那里碰了壁，王娡趁机就带着儿子刘彘曲意迎合，百般讨好馆陶长公主，为刘彘谋夺太子之位。

那一天，馆陶长公主把四岁的刘彘抱在膝上，开玩笑地问他："你要不要娶老婆？"

刘彘不假思索地回答："当然要！"刘嫖指着旁边的一个宫女，问："这个好不好？"刘彘的小脑袋摇得像拨浪鼓似的，说："不好。"长公主就指着自己的女儿陈阿娇，对刘彘说："我将阿娇嫁给你做老婆，好不好？"

刘彘马上响亮地说："好！如果能娶阿娇姐姐为妻，我一定盖座黄金屋子给她住。"

刘彘此语正合长公主心意，也正合他母亲的心意。于是她们上奏景帝，让刘彘和陈阿娇订立婚约。

"若得阿娇作妇，当作金屋贮之也"，说这话时，刘彘还是懵懂的稚童。"阿彘，阿彘！"阿娇这样叫，如同叫一个小弟弟，带着纯净清澈的笑。深宫与侯门的岁月宁静无忧，此时的阿娇绝不曾想到日后的曲折惨淡，还有那无边的寂寥与哀伤。

🌀 夺嗣

汉景帝成全了刘彘和阿娇的这门亲事。

馆陶长公主从此开始全面支持刘彘，扶植刘彘为太子，互利共赢。

之后发生的三件事情，让刘彘一派的势力逐渐超越了刘荣，达到了更换太子的目的。

汉景帝刘启最担心两件事情：一件是匈奴南侵，虎视中原；一件是弟弟梁王对龙椅觊觎已久，母亲窦太后力主"兄终弟及"，希望长子汉景帝将皇位传给次子梁王。对于前者，汉景帝延续和亲政策，主动示弱。王娡主动献出了一个女儿去当和亲公主，让汉景帝对其好感大增。对于后者，汉景帝就没有太好的办法了。虽然立了儿子刘荣为太子，但窦太后和梁王的反对声音一直没有停歇。在窦太后的默许下，梁王向京城派遣了大量说客、探子来营造舆论，企图扳倒太子。

馆陶长公主帮汉景帝解决了这一大难题，她成功说服了窦太后放弃"兄终弟及"的思想，从国家稳定的角度出发支持汉景帝传位给儿子。窦太后对梁王的支持减弱后，梁王对汉景帝的威胁大为降低。汉景帝自然对姐姐感激得很。长公主再趁机在窦太后、汉景帝耳边说刘荣的不是，夸刘彻的优点，很快，刘彻在汉景帝心目中成了替代刘荣的可能人选。

主观上，王娡又制造舆论，说她在生刘彻的前一天做了一个奇怪的梦，高祖在梦里出现，并送给王娡一个太阳，而王娡则在梦中把太阳吞了下去，第二天就生下了刘彻。

客观上，刘荣过于老实木讷，和聪慧灵敏的刘彻相比差了一截。而且，栗姬的表现也没法和王娡相比。一次汉景帝病重，以为自己要驾崩了，便将其他嫔妃和皇子托付给栗姬，让栗姬好好对待。那一刻，栗姬仿佛觉得自己就是太后了，竟然没有答应，说皇子们到时候都大了，嫔妃们都老了，自己管不了他们。汉景帝勃然大怒。汉代的皇后往往是要晋位为太后干政的，可是栗姬这样狭隘的女子，景帝怎么放心把后宫家人交给她呢！汉景帝对栗姬感到失望，自然对刘荣的太子之位也要重新考虑了。

长公主和王娡看准机会，加紧在汉景帝面前说栗姬的坏话。刘嫖惯用的伎俩是挑拨离间，经常在景帝面前进谗言，说她是一个心狠手辣的蛇蝎女人，用巫术诅咒那些皇帝临幸过的美女，还折磨她们，比当年的吕雉还有过之无不及。刘嫖曾这样对汉景帝说："栗姬与各位贵夫人、宠姬聚会，常常让侍从在她们背后吐唾液诅咒，施用妖邪惑人的道术。"汉景帝是非常痛恨吕雉的，因此也恼恨栗姬。

偏偏栗姬就是一个心胸狭隘的女人，有一次她惩罚宫女的残暴恰巧被汉景帝撞见，导致汉景帝对她的好感大打折扣。而王娡这边也极尽所能地向汉景帝谄媚。一边在挑拨离间，一边在谄媚，栗姬根本不是刘嫖和王娡的对手。王娡还使了一条奸计。栗姬的哥哥栗青日思夜想，就是希望妹妹能早日飞黄腾达，让栗家沾光。王娡就撺掇他上书汉景帝，请求立栗姬为皇后。栗姬家的哥哥和妹妹政治素质一样太差，栗姬的哥哥听了王娡的建议真就上书了。

一次朝会，栗青奏事完了，又说："'儿子因母亲而尊贵，母亲因儿子而尊贵'，如今太子的母亲还没有封号，应当立为皇后。"这下彻底激怒了汉景帝，他发怒说："这是你应该讲的话吗？！"结果竟论罪处死了大行令。

就这样，经过馆陶长公主一番经营，在汉景帝七年（公元前150年）景帝废了太子刘荣，改封他为临江王，贬栗姬入冷宫；同年，汉景帝册封王娡为皇后，将她七岁的儿子胶东王刘彘改名为刘彻，并立为太子。

栗姬后来在冷宫忧郁而死。后宫就是这样一片不可言说的江湖，而且是女人的江湖，风险幽暗，其黑莫测。女人们在此，争荣宠，争富贵。以流言撑裹，刀戟相交，杀伐不断，残酷程度一样是血肉模糊。后宫岁月，阴冷幽长，栗姬在恐惧中咽下了最后一口气。

刘彻被立为太子后，娶了长公主的女儿陈阿娇为太子妃。此时的阿娇已长成艳若桃李的大姑娘，她站在滟滟的牡丹丛中笑，倾城容颜带着不可一世的骄傲，朝阳将一缕光华插上阿娇的鬓。

刘嫖和王娡在这场权力斗争中，各自得到了想要的，双双大获全胜。

所以说，没有刘嫖，刘彻就当不上皇帝。刘彻和王娡对刘嫖也是感激涕零，即使刘彻当上皇帝之后，也对自己的姑妈敬重三分。年少的汉武帝已经具有极其精明的政治眼光，这个皇位得来蹊跷，姑母一家在当中扮演了什么角色，他隐约是知道的。因此他对姑母一家毕恭毕敬，多有倚仗。

🌸 椒房宠，宠擅而骄

汉景帝死后，刘彻顺利继位，他就是大名鼎鼎的汉武帝。

建元元年（公元前140年），刘彻十七岁，这一年刘彻做了皇帝，阿娇也顺理成章地由太子妃升格为皇后。

武帝初年的春天，刘彻站在圣驾御舆之间，漫天旌旗伞盖，繁花泻地，他的眼中光芒耀目。

刘彻郑重地将凤凰衔珠后冠置于阿娇高傲而天真的头颅之上。阿娇是命定的皇后，华贵淑仪，不可方物。满头珠翠，有长短不一的玲珑珠串、珊瑚璎珞从耳际丝丝缕缕地垂下。阿娇身穿纯金丝线绣成的凤尾百褶裙，从那一天起，她正式成为刘彻的皇后，也是高高在上已为皇帝的他唯一的妻。

刘彻并不食言，不仅真的让表姐陈阿娇做了皇后，还让馆陶长公主之前的辛勤付出得到了成倍的回报，馆陶长公主被尊称为窦太主。母女二人身份地位更加显赫了。

小夫妻俩满心欢喜地共同站在权力顶端，惊奇地俯瞰着这个将由他们来主宰的天下。

起初，刘彻和陈阿娇有过一段互相扶持、患难与共的经历。刘彻知道自己既非嫡子也非长子，当皇帝言不正名不顺，自己的几个哥哥都瞧不起自己。虽说西汉中央政府的实力远远强于诸侯王，但是刘彻不敢掉以轻心。他打着实行新政、维护中央政权的旗号，奖励人们检举皇室宗亲，试图将他的几个哥哥一网打尽。

窦太后此时已经是太皇太后，她深知七国之乱中汉室宗亲自相残杀给天下带来的不利影响，就决定废黜汉武帝这个皇帝。这回真把刘彻吓着了，他跪在自己的妻子面前，用无数的山盟海誓请求阿娇救他一命。阿娇凭着自己和窦太后的关系为刘彻说情，但窦太后决心已定，反而质问阿娇："难道你要看着他把我的孙子们全杀了吗？"阿娇坚持说刘彻只是一时糊涂，是大臣们怂恿所致，她保证对丈夫严加管束："看在阿娇的分儿上，请姥姥再给他一次机会。"

汉武帝好不容易得了这次机会，遂赶紧杀了自己的老师，罢免了丞相，赶走了儒生，勉强保住了帝位。

汉武帝的帝位是保住了，却无法同阿娇再如往日那样缠绵甜蜜。此时，陈阿娇长得越来越像薄太后，她端庄秀美，气质高贵，目光敏锐，做事果断，说话直来直去，锋芒毕露。她和汉武帝说话还像当初训斥小弟一样，往往毫无顾忌，直指要害，弄得汉武帝像个避猫鼠似的，一点儿自信都没有。为了避免尴尬，汉武帝往往推说自己公务繁忙，回宫很晚或者睡在书房，但他也绝不敢和宫女们来往，所以一直没有孩子。

看到小夫妻处于冷战状态，王太后便对武帝说："你刚即位不久，大臣们尚未归附于你，之前商议兴立明堂的事情已经惹怒太皇太后，如今又不顺从长公主，必定会受到重责。妇人的性情是很容易高兴的，你应该慎重思考该怎么做！"

武帝只好委曲求全，对窦太主与陈皇后母女俩稍加以恩礼相待。

"汉帝宠阿娇，贮之黄金屋。咳唾落九天，随风生珠玉"。那时，阿娇的笑容如此明媚，光彩照人，是汉宫里最明艳的牡丹。

这时的刘彻虽已称帝，但是执政根基还不牢固，朝政把持在他的祖母窦太后手里。刘彻在政见上与窦太后发生分歧，建元新政更是触犯了朝中当权派的既得利益，引起强烈反感。作为唯一的外孙女，陈阿娇极受窦太后宠爱，加上她父母家族的鼎力支持，刘彻才能有惊无险地保住皇位。所以，此时刘彻对这门婚事是心怀感激的。这时，金屋藏娇是一个幸福的故事，可为天下人传颂，啧啧称奇。

锦衣玉食的童年，成年后集美丽与权势于一身，要风得风，要雨得雨，阿娇可谓是命运女神的宠儿。嫁给刘彻后，刘彻虽然没有为阿娇盖一座金屋，但对阿娇的宠爱是有目共睹的。阿娇犹如掉进了蜜罐里，爱情、地位双丰收，她希望一辈子都是这样，最好时间就停留在此刻，不再流逝。

对陈阿娇来说，刘彻是个理想的丈夫，除了是九五至尊之外，刘彻还年轻帅气（从留下来的画像中可以看出来）、文武双全（从他日后的行为上可以看出来）。但对刘彻来说，陈阿娇就不是理想的皇后了。除了年纪比刘彻大外，陈阿娇生活奢侈、性善妒忌，仗着背后有母亲支撑，言行比较张狂。套用现在的标准，成功的男人很少愿意娶一个强势的总是管着自己的妻子，都希望娶个小家碧玉、温柔贤惠的老婆。刘彻也是这样的人，所以对陈阿娇并不满意。但是，陈阿娇背后有强大的窦氏势力。当时窦太皇太后也还活着，她特别喜欢陈阿娇这个外孙女。刘彻还要仰仗长公主的支持，所以没有把不满显露出来，对皇后也以礼相待。

刘彻的隐忍收到了切实的效果。刘彻推行了一系列改革，触犯了当权派的既得利益，也和崇尚黄老无为而治的窦太皇太后产生了分歧。窦太主和陈阿娇全力支持刘彻，居中斡旋，刘彻才得以涉险过关，直到亲政。

亲政以后，刘彻羽翼渐丰，他对陈阿娇的不满与日俱增。陈阿娇自幼养尊处优，性情率真，初看起来还有点娇蛮可爱的味道，但时间长了，她便显得过于强势而让人难以接受。尤其是刘彻羽翼渐丰、雄心膨胀，很是需要追捧，可陈阿娇偏偏不遂他的愿，从不肯逢迎讨好他。刘彻虽然失望，也没有太责怪妻子。不巧的是，窦太主对朝政横加干涉，陈阿娇也有样学样，管教起丈夫来了。这令刘彻大为不悦，但他仍然得一忍再忍：这个皇位他还没有坐稳，不能轻易得罪姑母一家。

刘嫖仗着自己立太子有功，常常向汉武帝讨要财物，次数多了，武帝不胜其烦，便不满足她，并开始厌恶刘嫖。

大长公主因此生气，常常说一些不好听的话。汉武帝知道后，便发怒说想要废了皇后，并且还说："如果大长公主收敛一点，我就暂且容留阿娇当皇后。"大长公主这才稍微收敛。

🎐 冷战

窦太皇太后去世之后，刘彻终于独揽大权，对馆陶长公主不再那么忌惮了。他的新政策与以馆陶公主为首的外戚势力发生冲突，陈阿娇很不聪明地站在母亲一边，从此与刘彻产生隔阂。

汉武帝为了消弭国内矛盾，阴险地向匈奴发动了战争，结果损失惨重。他为了让别人替他承担责任，就走马灯似的更换丞相。他为了制服诸侯王，就采纳主父偃的建议，先实行推恩令削弱诸侯王，然后再以所献供奉成色不足为借口，夺取王侯们的爵位。人们此时已经找不到窦太后了，就找陈阿娇告状。此时阿娇才看透了刘彻，本来以为他听说听道，没想到他这么阴狠狡诈；本来以为他善良仁爱，没想到他这么暴戾邪恶；本来指望他继承汉室勤政爱民的传统，没想到他南辕北辙、虚伪应付。结果汉武帝和陈阿娇爆发了激烈的争吵。

此后，刘彻和陈阿娇的关系越发趋向冷漠，但陈阿娇仍然没有意识到危机已至。相反，随着丈夫权力的巩固，她觉得自己和母亲功劳很大，更加骄横起来。她的妒忌心越来越重，刘彻亲近一下其他嫔妃，她就不给好脸色看，甚至吵闹。

他们婚姻的最大问题在于，刘彻急于传宗接代，可是都已经结婚十余年了，陈阿娇仍然没给他生下一儿半女。

皇宫里面的女人，尤其是皇后，生男孩是最重要的任务。没有儿子，什么荣华富贵都会成为过眼云烟，转瞬即逝。历史上那些没有子嗣的皇后和嫔妃大多没有好的下场。

阿娇伴着这样的烦恼度过了十余个春秋，在这十余年里，她噩梦不断，总是梦见自己因为没有儿子的缘故被汉武帝废掉，被囚禁，甚至赐死。

阿娇为何不能生育，史书上没有记载。刘嫖遍寻名医，没有弄清女儿无法生育的原因，也就没能治好女儿的病。病急乱投医，宫廷御医看过，民间的赤脚医生也看过，什么祖传秘方、宫廷秘制药都吃过，依然是竹篮打水一场空。光花在治病上的钱就用去了九千万。那时候的九千万是个什么概念？相当于如今的小康之家能够白吃白喝地过上八千五百年。呜呼，民脂民膏全花在阿娇不育症的治疗上了。

一切办法想尽之后，阿娇和刘嫖开始拜观世音菩萨，乞求于神灵，但观音娘娘也没有帮助她，阿娇开始绝望。

最后，陈阿娇就认为是丈夫刘彻有生理问题了。刘彻是个追求完美的君王，自然不能忍受妻子对他生育能力的怀疑。皇帝和皇后的矛盾至此公开化，刘彻开始冷落皇后。

无法生育对阿娇是一个致命的打击，可是阿娇并没有因此收敛她火暴骄横的脾气。照理说，她应该觉得对不起丈夫才是，应该对刘彻更加体贴更加尊重才是，可是她却怨天尤人，时不时在床第之间向刘彻大发牢骚，刘彻烦了，而且是越来越烦。

阿娇依仗自身煊赫的家世，没有把丈夫放在眼里，还把刘彻看得死死的，不准他和别的女人来往。刘彻在睡梦中叫出某个女人名字，她就一哭二闹三上吊。

阿娇不是一般意义上的吃醋，而是钻进了牛角尖。她像男人要求自己的妻子那样，要求刘彻对她从一而终，此生只爱她一个人，不准爱别的女人，如果有来生，也只能爱她一个人。这真是一个天大的笑话，阿娇的天真到了愚蠢的地步，这一点与她的容貌一样出众。

❀ 女奴情敌

　　建元二年（公元前139年），百无聊赖的汉武帝到郊外游玩，路经他姐姐平阳公主的府第。平阳公主知道汉武帝夫妻不谐，就给他准备了一群美女，其中有个名叫卫子夫的女子，引起了汉武帝的注意。温顺婉约的卫子夫在千金公主府第的筵席间一舞倾城。她低头的样子如一首诗，温柔得令人心折。而阿娇总是高高地扬起下巴，她那样尊贵而骄傲的女了，容不得半分的低眉俯首。

　　更让汉武帝惊讶的是，在更衣室清淡的薰衣香中，卫子夫给予汉武帝的激情，是他和陈皇后在一起从来没有的。他抚过卫子夫如丝的长发，许她入宫。

　　事后，汉武帝把卫子夫带入宫中，但是在陈皇后犀利的监督中，汉武帝又重新回到了以前除她之外不得近女色的状态，并且也渐渐忘记了卫子夫。几年过去了，卫子夫忍不住了，请求放自己出宫。汉武帝猛然记起了卫子夫给他的感觉，便不再慑于陈皇后的威力，立刻临幸了卫子夫。

　　陈阿娇知道后，大发雷霆，当着群臣的面，指着汉武帝的鼻子问："你说，是谁让你当的皇帝？是谁让你掌握的权力？你的山盟海誓哪儿去了？你向我做的保证哪儿去了？现在你居然用一个歌女来羞辱我！"

　　连陈皇后的母亲馆陶长公主都来相劝，当皇帝不可能只有一个女人，而且你们结婚多年，一直没有孩子，也不是长久之计。

　　陈阿娇却不依不饶，刘嫖只好跑到已经身为皇太后的王娡那里去讨公道。想当年，王娡要看刘嫖的脸色，现在倒了过来，刘嫖要看王娡的脸色了。

　　王娡懂得感恩，很给刘嫖面子，允诺要教训自己的宝贝儿子。刘彻是个孝子，经过王娡一番耳提面命之后，又对阿娇好了起来。刘彻也不想为了一个女奴公开与皇后决裂。

　　建元三年（公元前138年），卫子夫因被武帝宠幸而怀有身孕，没有子嗣的阿娇简直是怒火中烧。她一想到卫子夫以一个女奴的身份和自己争抢男人，就气得咬牙切齿，恨不能把卫子夫千刀万剐。于是，她要报复卫子夫，最直接的办法就是把她杀掉，一了百了。但刘彻早就料到阿娇会下此毒手，就把卫子夫接到一个隐秘的住处，并下旨没有得到皇帝的命令，任何人不允许踏入卫子夫的住处，否则格杀勿论。阿娇一下子没了辙，她还没有蠢到要搭上自己性命的地步。

其实，刘彻爱过阿娇，爱那个天真无忧的贵族少女，她美丽娇纵，容颜雪白皎洁，如未染尘埃的芍药，尊贵无比，不解世事。当初他们缔结一生一世的鸳盟，曾立誓不离不弃，终此一生。

可是，刚极易折，情深不寿。阿娇不懂这一点，多少山盟海誓，终也逃不过凄凉的收梢，弹指之间便情淡爱弛。善妒是他不能容忍的罪过，可阿娇只想完整地拥有心爱之人的心，这一点，他不懂。

阿娇始终在坚持，既然许下了誓言，就要自始至终，为何他不能遵守，不能始终如一？阿娇是那么地信赖他，相信他爱自己，亦如自己爱着他。

所以，阿娇不甘心，她要夺回他的爱。

奈何不了卫子夫，积了一肚子怨气的阿娇又想出一个狠招，她要除掉卫子夫的哥哥卫青，以此来要挟卫子夫，要她识相点，赶快离开汉武帝。

陈阿娇的母亲大长公主自然是女儿的忠诚支持者，于是她参与策划抓捕卫子夫当时并未知名的弟弟卫青，欲将其杀害。

卫青是抵抗匈奴的大英雄。因为姐姐的缘故，他成为一个传奇性的人物，命运极富戏剧性。他是一个私生子，先是跟着老爹度过了悲惨的童年，长大后又投靠了老娘。老娘当时在平阳公主家做女奴，求公主给卫青安排一个差事。平阳公主见卫青相貌堂堂，又虎背熊腰，于是就叫卫青当了骑奴，公主走到哪里，他就骑着马跟到哪里。卫青表现很出色，平阳公主芳心大悦，又把他举荐到建章宫做了一名低级官员。在建章宫，卫青广交朋友，后来被封为侯爵的公孙敖也在这时候成了卫青的铁哥们儿。

那天，卫青正在建章宫干活儿，突然被一群蒙面大汉劫了去，不用说，这是阿娇干的好事。可人算不如天算，半路杀出一个程咬金，卫青的哥们儿公孙敖恰好撞见了此事，于是纠集自己的一批手下又把卫青抢了回来。

之后，公孙敖急急忙忙地禀告刘彻，说阿娇要对卫家赶尽杀绝。刘彻一听，龙颜大怒，这件事情让刘彻和陈阿娇彻底撕破了脸。他的逆反心理像火一样蹿了出来，你越看不惯卫家，我就越要提拔卫家，你爱怎么着就怎么着！于是，刘彻很快就擢升卫青为建章宫总管兼皇帝的贴身侍卫，从此卫青步步高升，一直做到大将军，后来被封为侯爵。最不可思议的是，他还娶了曾经的主子平阳公主做老婆。

提拔了卫青，刘彻又封卫子夫为夫人（夫人的称号仅次于皇后），从此与卫子夫形影不离、如胶似漆。

❀ 爱了错了

此刻，对于阿娇皇后，她必须要重新调整自己了。没错，阿娇确实在调整自己，只不过要看她是如何调整的。

阿娇若是真的聪明智慧，这时，她应当善待卫子夫，是的，她必须要善待卫子夫，至少是能包容卫子夫，尽管卫子夫是她恨之入骨的情敌；只有这样，她才能与汉武帝缓和关系。

当年，阿娇和汉武帝两人也曾你浓我浓，情意浓如酒。那时，阿娇美艳不可方物。而一旦步入婚姻的殿堂，久而久之，便失去了昔日的动人光泽，此前春花秋梦种种便已转头空。

有的时候，爱一个人很容易，但会爱一个人很难。对于阿娇来说，汉武帝若将她一直放在心上，情敌如林又何妨？但阿娇是任性的，她只接受她一个人在汉武帝的心上，否则她就是负了天下又怎样！因此，阿娇才如此蛮横无理地对待卫子夫。

当然，把情敌当朋友，不是每个女人都能如此大度。

但是，至少在面对情敌的时候，女性千万要保持冷静的头脑，保持理智。而阿娇皇后，她的第一反应是冲动是暴怒，她上去就动打动杀，各种依权仗势的欺凌，这样反而给了卫子夫在汉武帝面前有了扮演可怜角色的机会，男性都喜欢弱小，阿娇的举措只会激起汉武帝对卫子夫的保护欲。因此，阿娇作为皇后，虽然威风凛凛地欺凌了情敌，但只是解了一下气，问题并没有解决，甚至反倒将他推向情敌的身边。

其实，阿娇也是温柔似水的，只要有汉武帝的温存与热烈。她一直恋恋不舍青梅竹马时波光潋滟的他们俩的心，思不尽，诉不出，阿娇的悲伤逆流成河。有谁知道，在红尘渡口，阿娇满心无奈如流水一般，让她承受不了。没有了汉武帝的爱与缠绵，阿娇的流年是一片苍白，一片痴心揉碎了暗夜的宁静。

其实，面对情敌，有时候放手也是一种幸福。可是，这同样是阿娇办不到的。知否，多少回忆埋葬在沧桑的年轮里，放得下天，放得下地，唯独放不下他！阿娇爱了，阿娇也错了。

❀ 对食

当人为的办法无法挽救自己垂危的爱情之后，阿娇开始乞求于神灵。但阿娇这一次又失手了，她也因此遭到了毁灭性的打击。

没有子嗣，爱情也被卫子夫抢了去，阿娇在恼怒的同时也失去了理智。她听信了一个小人的话，企图用巫术，依靠妖魔鬼怪来助她一臂之力，把她从悬崖边拉上来。结果不但没有拉上来，反而把她推下了万丈深渊。

阿娇心急火燎地找到了当时最有名的巫婆楚服，楚服依靠她嘴巴上的功夫，把阿娇说得像鸡啄米似的一个劲儿点头，她确信楚服有无边的法力。

于是，楚服和陈阿娇的手下在皇宫里设坛请神，整天作法念咒，好不热闹，好不张扬。

据《万里野获篇·卷六·对食》记载，椓人娶妻，宫女缔结，皆起源于汉朝的"对食"，在明朝也称为"菜户"。该篇中还摘录了对食的起源。

此事为志怪小说《汉武故事》中，讲述的关于陈皇后的第二段故事，即发生在元光五年（公元前130年）的巫蛊之案中，皇后陈阿娇与女巫楚服之间的事情。汉武帝对皇后陈阿娇的宠爱已经衰退，皇后却越来越骄横善妒。女巫楚服说自己能够让帝王回心转意，于是陈阿娇日夜祭祀，炼制丹药服用。楚服则穿着男子的衣冠，与陈皇后一同饮食寝居，相爱如夫妻。后来查办此事时，汉武帝让人在深查巫女与皇后陈阿娇诸多妖蛊咒诅的同时，也一并追究了巫女女扮男装与其他女子淫乱之事。

🌀 废后

当时，刘嫖了解侄儿的脾性，知道刘彻天不怕地不怕，就怕妖魔鬼怪。刘彻之所怕妖魔鬼怪，是因为他相信这个世界上有妖魔鬼怪。到了晚年，刘彻在这方面简直和一个白痴差不多，被那些所谓的世外高人李少君之流玩弄于股掌之中。

所以，刘嫖告诫女儿不要胡来，即使要胡来，也不要过于张扬。对刘彻敏感的禁忌，千万不可触碰。但是阿娇没有听取母亲的忠告，继续在皇宫里作法，把堂堂皇宫弄得乌烟瘴气。

隔墙有耳，一位对阿娇骄横跋扈怀恨在心的宫女终于向刘彻打了小报告，说皇后娘娘在皇宫里设坛作法，诅咒刘彻和卫子夫家人早死。

其实，阿娇再诅咒，也不会诅咒自己的丈夫，但问题的关键不是诅咒谁，而是巫蛊这件事情本身太具杀伤力。刘彻的禁忌就是巫术，不管诅咒谁，只要作了法，刘彻就无法忍受。

刘彻的反应是凶暴的，他当即下令，让一个叫张汤的御吏查办此事。张汤用灭绝人性的严刑拷打，逼迫巫女楚服和她的手下“自动招认”确有此事，皇后娘娘确实诅咒了刘彻和卫子夫。

汉武帝的皇后、嫔妃们几乎个个不得好死，自杀、服毒、被杀，比比皆是。汉武帝晚年更是把所有生了孩子的嫔妃全部“遣死”，而其中死得最痛苦的就是陈阿娇，虽然她不是直接被杀死的。

此次的悲剧不可避免地上演了：包括楚服在内的三百多人全部被砍头。

对阿娇的惩罚是，废掉皇后的称号，囚禁于长门宫。

无疑，这样的惩罚对阿娇来说是一个毁灭性的打击。

她不服，她喊冤，她哭叫，但没有人相信她。

她颓然地跌倒在地上，披头散发，一向骄横的她第一次流下了屈辱的泪水，预感到自己的末日降临了。

🌀 长门闭

陈阿娇到底有没有使用巫蛊诅咒卫子夫呢？据正史记载，陈阿娇眼看地位摇摇欲坠，铤而走险求助于巫蛊，把一个叫作楚服的女巫请到宫中。楚服经常穿男装，和陈阿娇两个人相处，不知所为。巫蛊案发后，刘彻以大逆不道的罪名株连了三百多人，其中楚服被枭首示众。

但是，正史的记载就一定可信吗？

其实，汉武帝早已下定决心废掉陈皇后，正在积极寻找证据。当天赐良机，他赶紧找来酷吏张汤，让他找出证据废掉皇后。张汤认为以习媚术之名，不足以撼动陈阿娇的皇后之位，便决心寻找一个足以废黜皇后的罪名。汉武帝便同意了利用巫蛊栽赃皇后，让她无法辩驳。两个月后，在皇后寝宫里，毫不意外地挖出了巫蛊，矛头直指陈皇后。

当时，陈阿娇强烈要求见汉武帝一面，但是汉武帝避而不见，由一个太监宣布："皇后失序，惑于巫祝，不可以承天命。其上玺绶，罢退居长门宫。"随后强行把皇后陈阿娇迁至长门宫。

陈皇后破口大骂，痛斥汉武帝的虚伪、奸诈和忘恩负义。

很快，刘彻就颁布一道诏书，以巫蛊之罪废去了陈阿娇的皇后之位，把她幽禁在长门宫内，保留她衣食用度上的皇后级别的待遇。这时候，刘彻二十七岁，而陈阿娇应当有三十几岁。

二十多年前，刘彻答应建造的那座金屋子，已经离陈阿娇远去，成了其他受宠女子的住处。

脱下珠璧熠熠的黄金后冠，换下灿烂夺目的金丝凤尾裙，这些是陈阿娇再也没有资格碰的奢望了。跌落云端，从此委于尘埃，阿娇被

第三卷 · 陈阿娇：金屋里没有爱情

迫奔赴命定的结局。

"金屋藏娇"到最后，只成为阿娇留给世人的一缕凄楚苦笑。曾经他最爱阿娇着金色百褶裙，站在牡丹丛中笑。曾经他最恋阿娇娇嗔的婉曼清澈。曾经阿娇是大汉后宫最耀眼的那一颗明珠。可是，他有无数的宠妃，阿娇却只有他一个。所以注定阿娇为爱所累，不得圆满。

陈废后居住在长门宫中！这个消息无异于平地一声惊雷，刘嫖匆匆忙忙地赶到皇宫，跪在地上向武帝叩头，替女儿求情。

武帝说："皇后的行为不符合大义，不得不把她废黜。你应该相信道义而放宽心怀，不要轻信闲言而产生疑虑和恐惧。皇后虽然被废了，仍会按照法度受到优待，居住在长门宫与居住在上宫并无区别。"

刘彻大概也觉得有点过意不去，一日夫妻百日恩，何况自己能登上皇帝的宝座，姑妈是费了不少心的。他在表面上答应刘嫖，会常常去看望阿娇，时机到了，再把她放出来。

但那仅仅是表面上答应，刘嫖一走，刘彻就把自己的承诺抛到了九霄云外，整天和卫子夫游山玩水、吟诗作赋，哪管陈阿娇的死活。

作为陈阿娇的母亲，馆陶长公主对此愤愤不平。可窦太皇太后已经辞世，刘彻亲政后羽翼丰满，早已经不是当年那个胖乎乎的小孩子了。此一时彼一时，窦太主无可奈何，只能坐视女儿被打入冷宫。

✿ 千金买赋，海棠著雨

囚禁在长门宫的阿娇抑郁落寞，整日与泪水相伴，每天望眼欲穿，但刘彻一次也没有向她走来。

每一次听到外面的脚步声，她都会冲出来，但每一次都大失所望。

刘彻太绝情了，一次也没有光顾冷清的长门宫。但阿娇并没有彻底绝望，以自己煊赫的身世，她不相信能败在一个女奴的手上，她在做最后的挣扎。她没有反省自己失败的根源，继续把希望寄托在旁门左道上。她挖空心思，又想出了一个"妙计"。

刘彻附庸风雅，喜欢吟诗作赋，很仰慕辞赋家司马相如的才华，还把他请到宫里来，加以厚待。

阿娇听说这件事情后，马上唤来了刘嫖，叫刘嫖一定要想办法找到司马相如，花重金请他以阿娇深居长门的闺怨为主题，写一篇足以让刘彻感动的赋，然后叫宫女们日日传诵。有一天刘彻听到，会唤起刘彻的旧情，然后她就便会"复得亲幸"。

刘嫖只好依计行事，千方百计地找到司马相如，以三十五公斤黄金的价格，请得司马相如为阿娇作赋。洋洋洒洒六百余字，是世界上最美妙最华丽的词语。这篇中国历史上润笔费最为昂贵的《长门赋》，以细腻哀婉的笔调，诉说了一位长居深宫永巷的女子的愁闷悲思。

君主许诺朝往而暮来，可是天色将晚，还不见幸临。她独自徘徊，对爱的期盼与失落充满心中。登上兰台遥望其行踪，唯见浮云四塞，天日窈冥。雷声震响，以为是君主的车辇，却只见风卷帷幄。

长门赋

夫何一佳人兮，步逍遥以自虞。

魂逾佚而不反兮，形枯槁而独居。

言我朝往而暮来兮，饮食乐而忘人。

心慊移而不省故兮，交得意而相亲。

伊予志之慢愚兮，怀贞悫之欢心。

愿赐问而自进兮，得尚君之玉音。

奉虚言而望诚兮，期城南之离宫。

修薄具而自设兮，君曾不肯乎幸临。

廓独潜而专精兮，天漂漂而疾风。

登兰台而遥望兮，神怳怳而外淫。

浮云郁而四塞兮，天窈窈而昼阴。

雷殷殷而响起兮，声象君之车音。

飘风回而起闺兮，举帷幄之襜襜。

桂树交而相纷兮，芳酷烈之誾誾。

孔雀集而相存兮，玄猿啸而长吟。

翡翠协翼而来萃兮，鸾凤翔而北南。

心凭噫而不舒兮，邪气壮而攻中。

下兰台而周览兮，步从容於深宫。

正殿块以造天兮，郁并起而穿崇。

间徙倚於东厢兮，观夫靡靡而无穷。

挤玉户以撼金铺兮，声噌吰而似钟音。

刻木兰以为榱兮，饰文杏以为梁。

罗丰茸之游树兮，离楼梧而相撑。

施瑰木之樽栌兮，委参差以槺梁。

时仿佛以物类兮，象积石之将将。

五色炫以相曜兮，烂耀耀而成光。

致错石之瓴甓兮，象玳瑁之文章。

张罗绮之幔帷兮，垂楚组之连纲。

抚柱楣以从容兮，览曲台之央央。

白鹤嗷以哀号兮，孤雌跱於枯肠。

日黄昏而望绝兮，怅独托於空堂。

悬明月以自照兮，徂清夜於洞房。

援雅琴以变调兮，奏愁思之不可长。

案流徵以却转兮，声幼眇而复扬。

贯历览其中操兮，意慷慨而自卬。

左右悲而垂泪兮，涕流离而从横。

舒息悒而增欷兮，蹝履起而彷徨。

揄长袂以自翳兮，数昔日之愆殃。

无面目之可显兮，遂颓思而就床。

抟芬若以为枕兮，席荃兰而茝香。

忽寝寐而梦想兮，魄若君之在旁。

惕寤觉而无见兮，魂迋迋若有亡。

众鸡鸣而愁予兮，起视月之精光。

观众星之行列兮，毕昴出於东方。

望中庭之蔼蔼兮，若季秋之降霜。

夜曼曼其若岁兮，怀郁郁其不可再更。

澹偃蹇而待曙兮，荒亭亭而复明。

妾人窃自悲兮，究年岁而不敢忘。

🌀 阿娇心语

什么地方的美丽女子，玉步轻轻来临。芳魂飘散不再聚，憔悴独自一身。曾许我常来看望，却为新欢而忘故人。从此绝迹不再见，跟别的美女相爱相亲。

我所做的是何等的愚蠢，只为了博取郎君的欢心。愿赐给我机会，容我哭诉，愿郎君颁下回音。明知是虚言，仍然愿意相信那是诚恳，期待着相会长门。每天都把床铺整理好，郎君却不肯幸临。走廊寂寞而冷静，风声凛凛而晨寒相侵。登上兰台遥望郎君啊，精神恍惚如梦如魂。浮云从四方涌至，长空骤变、天气骤阴。一连串沉重的雷声，像郎君的车群。风飒飒而起，吹动床帐帷巾。树林摇摇相接，传来芳香阵阵。孔雀纷纷来朝，猿猴长啸而哀吟。翡翠翅膀相连而降，凤凰由北，南飞入林。

千万感伤不能平静，沉重积压在心。下兰台更茫然，深宫徘徊，直至黄昏。雄伟的宫殿像上苍的神工，高耸着与天堂为邻。依东厢倍加惆怅，伤心这繁华红尘。玉雕的门户和黄金装饰的宫殿，回声好像清脆钟响。

木兰木雕刻的椽，文杏木装潢的梁。豪华的浮雕，密丛丛而堂皇。拱木华丽，参差不齐奋向上苍。模糊中生动的聚在一起，仿佛都在吐露芬芳。色彩缤纷耀眼欲炫，灿烂发出奇光。宝石刻就的砖瓦，柔润的像玳瑁背上的纹章。床上的帷幔常打开，玉带始终钩向两旁。

深情的抚摸着玉柱，曲台紧傍着未央宫。白鹤哀哀长鸣，孤单的困居在枯杨。又是绝望的长夜，千种忧伤都付与空堂。只有天上的明月照着我，清清的夜，紧逼洞房。抱瑶琴想弹出别的曲调，这哀思难遣地久天长。琴声转换曲调，从凄恻渐渐而飞扬。包含着爱与忠贞，意慷慨而高昂。宫女闻声垂泪，泣声织成一片凄凉。含悲痛而唏嘘，已起身却再彷徨。举衣袖遮住满脸的泪珠，万分懊悔昔日的张狂。没有面目再见人，颓然上床。荃

第三卷·**陈阿娇**：金屋里没有爱情

兰茝等做成的枕头席子，散发着以兰茝的草香。

忽然在梦境中醒来，隐约又躺在郎君的身旁。蓦然惊醒一切虚幻，魂惶惶若所亡。鸡已啼而仍是午夜，挣扎起独对月光。看那星辰密密横亘穹苍，毕卯星已移在东方。庭院中月光如水，像深秋降下寒霜。夜深深如年，郁郁心怀，多少感伤。再不能入睡等待黎明，乍明复暗，是如此之长。唯有自悲感伤，年年岁岁，永不相忘。

《长门赋》载于李善注《文选》卷一六。其序言提到西汉司马相如作于汉武帝时。据《长门赋》序，武帝读此赋后，大为感动，陈阿娇遂复得宠。但由于序言提及武帝的谥号，司马相如不可能知道，而且史书上也没有记载汉武帝对陈阿娇复幸之事。所以有人认为，《长门赋》是后人伪作。

赋一开头就写陈阿娇独自一人在深宫徘徊，神情恍惚，郁郁寡欢。先为人们塑造了一个美丽却孤独而凄凉的形象，明月沉缺，红颜憔悴，最动人心，所以虽未读全文，却已有一丝怜悯在心。

接下来，作者才道出美人孤独寂寞的原因，因为武帝喜新厌旧，曾许愿常来看望，却因和"新人"玩乐而遗忘，当年金屋在，今已空悠悠。在这里，作者运用了对比的手法，用未央宫的歌舞升平来对比长门宫的清冷孤寂，新人笑来对比哀伤的旧人哭，虽只"饮食乐而忘人，交得意而相亲"。短短十二字，却蕴含着无数的意味：有对皇帝喜新厌旧、无情抛弃自己的怨恨；有对再难面君颜、重拾旧宠的伤感；有对生活百无聊赖、度日如年的无奈；有对自己命运凄凉的自怜。穷声尽貌的描写，荡气回肠的意蕴，可谓一语含千金。

紧接着，作者用一系列的景色描写，来衬托陈阿娇的心境。

首先写陈阿娇登兰台所见到的自然景色，"浮云郁而四塞兮，天窈窈而昼阴……桂树交而相纷兮，芳酷烈之訚訚。孔雀集而相存兮，玄猿啸而长吟"。这里的风云鸟树给人以压抑且阴暗的感觉，云是浮云，如同君王的心思，漂浮不定，来去无形；风是寒风，如同君王的无情，寒彻入骨，丝丝缕缕；鸟是孤鸟，如同自己，美丽却形单影只，茕茕孑立；猿鸣是哀鸣，如同自己，愁肠百结，个个为君系！在我看来，这里作者用各种景色映射陈阿娇的心情，景物本无情，却被作者赋予了最真挚也最催人泪下的情感纠缠。其次，作者描写了陈阿娇下兰台后所见宫殿的华美景色，"刻木兰以为榱兮，饰文杏以为梁。罗丰茸之游树兮，离楼梧而相撑……五色炫以相曜兮，烂耀耀而成光。致错石之瓴甓兮，象玳瑁之文章。张罗绮之幔帷兮，垂楚组之连纲"。宫殿的一切都是华丽而奢靡的，高大而整严，但似乎又有着一种与世隔绝的封闭之感。在这里，作者以乐景写哀情，通过宫殿里面美好的建筑来反衬陈阿娇失宠后悲伤的心情：景色虽美，却并不属于自己，那绚丽的美丽向来只能属于受宠的宫人，对于失宠的自己，这里的美丽只能勾起自己以往的回忆，自己的美好时光已成过往，一切的欢乐都早已一去不返，物是人非的痛！庄重整饬而华美的宫宇却被作者赋予了哀情，让人黯然神伤。

再次，作者描绘了洞房清夜寒烟漠漠，独自抚琴情感哀哀景象。"悬明月以自照兮，徂清夜于洞房。援雅琴以变调兮，奏愁思之不可长……左右悲而垂泪兮，涕流离而从横。"在这一部分中，作者写明月当空洞房凄清，陈阿娇独自一人抚琴自慰，却因为心中的悲苦而致使琴音变调。然后，作者笔锋一转，不再写陈阿娇的悲苦心情，反而叙写周边宫女听琴音垂泪的景象，以琴音发情悸，以他人感伤怀，从他人的反应来写主人公的心情，用他人的眼泪来写陈阿娇的眼泪，似乎比反复写陈阿娇的心情更能打动人心，达到事半功倍的效果。

"忽寝寐而梦想兮，魄若君之在旁……夜曼曼其若岁兮，怀郁郁其不可再更。澹偃蹇而待曙兮，荒亭亭而复明。妾人窃自悲兮，究年岁而不敢忘。"文章最后，作者再次写陈阿娇在漫漫长夜孤独寂寞的形象，迷蒙的梦中仿若君王在侧，醒来后才发觉只是南柯一梦，只好在清醒的悲伤中独自熬过长夜。再以"究年岁而不敢忘"结束全赋，直接写出了陈阿娇的凄凉是长久的，年年岁岁难以忘怀，没有了君王的怜爱，只有独自一人在寂寞与伤心中了却残生。

《长门赋》是一篇抒情赋，但也有铺叙之笔。在描写失意者的心态时，作者巧妙地运用了夸张想象和景物衬托两种手法。此赋时如高山瀑布，澎湃汹涌、亮烈坦荡、气采宏流，如对陈阿娇所见自然景物

第三卷·陈阿娇：金屋里没有爱情

以及对宫殿庄严宏伟的景色描写；时而又如涓涓细流，丝丝缕缕、绵绵不绝、清明澄澈、沁人心脾，如对陈阿娇独处洞房，无所事事的凄楚心境的描写。整体来讲，这篇赋作词藻华丽，精巧雕琢，字字珠玑，读之感人至深，令人伤心欲绝。

🉐 金屋生尘阿娇恨

司马相如以阿娇的口吻，写成的饱含苦闷抑郁而又充满对刘彻深切思恋之情的《长门赋》，阿娇读过，泪流满面。她坚信，此赋定能引动汉武帝心中的一片情愫，令其与她重圆一段美妙时光。

日黄昏而望绝兮，怅独托于空堂……

她在秋风中诵读，如泣如诉，然后教宫女们日日传诵《长门赋》，希望有一天刘彻能够听到，唤起旧情，回心转意，然后她就会"复得亲幸"。

刘彻确实听到了，他只是对这篇赋大加称赞，可是时过境迁，他再也不想面对陈阿娇了。

不错，《长门赋》是一篇动人的抒情之作。它以第一人称，如泣如诉地刻画了曾经受宠的阿娇被废黜的经过，以细腻曲折的笔触，刻画了阿娇的悲凉处境和凄苦心情，有自咎，有期冀，辗转徘徊。夜长如梦，阿娇时而抚琴排遣，时而遥瞻帝宫，时而涕泪纵横，时而中庭踟蹰。

但是，覆水难收，破镜难圆，男女间的感情一旦破裂，复合的可能性几乎为零，更何况刘彻正和新欢卫子夫打得火热呢。长门宫中，阿娇再也经不住这沉重的打击，晕倒在地上，从此一病不起。

大文豪司马相如的《长门赋》，全篇以"夫何一佳人兮"开头，以"妾人窃自悲兮，究年岁而不敢忘"结尾，通篇含情脉脉，令人浮想联翩。陈阿娇希望借此唤起刘彻心中二十多年的感情，唤起丈夫对往日恩爱的记忆。可惜，刘彻没有。《长门赋》让作者司马相如名声大噪，到了刘彻那里却石沉大海，没有回音。

陈阿娇的努力是失败了，但在中国文学史上却留下了一个表示怨妇苦情的典型案例，博取了后世文人的诸多同情。许多人以陈阿娇或者长门宫为题，对被软禁冷宫的嫔妃表示同情。

比如唐朝的李白专门写了一首《长门怨》来表达对陈阿娇的同情：

天回北斗挂西楼，金屋无人萤火流。
月光欲到长门殿，别作深宫一段愁。
桂殿长愁不记春，黄金四屋起秋尘。
夜悬明镜青天上，独照长门宫里人。
长门一步地，不肯暂回车。
雨落不上天，水覆难再收。

李白还曾这样写道，透出无奈与感伤。相隔数百年，阿娇的不幸依然受到同情，甚至是心疼，那完全是因为，阿娇其实只是想要一份情、一份爱，但刘彻竟然一点也不心疼。骄傲如斯的女子，受人疼爱如掌上明珠，终也为爱情折下腰。长门冷清，千金买赋，只徒留了千古笑柄，让人笑话，阿娇的心是伤透了。

刘彻为什么对陈阿娇这么绝情，与幼年的表现判若两人，令人难以理解。除了之前的诸多诱因外，最关键的还是刘彻是一个对权力极端敏感的皇帝。他是一个拥有雄才大略的君主，但凡雄才大略的人，权力欲就强，疑心也重。刘彻即位后，对威胁自身权威的人和事情很敏感。他为了把权力集中到宫廷，创办了内朝，就是对朝堂衮衮诸公的不信任。陈阿娇的骄横，是她和母亲窦太主势力强盛的表现。当某个派系势力强大之时，就是皇帝权威受到削弱之际。终身行集权之实的刘彻不能容忍窦太主母女势力的强大，即便对窦太主当年的扶立之功念念不忘，刘彻也不能容忍。因此，他不顾情面，对皇后和岳母的打压就可以理解了。

窦太主已渐渐老去，在强势的刘彻面前没有了还手之力。她采取了退避的消极态度，何况在个人生活问题上，作为岳母的窦太主还有求于女婿刘彻。

窦太主的驸马是世袭堂邑侯陈午。陈午过世后，五十多岁的窦太主迷恋上一位叫董偃的美少年。窦太主在董偃儿时随母亲进公主府时就看上了他。她培养董偃，供他读书，感情很深。两个人最后发展到同室而居的程度，于是就有人提醒董偃和窦太主，说这是平民"私侍公主"是重罪，他们得赶紧征求皇上的同意才行。于是，窦太主不得不向刘彻示弱，将董偃很郑重地推介给刘彻。起初刘彻对董偃这个小伙子也挺有好感的，后来经大臣劝谏说此人有伤风化，不宜接近。刘彻开始疏远董偃。董偃害怕了，三十岁就郁郁而终。

几年后，窦太主也死了。临死前，窦太主不愿意和丈夫陈午合葬，而要求与情夫董偃合葬。刘彻竟然答应了。

❀ 长门终老，宫墙无花草不春

陈阿娇一直幽居冷宫，直到数年之后病逝。

刘彻曾许阿娇一生锦绣，永不会让她伤心流泪。只是一切的欢好都会过去，无情最是帝王家。"千金纵买相如赋，脉脉此情谁诉"，再华丽的诗赋，亦挽不回一颗无情的心。未央宫的急管繁弦，抵至暗哑处，便是情尽，徒留了一身的清冷。

长门清冷，阿娇自是寂寞。君情与妾意，各自东西流。爱就这样没了，点滴无存。昔日芙蓉花，今成断根草。阿娇没有了一点娇艳，她在长门的秋风中枯黄了。

陈阿娇生命中的最后几年时光是痛苦的。

元光六年（公元前129年），陈后的父亲堂邑侯陈午去世，又过了几年，元鼎元年（公元前116年），陈阿娇的母亲大长公主去世。

母亲死后，幽居冷宫的陈阿娇的日子更难过了。不久，她的兄弟在为窦太主守丧期间淫乱，又为家财内讧，案发后自杀。刘彻大笔一挥，取消了堂邑侯国，撤销了陈家世袭的侯爵。

外援尽绝，阿娇自此再无希望。一切难以言说的挚爱与哀恸，皆跌碎在冷宫之内，仿佛千秋清梦一场。终其一生，她再也无法从这个梦中醒过来了。一切本是顺理成章的开始，又为何要残酷无情地戛然而止？她怎么也想不到，这一生就这样消耗在这冷如冰窖的深宫中。她终究是被汉武帝所辜负了，刘彻最后给她的，只有这死寂的恒久的无人问津。

陈阿娇很快在绝望中死去。胭脂点点消，半开将闭时节最是妖娆。泪落故情留，飞花揽独愁。自怜春色罢，团扇复迎秋。宁知长门秋风至，吹尽庭前叶。叹谁家更有黄金屋，深锁东风贮阿娇。

公元前110年，阿娇死在了长门宫。汉武帝第一位美丽绝伦的妻子就这样囚死在了长门宫。逝后，以公主之礼与其母馆陶长公主刘嫖一起葬在霸陵郎官亭东面的窦太后陵墓侧。

❀ 憎宠一时心，妒极是情深

陈阿娇，一个骄傲的烈性女子，如果不是出生在帝王家，或许她的性格会温婉一点，隐忍一点。看上去一副得理不饶人、咄咄逼人的气势，其实这样的女人心地简单没有城府，但凡有点心机，给自己留点余地，也不会落个幽闭长门、冷落终生的下场。

其实，陈阿娇是有骄傲的本钱的。

她的外公是西汉的文帝，外婆是窦太后，母亲是窦太后唯一的女儿馆陶公主，而馆陶公主只有陈阿娇一个掌上明珠。可以说，陈阿娇是集万千宠爱于一身，她的身份可谓是真正的尊贵！她就像是一个童话中完美的公主，拥有着许多人梦寐以求的地位，何况她还是一个国色天香的佳人，她不骄傲才不正常了。

她只是太爱刘彻，所以眼里容不得他人，于是这个骄傲的女人有个很大胆的想法，就是希望她的皇帝一辈子只爱她一个人。在那个男权时代，普通男人三妻四妾也是极为寻常的事情，何况刘彻是一国之君！

曾经有人说，陈阿娇和刘彻毕竟是两小无猜，青梅竹马，所以陈阿娇才会以女人的身份去要求刘彻，像爱一个妻子一样去爱她。可是，她忘记了自己是皇后，这是不对的。

其实，以陈阿娇尊贵的出身，她压根儿就不稀罕当什么皇后，她原本就只是因为爱那个叫彻儿的男人才嫁给他的。

所以看到刘彻对卫子夫或者更多女人动心，陈阿娇嫉妒得咬牙切齿。她爱自己的丈夫，不愿别的女人来分享自己的丈夫。她的疯狂，她的骄傲，她的嫉妒，她的任性，并不是因为皇后的尊贵，她只是用了最霸道的方法，去捍卫她的爱情罢了。

我薄命，忆我初嫁君，花鬟如绿云，回灯入绮帐，转面脱罗裙。折步教人学，偷香与客熏。容颜南国重，名字北方闻。一从失恩意，转觉身憔悴。对镜不梳头，倚窗空落泪。新人莫恃新，秋至会无春。从来闭在长门者，必是宫中第一人。

长门陈阿娇，却要一生金屋贮娇饶。长信班婕妤，却要一生纨扇从玉车。我心祗作专房地，别人亦有承恩意。我心不肯著别人，君心还肯如我心。春风秋月浑不管，花落花开空自怨。千秋万岁一笑休，月明空照古人愁。

长门怨，未央宫中花月夕，歌舞称觞天咫尺。从来所恃独君王，一日谗兴谁为直？咫尺之天今万里，空在长安一城里。春风时送箫韶声，独掩罗巾泪如洗。泪如洗兮天不知，此生再见应无期，不如南粤匈奴使，航海梯山有到时！

长门怨，月皎风冷冷，长门次掖庭。玉阶闻坠叶，罗幌见飞萤。清露凝珠缀，流尘下翠屏。妾心君未察，愁叹剧繁星。

长门怨，月出映曾城，孤圆上太清。君王春爱歇，枕席凉风生。怨咽不能寝，踟蹰步前楹。空阶白露色，百草寒虫鸣。念昔金房里，犹嫌玉座轻。如何娇所误，长夜泣恩情。

长门怨，闭妾在长门。舞袖垂新宠，愁眉结旧恩。绿钱生履迹，红粉湿啼痕。羞被夭桃笑，看春独不言。

更能消、几番风雨，匆匆春又归去。惜春长怕花开早，何况落红无数！春且住。见说道，天涯芳草无归路。怨春不语。算只有殷勤，画檐蛛网，尽日惹飞絮。长门事，准拟佳期又误。蛾眉曾有人妒。千金纵买相如赋，脉脉此情谁诉？君莫舞。君不见，玉环飞燕皆尘土！闲愁最苦。休去倚危栏，斜阳正在，烟柳断肠处。

第四卷

卫子夫：

恩情负，美人最怕迟暮

当卫子夫在暮鼓晨钟里回眸，看一季荒芜，铅华淡薄，淹没了这些年的情深缘浅。一片纷扰的痴心，化作尘埃里的忧伤，消瘦了时光，失去了旧时模样。如梦烟云般邂逅地老天荒，搁浅了流年，卫子夫用深情，乱了他的浮生。红尘邂逅，听风入梦，不问人散曲终。长亭古道，风化的苍穹是冥冥之中的宿命。再一次听风，几许苍凉，梦已非梦。凋谢的时光，曾有柔情缱绻，萧曲吹离殇，低吟浅唱。潋滟一缕幽香，泪眼婆娑的薄凉，正是似水年华里曾有一段美丽的萍水相逢。

卫子夫（？—公元前91年），卫氏，名不详，字子夫，河东平阳（今山西临汾西南）人。汉武帝刘彻第二任皇后，在皇后位三十八年，是中国历史上在位时间第二长的皇后。谥号思，称孝武思皇后，是中国历史上第一位拥有独立谥号的皇后。卫子夫原为平阳公主家仆。于建元二年（公元前139年）入宫，建元三年（公元前138年）被封为夫人，元朔元年（公元前128年）被册立为皇后，征和二年（公元前 91 年）在巫蛊之祸中自杀身亡。身驻汉宫凡四十九年，育有一男三女，即戾太子刘据、卫长公主、诸邑公主、石邑公主。卫子夫一生恭谨克己，尽心尽力执掌宫掖数十载，令其夫汉武帝得无扰于省中琐事，为开创汉武盛世减轻了负担。其弟卫青及外甥霍去病，则在汉匈战争中做出了伟大贡献。

🌀 正史不愿意提及的身世

与陈阿娇的显赫身世完全相反的是，卫子夫的身世之卑微，低贱到了正史根本不愿意提及，野史有那么一点零星记载，可是我们知道，卫子夫是汉代名将卫青的姐姐。但奇怪的是，姐弟俩不是同一个父亲，而且他们各自的父亲并没记载。姐姐卫子夫是私生女，弟弟卫青是私生子，他们共同的母亲在汉武帝的姐姐平阳公主家里做女仆。

卫子夫出生于汉景帝年间，奴仆出身，其家号卫氏，在当时的平阳侯曹时（抑或曹时之父曹奇，因卫子夫出生之年不详）封邑境内。其父之名史不见载，母亲卫媪曾为平阳侯家女仆，也有说是平阳侯妾。卫子夫年少时，或被送往平阳侯家教习歌舞，遂为平阳侯府讴者，即歌女。

卫媪一共生下四男三女，七个子女。他们分别是长子卫长君，长女卫君孺，次女卫少儿，三女卫子夫，二子卫青，三子卫步。其中卫青和卫步是私生子。

对于卫子夫而言，她上有一兄二姐，兄长卫长君早逝，次姐卫少儿有子，名霍去病。卫子夫又有同母异父兄弟三人，即卫青、卫步、卫广。

卫媪一个奴仆，要拉扯大六个子女，非常不容易，偏偏二女儿卫少儿又重复了母亲的悲剧，和同样在平阳侯家办事的县吏霍仲孺私通，生下了一个儿子，取名叫霍去病。从卫媪母女两代人的不幸中可以看到，西汉时期私通和非婚生子现象的泛滥。这些私生子是不会被有身份的父亲家族接受的，注定要度过悲惨的一生。卫媪一个人拉扯六个子女再加上刚出生的外孙，喂饱一家老少八张嘴，实在是没有这个能力。眼看一家人就要饿死了，卫媪想来想去，只能硬着头皮把二儿子卫青送到他的亲生父亲郑季家里，求郑家人抚养这个孩子。郑季良心未泯，把卫青留了下来，并改名郑青。郑青在郑家受到了郑季夫人和族人的排斥，日子过得可怜兮兮的。郑家让年幼的郑青整天在山上放羊，让他自生自灭。郑家的几个兄弟毫不顾及手足之情，对郑青随意责骂。郑青在这样恶劣的环境中顽强地成长了起来，并且形成了谨慎小心、善于忍耐的个性。

郑青慢慢长大了。郑家越来越不能接受成年的郑青，郑青也不愿再受郑家的奴役，就毅然回到了母亲卫媪身边。因为和郑家没有一点感情，郑青又改姓卫，改名卫青，与郑家断绝了关系。

卫媪给卫青找了一份"工作"——子继母业，在平阳侯曹家当家奴。尽管常年忍饥挨饿，但卫青还是长得高高大大、相貌堂堂，于是就做了主人家的骑奴。汉景帝的女儿、汉武帝的姐姐平阳公主嫁到了曹家，卫青被分配给公主当差，工作的主要内容是，在公主出行的时候骑马在后面跟着，充当众多杂役兼保镖中的一个。

卫青的三姐卫子夫也和弟弟一样，没有被常年的饥饿折磨得面黄肌瘦，反而出落得美艳动人，被主人家选中，当了歌女。主人家来客人的时候，卫子夫就在厅堂里伴舞陪笑，弟弟卫青则在堂下随时听候使唤。

尚衣轩中的激情

公元前 139 年春天，上巳日。汉武帝刘彻去长安郊区渭水边灞上祭祀先祖，祈福除灾。回宫时顺路去平阳侯在京府邸看望大姐平阳公主。平阳公主的丈夫是汉高祖开国功臣曹参的曾孙——平阳侯曹寿。

当时汉武帝与陈阿娇关系疏远，陷入冷战，被他的同母姐姐平阳公主看在眼里。尤其是汉武帝娶妻数载却没有子嗣，平阳公主便决定效仿姑姑馆陶公主择良家女子欲以进献天子。心思缜密、善于投机的平阳公主，就暗中在民间搜罗品貌俱佳的妙龄女子，养在府中。如果她进献的女子有幸被弟弟看中，弟弟自然不会忘了她的好处。

在平阳公主不辞辛苦搜罗来的大群美女中就有卫子夫。平阳公主把她们分成若干等级，第一级别的美女，琴、棋、书、画、唱歌、跳舞样样精通，这个级别不是一般人能进入的，需要走后门才可以进入。卫子夫是女仆的女儿，当然没有资格进入第一级别，只好屈居在第二级别，以歌舞声色为重，至于琴、棋、书、画，平阳公主就懒得教她们了，第二级不过是充个数而已。

恰逢武帝灞上被禊归来，路过曹家，进府小憩。平阳公主便将先前物色好留在家中的十几个女孩精心装扮，并令她们出来拜见武帝。然而，汉武帝对那些盛装打扮的大家闺秀都不满意，他左右四顾，觉得这些女子都过于俗艳了。于是平阳公主命十余人退下，继而酒菜开筵。

美酒佳肴，纷然杂陈；丝竹管弦，交相呼应。乐声响起处，一群舞伎，扭动着如柳的纤腰。接着，侯府的歌女上堂献唱，卫子夫亦在其中。

汉武帝只见一个粉面含春的歌伎轻盈而至。她眉目生俏，面容娴静，一低头一启唇间都是娇羞无限；她的眼波莹莹而转，风流又纯真，总似有意无意地向武帝这边瞟来。她的美貌不是那么浓烈显眼，却又温润得恰到好处，在武帝心中激起一股难以抑制的柔情。烛光摇曳之中，轻薄透明的衣裙，遮不住晶莹圆润的肌肤；瀑布般乌黑光洁的秀发，随着舞曲的节奏，荡漾在胸前身后；应舞而唱的悠悠歌声，流露出无尽的缠绵。还有那磁一样的眼神，火一样的激情，桃花般的笑脸，让武帝的眼睛中充满了光芒。

武帝一眼便看中了歌女卫子夫，可谓一见钟情。

武帝问平阳公主，此女是何人？平阳公主意领神会，笑着答道："这是我府中歌姬，名叫卫子夫。"过了一会儿，武帝佯称天气热，要去尚衣轩里更衣（即换衣裳）。平阳公主忙命卫子夫前去服侍。

卫子夫轻移脚步，走进了尚衣轩。她刚迈进门，刘彻一个冷不防，就抱住了她。

"好大的胆子，竟敢跟踪朕！"

卫子夫吓得直往后躲,嗫嚅地说:"皇上,奴婢是来替皇上更衣的!"

卫子夫的纤纤素手让刘彻兴奋且冲动;卫子夫身体的芳香,随细密的汗珠沁出,让他陶醉。

芳萱初生时,知是无忧草。

双眉未画成,哪能就郎抱。

嘤嘤成韵让她在娇羞中更加妩媚动人。无言只是转星眸,个里情怀不自由。水溢银河云尚殢,子夫散发最风流。

二人在尚衣轩中待了好半天。再出来时,武帝红光满面、精神抖擞。而随后扭扭捏捏走出更衣室的卫子夫,脸上洋溢着潮红与羞涩,媚眼微惺,云鬟凌乱。

武帝回到筵席后非常高兴,赐给了平阳公主黄金上千两。平阳公主的如意算盘眼看就成功了,立即向汉武帝作了一番介绍,说卫子夫不仅长相漂亮,歌喉甜美,而且熟谙宫廷礼仪,接着便奏请将卫子夫送入宫中,武帝欣然答应。

汉武帝告别姐姐上辇,平阳公主急忙让人给卫子夫梳洗打扮一番,同辇入宫。

临别上车之时,平阳公主亲抚着子夫的背,嘱咐说:"走吧,在宫里好好吃饭,好好自勉努力,将来若是富贵了,不要忘记我的引荐之功(苟富贵,毋相忘)。"

就这样,平阳公主巧妙地为他们安排了一场邂逅。仿佛在不经意间,刘彻就与那名叫卫子夫的女子相遇了。在尚衣轩中得到初幸后,卫子夫的传奇人生就开始了。

望见葳蕤举翠华,试开金屋扫庭花。

须臾宫女传来信,言幸平阳公主家。

卫子夫怀着兴奋与备感幸运的心情进入了后宫。

但是,卫子夫并没有如预想中那样一步登天。更让谁也没料到的是,卫子夫进宫后就音信全无,下落不明。有人说,汉武帝回宫后很快就忘了卫子夫;还有人说,那是因为后宫佳丽三千,卫子夫并不出众;

多数人则认为，卫子夫突然入宫，引起了皇后陈阿娇和馆陶长公主的妒忌和排挤，被贬为了宫婢。卫子夫在冷宫中干着最苦最累的活儿，饱受折磨。日子长了，汉武帝也就淡忘了她，更不要说宠幸了。

那么，事实到底是怎样的呢？

❀ 卫娘泪垂

卫娘，即卫子夫。因歌女得宠于武帝而立为皇后，故诗词中多用"卫娘"来形容姿容冶艳的女子。如唐代诗人李贺的《浩歌》："漏催水咽玉蟾蜍，卫娘发薄不胜梳。"又如宋代诗人姜夔的《秋宵吟》："卫娘何在，宋玉归来，两地暗萦绕。"

自建元二年入宫以来，时隔一年多的时间里，卫子夫竟然再也没有受到召幸。

当初汉武帝回宫后，皇后陈阿娇见汉武帝竟然携带了一位美貌女子，不禁怒火中烧，她气得脸色铁青，满腔怒火都向武帝发泄而来。武帝招架不住皇后一家庞大的权势，自己稳坐皇位也是倚仗他们，闹僵了实在不好。权衡利弊之后，他不得不忍气吞声，把卫子夫安顿在别室。陈阿娇得寸进尺，又私下把卫子夫投入冷宫，不准她与武帝相见。此后一年多的时间里，卫子夫过着艰苦难挨的日子，因为宫女甚多，再后来，武帝便渐渐将她忘记了。

卫子夫满怀希望进宫，以为从此可受皇帝的恩泽，后福无穷。结果，竟是长年不得重见君王一面。幽幽冷宫，长夜难尽。

她在皇宫一待就是一年多。四百多个日日夜夜里，她每天都倚窗凝望，白天回味着尚衣轩里的故事，夜晚则重复着同一个梦。时间一长，她的芳心便渐渐冷却了。

建元三年（公元前138年），汉武帝决定将宫中年迈无用的宫人遣散出宫。定期释放宫女是朝廷的一项德政，宫女出宫择人而嫁，总比做白头宫女要好得多。卫子夫也在遣散行列中。

为避免遗珠之恨，出宫之前，汉武帝要对所有被遣宫女一一过目，免得有些平时没有注意到的美色被不小心放了出去。

在出宫时，汉武帝亲自进行最后审查的时候，卫子夫终于有机会见到久违的汉武帝了。看到那个自己朝思暮想的男人，想起前番的恩爱，想起即将与心爱的男人永别，再想想自己未卜的前程，此时，心灰意冷的卫子夫悲怀从中起，不禁掩面啼泣，粉泪簌簌滴落。卫子夫恰似梨花一枝春带雨，悲悲切切、楚楚动人地站在一排年老的宫女中，显得那么落寞惹人怜。

汉武帝看到了卫子夫，凄凄切切的模样，依依脉脉的深情，娇娇美美的姿态，越发惹人怜爱，越发引人注意。看着看着，他猛然记起来了尚衣轩里的美人儿和故事，汉武帝的心头升起了一团火，炙烤得他热血沸腾。

汉武帝为这么久了才想起卫子夫，觉得对不住她，他心头拂过几许柔情与内疚。

想起了前番的恩爱，他动情地用手抹去了卫子夫脸上的泪珠，拉着她的手，决定许给她一个未来。

这一回，卫子夫两年的委屈都得到了汉武帝的补偿。

在原本要出宫的日子里，卫子夫的命运发生了奇迹般的逆转。

卫子夫重获恩泽，尊崇愈隆，不久，竟然宠冠后宫。

🌀 梓童

梓为木中之贵，古人以梓为有子的象征。皇帝立皇后，不仅是为了母仪天下，更重要的是为了建子嗣，承大统，以延续和维持王朝的长久统治，这是历代帝王都极为重视之大事，把建储称作立国本。因而皇后称梓童，也正迎合了封建统治者的这种心理。关于这种称呼的来历有两种说法。其中一种源于志怪小说《汉武故事》。《汉武故事》的两个版本都曾写道：卫子夫新入宫，名字排在登记宫人的名簿的末尾，以致于一年多还没有轮到卫子夫入侍武帝。后来武帝挑选宫中不中用的女子释放出宫嫁人，卫子夫哭着请求出宫。

武帝说："我昨天夜里梦见子夫的庭院里生长了几棵梓树，这难道不是天意吗？"于是在这天宠幸了卫子夫，卫子夫怀孕，后来生了卫长公主。

卫子夫怀孕，这让皇后陈阿娇感到了莫大的羞辱和威胁。妒上加妒的她，同母亲窦太主一起日夜筹划，想陷害卫子夫。但几次都被汉武帝识破，不仅没有成功，哪知反倒激怒了汉武帝，他执拗地要宠幸卫子夫。馆陶公主和陈阿娇越是反对，就越是激起了他的叛逆之心、霸道之气。你恨之越切，他偏爱之越深，于是汉武帝干脆夜夜拥着卫子夫，极尽床第之欢。

汉武帝这时候已经逐步建立起稳固的集权，总想找机会打压外戚们的嚣张气焰，因此常常当众与卫子夫出双入对，显示自己的绝对权威。

而卫子夫的怀孕更让汉武帝喜出望外，便选卫子夫的弟弟卫青入宫，在建章宫办事，卫青的命运也出此发生了逆转。

卫家姐弟的崛起引起了皇后陈阿娇的仇视和恐慌。陈阿娇的母亲刘嫖亦因女儿不孕而嫉妒卫子夫，便派人去抓捕卫子夫的弟弟、当时在建章宫当差的卫青，欲杀卫青以恐吓卫子夫。所幸卫青的朋友、骑郎公孙敖看到了，带领一干壮士奋力营救，竟然中途将卫青救了下来。事后，卫子夫很愤慨，也很无奈，只能向汉武帝哭诉。

汉武帝大怒，他早就对馆陶长公主母女的作威作福看不惯了，立即当着陈皇后的面，公开召见卫青，升他为建章宫总管，并加侍中，可随驾伺候左右。卫子夫的兄长卫长君也得到晋升，亦加为侍中。数日之内，赐给卫家的赏金累计竟达到千金之多。

卫青平地一声雷，瞬间从家奴成为近侍重臣，让所有人目瞪口呆，就是馆陶长公主和陈皇后也拿他没办法了。

不久，卫子夫生下了一个女儿，汉武帝封她做了地位仅次于皇后的夫人。卫青水涨船高，升任了太中大夫。

卫子夫的人生从此开始了华丽的转身，她是奴婢出身，在公主府为了讨得更好的生活，已然学会察言观色和见机行事。在后宫这样弱肉强食的地方，她自然懂得绵里藏针绝对比陈阿娇的嚣张跋扈更适合生存，所以卫子夫一步一步走向夫人与皇后的位置就不足为奇了。她不见得比谁纯真，但毕竟想让自己拥有更美好的生活也是一种向上的理想。卫子夫的过人之处在于，她能够隐忍，明白要让自己活得更好走得更远，必须步步为营、小心翼翼。

卫子夫在宫中不知不觉过了十一年，先后生了三女，汉武帝先后封她们为卫长公主、阳石公主、诸邑公主。

❀ 卫后鬒鬓

无论在诗词歌赋中，还是现代文学中，总能看到关于卫子夫以一头乌黑靓丽的秀发见宠于武帝的故事。然而，纵览史书，却难以从中寻觅到一丝一毫的踪迹。

现今可查的，最早记载卫子夫发美的故事出自东汉文学家、天文学家张衡的《西京赋》。赋中描述说，卫皇后兴于鬒发之美，赵飞燕得宠于体态轻盈。

另外，在志怪小说《汉武故事》中，有一段关于卫子夫的描写。其内容大致与史书相符，唯细节之处稍有添加。其中一处写道："上见其发美，悦之，遂纳于宫中。"

到了宋朝时期，类书《太平御览·卷三百七十三·人事部一十四》中更为夸张地说，卫子夫因一头秀发被立为皇后。

虽《史记》《汉书》中均未提及卫子夫发美与否，然后世诗文作品中多借此言卫子夫发美之典故。也是借卫子夫之鬒发形容女子发美。

卫子夫以一头秀发一曲清歌而得宠幸，后来，许多诗人在诗词中常以她作为咏歌女、美女的出典。例如，罗隐的《春思》诗云："蜀国暖回溪峡浪，卫娘清转遏云歌。"就以卫子夫比喻歌女。又以"子夫入侍"作为以机遇得宠而登上后位的典故。武一平的《妾薄命》诗云："子夫前入侍，飞燕复当时。"就是卫子夫因机遇得宠的典故。

汉武帝元光五年（公元前 130 年），为后十一年的陈皇后于秋七月乙巳日以受人迷惑行巫蛊事被废。

　　此后半年有余，卫子夫再次怀孕。元朔三年（公元前128）春天，已承宠十年的卫子夫为称帝十二年之久、时龄二十九岁的汉武帝生下了第一位皇子，这就是皇长子。汉武帝异常欣喜，便命令当时善为文者枚皋及东方朔作《皇太子生赋》及《立皇子禖祝》。为感谢上苍赐予他的第一位皇子，武帝又修建了婚育之神高禖神之祠以祭拜之。举朝臣子亦为这位迟来十余年的大汉皇长子的诞世而高兴。武帝为皇长子取名为刘据。

　　欢喜之暇，时为中大夫的主父偃上书武帝，请立卫子夫为皇后。

　　武帝欣然准奏，择元朔元年的春天，三月甲子这一日，册立卫子夫为皇后。诏曰："朕听说天地不变，施化不成；阴阳不变，物不畅茂。《易》说，'因势变通，人民的精神才会振作。'《诗》说，'通天地之变而不失道，择善而从。'朕欣赏唐虞而乐观殷周，愿汲取历史的经验教训以为借鉴。现在大赦天下，与民更始。有的犯了罪，畏罪逃亡及久欠官物而被起诉，事出在孝景帝三年以前的，都免予处理。"

　　至此，空闲了一年零八个月的未央中宫椒房殿再次有了新主人——卫子夫。

　　卫子夫既立，当时的郎官枚皋自作《戒终赋》一篇献予卫皇后。他一改往日诙谐的文风，劝诫卫皇后要将良好的品德作风一直保持下去。虽然经由一位歌女而母仪天下的美梦成真，但接管了后宫的卫子夫小心谨慎，果然不负厚望。

　　元朔三年（公元前128年）春天，卫子夫生下皇长子刘据。六年后，元狩元年（公元前122年），皇子刘据在七岁之龄被立为皇太子。

　　刘据被立为太子，卫子夫被立为皇后，因此而显贵起来的卫氏家族也不负君王所望，他们并未如大部分外戚一样，寄居于裙带之宠。以卫青、霍去病为主导的卫氏外戚身着戎装，挥师北上，凭借着个人才能及暴骨他乡的决心，在十数次出生入死之后身封万户而不息，为大汉朝谱写出戎车七次出征，北登阗颜山，六次深入匈奴，在祁连山设郡的赫赫战功。基本瓦解了北方匈奴势力，为解决汉朝边患问题立下了不可磨灭的功绩。

　　卫青被汉武帝放置在汉匈战争前线。卫青在汉武帝的支持下，于公元前 124 年春、公元前 123 年两次大败匈奴军队，战果累累，一举扭转了汉朝北方的不利局面。小外甥霍去病年纪轻轻，也屡立军功。卫青和霍去病两个人掌握着帝国的军队。

卫子夫霸天下

卫皇后的弟弟卫青、外甥霍去病被封长平侯、冠军侯，甚至连卫青三个襁褓中的儿子，也皆封列侯。卫子夫的长姐卫君孺嫁给了太仆公孙贺为妻；二姐卫少儿因与陈掌有私，汉武帝便召来陈掌，使其显贵；公孙敖亦因与卫家亲近而受益。通过联姻，以卫家为中心，聚集了一批显贵的亲戚朋友，俨然是西汉王朝第一家族。卫氏一门亦获以枝属五人封侯的荣耀，更有姐姐封为皇后、弟弟娶公主的富贵。卫氏外戚，声势显赫，如日中天，极度的显贵。纵览汉武帝一朝，更无此幸。其贵震动天下，长安城中遂有《天下为卫子夫歌》（《卫皇后歌》），歌曰："生男无喜，生女无怨，独不见卫子夫霸天下。"其后历数代近八百年，才有唐玄宗杨贵妃盛宠之时的"生男孩勿欢喜，生女孩勿悲戚，且看今日女子也能光耀门楣"的翻版坊间民谣。

然而，风光背后的卫家也并不容易。

有一天，卫青的好朋友宁乘来访，提醒卫青说："大将军食邑万户，三个儿子都封侯，可物极必反。没有一个家族能够永远保持富贵，就好像月亮不会永远圆满，海水不会永远停留在浪尖一样，卫家迟早也会走向衰落。"卫青在家族处于权力巅峰的时刻，难得还保持了清醒的头脑。他隐约感觉到，自家人名扬四海，部将亲属遍布朝野，盛名之下绝非好事。现在，宁乘给他点破了："要防止皇上猜忌啊！"卫青恍然大悟，忙讨教如何应对。

宁乘说："现在内宫之中，王夫人是皇上的新宠。但是王夫人出身卑微，她的家人依然生活在贫苦之中，希望大将军能够向王家赠送重金，联络感情。"卫青依计而行。

随着岁月的推移，卫子夫美貌不再，越来越多的美女进入了汉武帝的床榻。在众多新进的美女中，汉武帝最喜欢赵国王夫人。王夫人为汉武帝刘彻生下了后来的齐王刘闳。这个王夫人和卫子夫一样出身卑微，可她没有卫子夫那样出众的弟弟和外甥。王夫人的亲戚实在不成器，汉武帝就是想提拔王家，都找不到合适的提拔对象，所以王家依然生活在穷困之中。现在，王家突然收到了大将军、长平侯卫青送来的五百斤黄金，惊喜若狂，忙告诉了王夫人。王夫人高兴得心花怒放，兴冲冲地告诉了汉武帝。

汉武帝还真开始猜忌卫青了。卫青一家势力遍布朝野、手握兵权，风头已经远远超过了当年的窦太主和陈阿娇，汉武帝能安心吗？不过，卫青主动示弱的行为和清醒的头脑，让汉武帝稍稍感到安心。

就这样，一方面是卫家的谨慎，另一方面是前线军事行动的需要，让卫青家族继续扶摇直上。

卫青自侍中至大中大夫，至车骑将军，领兵一万，击败匈奴，赐爵关内侯。随后十一年间又出击匈奴十次。卫青的外甥霍夫病也随卫青出征匈奴，十八岁时领骑兵八百，斩匈奴两千有余，武帝因此封他为冠军侯。接着，卫青又被赐爵长平侯，官拜大将军。一时间，这位平阳公主家曾经的骑奴尊贵无比。

平阳公主的原驸马曹寿身患恶疾，被公主休了。公主要在列侯中选一个位高且贤能的人再婚，问左右谁可当选。左右都推大将军卫青。公主大笑道："卫青是我家骑从，选他配我，这不是降尊了？"左右说："此言差矣，今非昔比，卫青正当盛年，官拜武职最高的大将军，又是皇后之弟，舍他其谁？"其实这正说出了平阳公主心里最渴望的。

于是平阳公主找皇后卫子夫，羞答答地托她转告汉武帝刘彻，希望弟弟为自己和卫青赐婚。当年卫子夫入宫的时候，平阳公主嘱托她显贵之后不要相忘。卫子夫果然没有忘记，也很愿意帮这个忙。

卫皇后转奏汉武帝，汉武帝亲自作媒，卫青娶了平阳公主。卫青和平阳公主二人举办了盛大豪华的婚礼。同时，平阳公主还让自己和前夫生的儿子平阳侯曹襄娶了卫子夫和汉武帝生的女儿卫长公主。当时卫青上下朝，公卿大臣远远看见就要下车让路，立在道旁相迎相送。卫家的富贵荣华达到了顶点。

在把姐姐嫁给卫青后，汉武帝内心严重不安起来。看着卫青权势熏天，仿佛"天下第二人"，汉武帝的猜忌心重新泛起，又开始不信任卫家了。他想，即使卫青没有不臣、谋逆的心理，也保不齐被野心家利用啊！汉武帝开始疏远卫青：他让卫青离开前线军队，将他招到长安，高高挂起。而卫青过着恬淡平静的"寓公"生活，毫无怨言，和平阳公主相敬如宾，对汉武帝毕恭毕敬。《汉书》说"青仁，喜士退让"。

同时，汉武帝重用霍去病，让霍去病牵制卫青。霍去病"为人，少言不泄，有气敢往"，只知道行军作战消灭匈奴，在政治上很幼稚。汉武帝因此更加宠爱霍去病这个青年俊才，着意培养，委以军事重用。卫青是大将军，霍去病是骠骑将军，又是万户侯，没办法再提拔他们了。汉武帝很有创意，新增了"大司马"这一官职，让卫青、霍去病并列为大司马。卫青是大司马兼大将军，霍去病是大司马兼骠骑将军，待遇相同。

霍去病大胜归来没几年，就在元狩六年（公元前117年）英年早逝了，只活了二十四岁。此后，面对许多军事行动，汉武帝宁愿所用非人，也不愿起用卫青重掌军权。卫青很聪明，干脆长期请病假不上朝，坚持韬光养晦。汉武帝还不放心，元鼎元年（公元前116年），他以卫青的儿子宜春侯卫伉犯法为名，削去卫伉的爵位。几年后，卫青的另两个儿子阴安侯卫不疑和发干侯卫登，因为献给朝廷的助祭金的分量不足或成色不足，被汉武帝削去爵位。至此，卫家"一门五侯"只剩下卫青孤零零的一个长平侯了。

卫青的"病情"随之越来越重。元封五年（公元前106年），一代名将卫青去世。

✿ 色衰而恩驰

以美色为基础建立起来的感情，就像在沙滩上建高塔，迟早会倒塌的。

太子刘据一天天长大，卫子夫的容颜也一天天衰老。当卫皇后人老珠黄时，她也一样失宠了。

随着年轻貌美的王夫人的出现，汉武帝对卫子夫持续多年的盛宠开始逐渐转移。之后，又有李夫人、尹婕妤、邢夫人、赵婕妤（钩弋夫人）等更替轮换着受宠。

汉武帝喜新厌旧，一年下来难得见上卫子夫一面。但卫子夫并没有像阿娇那样打翻醋坛子，她一直小心谨慎，以恭顺和体贴来保住汉武帝所余不多的温情。她知道自己出身寒微，又容颜渐老，汉武帝宠幸那些年轻貌美的妃嫔在所难免，所以，她从来就不显现出妒忌。

所谓朱颜辞镜，色衰而爱弛。虽然随着容颜的衰老，卫皇后尊宠程度在逐渐下降，但由于太子刘据，加之弟弟卫青及外甥霍去病为汉武朝立下的不世之功，威仪不泯，天下尊之，卫子夫的后位没有人能动摇。卫子夫是一个端庄贤淑、温柔敦厚的女人，因为自己的卑微出身，她处处小心翼翼，阿娇的骄横在卫子夫身上找不到一丁点的踪影。正因为她这份谦卑与自知之明，才使得她稳坐皇后宝座三十余年。

除后宫诸事为卫子夫职责之内，汉武帝每每出巡游幸天下时，也将少府所掌宫中事由交予卫子夫定夺。每次外出的时候，汉武帝都很放心地把家事交给卫子夫，把政事交给太子刘据。待汉武帝归来之时，卫子夫将重要的裁决汇报给汉武帝听，汉武帝从来没有异议，有的时候甚至免去卫子夫的汇报，可见汉武帝对卫子夫的信任程度之高。

卫子夫没费多大工夫去经营权势。她生性温顺，有礼有节，不爱惹是生非。她的弟弟卫青和外甥霍去病都是抗击匈奴的一代名将，建立起的赫赫功勋比任何言语都更具说服力。卫子夫只消相夫教子，以仁德和礼仪善待后宫嫔妃，博得文武百官和后宫上下的尊敬即可。汉武帝对这个母仪天下的贤妻也十分放心，虽然随着年华的流逝，她的美貌渐渐消退，但汉武帝面对她的时候至少能够心平气和，完全不似面对陈阿娇的剑拔弩张。

深晓月盈则亏、水满则溢、盛极必衰道理的卫子夫宠辱不惊，凭借着平衡的心态、良好的德行及公正的处事，在宠衰之后，在卫青、霍去病相继离世之后的十七年内，卫子夫依然能够得到汉武帝的礼遇与尊重。

她也知道武帝对外戚心有余悸，所以她不希望卫氏一族过于煊赫招摇。卫子夫对卫氏子弟的管教格外严格，她看出弟弟卫青的四个儿子都不成器，于是就流着眼泪向汉武帝禀告，请求汉武帝削夺卫氏子弟的封赏。汉武帝说："我自有分寸，不会让皇后担忧的。"终于有一天，卫青的少子因为罪恶极大，依照当时的法律被杀，汉武帝就一并削夺了卫青其他几子的封爵。之后，出于对卫子夫的尊敬，汉武帝对一位大臣说："皇后肯定非常伤心，你马上到她那里去安慰她，并代表我向皇后道歉。"那位大臣回来说，皇后非常痛苦，也很感激皇上。

卫子夫的原则是待人和善，但如果这些与汉武帝的心意相悖，她马上就会顺着汉武帝。

🌀 储君的矛盾

汉武帝二十九岁的时候好不容易才有了第一个皇子，也就是刘据。所以汉武帝格外珍惜刘据，努力将刘据培养成合格的接班人。刘据到了读书的年纪，汉武帝就给他组织了当时最好的师资力量，他在群臣中甄选出万石君少子、时任沛太守的石庆作太子太傅，又派德高望重的文学之士辅导太子学习《公羊春秋》（《公羊传》），并让太子跟从当时专门研习《谷梁传》的大学者瑕丘江公受习《谷梁》。待到太子成年迁往太子宫时，汉武帝专为刘据建了一座苑囿接待宾客，称为博望苑。

刘据慢慢长大后，汉武帝对这个太子却不那么喜欢了，因为刘据在许多问题上和父皇唱反调，这让汉武帝陷入矛盾中。

汉武帝给儿子找的老师都是儒生，教学的内容是儒家思想，结果认真学习刘据精通儒家知识，性格仁恕温谨。而汉武帝只是表面推崇儒学，将儒学作为统治工具，他内心真正崇尚的是绝对的权威和暴力。儒学有用的时候拿来装点门面，没用的时候就坚决弃之不用。小小的刘据没能真正体会父亲的苦心，严格按照儒家理论观察周围事物，父子俩在政治理念上产生了不可调和的矛盾。在连年用兵、对外征战，运用强权削藩罢侯，征收繁重的赋税等问题上，刘据都不赞同父皇的做法。汉武帝曾经语重心长地开导刘据："我做的很多事情你都不赞同，但我这样做是为了你将来能够安享太平啊！"可刘据受孔夫子学说"毒害"太深，没听进去。

太子刘据品性正直，为人宽厚，经常看不惯汉武帝手下的酷吏，于是致力于平反冤狱，虽然得到百姓的拥戴，却也触怒了那些酷吏。当时，对于太子刘据，"群臣宽厚长者皆附太子，而深酷用法者皆毁之"。

卫皇后看着卫家遭遇到的挫折，也看到了儿子和丈夫之间的矛盾，心里很着急。卫子夫能够在后宫复杂的环境中做了三十八年的皇后，除了和卫青一样谨小慎微、恭谨谦和的性格之外，还在于她遇事有主见，能够通过向别人施加影响来实现自己的目的。比如卫子夫知道卫青的几个儿子都不成才，怕他们风头太盛出问题，就多次请求刘彻不要封赏卫青的几个儿子，以退为进保护侄子。现在，卫子夫看到"群臣宽厚长者皆附太子，而深酷用法者皆毁之"，儿子得罪了部分贪官和酷吏，还不断地违背丈夫的意思，就经常把儿子叫来劝诫："作为太子，你要经常揣摩父亲的心思，理解父亲的意图，按照父亲的要求去做，而不能擅自做主，做一些与父亲的想法不一致的事，比如平反冤狱。这本是你父亲制造的冤狱，你却给予平反，这不是否定你的父亲吗？"果然，汉武帝并不喜欢太子刘据的"仁政"，但他仍声称太子的做法正确。可惜，刘据沉溺于儒家说教，对母亲的忠告同样听不进去。他反而更进一步，劝谏汉武帝停止与周边民族的战事。武帝雄才大略、好大喜功，而皇太子却秉性仁慈、温厚恭谨。父子性格、志趣相悖，矛盾越来越深。

随着皇太子渐渐长大，汉武帝对太子越瞧越不顺眼，认为太子缺少了他那种气魄。而汉武帝的妃子接连给他生了几个儿子。在诸子中，武帝特别喜欢赵婕好（钩弋夫人）所生的刘弗陵。刘弗陵年方五六岁，长得又高又壮，且聪睿多智。汉武帝常对人说："此儿像我。"他已有心让这个儿子继承帝位。

皇太子刘据开始失宠，他的母后卫子夫也渐渐被冷落后宫。汉武帝早已另有新欢，他与卫子夫之间完全谈不上任何的温存与缠绵了。

看到汉武帝对刘据越来越冷淡，朝中大臣对太子又是毁多于誉，卫子夫对此感到不安。汉武帝知道后，就叫卫青宽慰她，说："现在汉家基业不稳，又有匈奴犯境，天下不安；太子敦厚好静，善待百姓，必能守业治国，为朕解忧。欲求守文之主，还有谁比太子更贤德？我听说皇后与太子有不安之意，你把我这番意思告诉他们吧。"卫子夫知道后，感激得热泪盈眶，马上脱去头上的簪饰去向汉武帝请罪，表现得非常谦恭。

汉武帝慢慢老了，担心国家偏离理想的轨道，更担心儿子没有驾驭天下的能力。

进入晚年后，汉武帝身体越来越不好，住在长安的时间越来越少，长年累月逗留在城外的甘泉宫中。父子见面的时间越来越少了，本来就有的小矛盾，因为疏远，逐渐恶化成了巨大的隔阂。这种情况下，最怕小人挑拨离间，却偏偏就有小人和刘据过不去。酷吏江充依靠不断地检举他人、刑讯逼供，一步一步爬上来，刘据很讨厌他。江充和太监苏文等人担心太子继位后，自己会受到惩办，就勾结起来，阴谋扳倒刘据。

有一次，汉武帝小病在身，一个叫常融的宦官鬼话连篇地对汉武帝说："太子听说您病了，脸上一团高兴。"他潜台词就是，你的儿子巴不得你早死呢，你死了他好做皇帝！

汉武帝听了心中大不悦。等过了一会儿，刘据来了，汉武帝一看不是那么回事，刘据的脸上明明有哭过的痕迹，谁说他脸上一团高兴了？于是就派人把常融杀了。

刘据的眼泪是真是假，值得怀疑，又不是汉武帝死了，不过小病而已，哪至于痛哭流泪？但从这件事情可以看出，汉武帝与刘据的感情淡如薄纸。也许是刘据听到了风声，知道常融说了自己的坏话，为自保，不得不伪装成哭过的样子。

刘据在征和二年（公元前 95 年）的一天，派一个使臣去甘泉宫，向武帝请示一件事。使臣乘车奔驰在驰道上，只有皇帝可以在驰道上行走，臣子走驰道是犯上，属大逆不道。碰巧这事让奉皇帝之命缉捕奸宄、察举不法的绣衣使者江充见到了，他立即下令逮捕了那个使臣，并将其投入监狱。刘据听说后，马上派人去找江充求情。江充不买账，上奏汉武帝。汉武帝龙颜大悦，赞道："为臣者，就应当这个样！"

🎀 大难来临

公元前 92 年，汉武帝的病情加重了。江充奏言，皇帝的疾病根源在于有人利用巫蛊暗算皇上。多疑的汉武帝便很自然地授权江充，查办巫蛊一事。

盛宠之下，功高相加，卫氏外戚的规模在近半个世纪的时间内不断壮大。庞大的外戚成员亦未能免于恃宠而骄之俗。

就在江充受命查办巫蛊一事的第二年正月，卫子夫的姐夫、丞相公孙贺的儿子公孙敬声，自恃母亲卫君孺是皇后的姐姐，行事骄奢，不守法纪。其居九卿太仆之高位，大胆挪用禁军军费，擅用北军军饷一千九百万钱。

事情败露后，公孙敬声被抓进大牢，按律当斩。公孙贺救子心切，四处活动营救爱子。刚好，这时朝廷在大肆搜捕通缉犯、阳陵大侠朱安世，却苦于抓不到他。汉武帝一天多次催逼早日逮到朱安世。于是公孙贺自请追捕朱安世，请求能以此为功，来抵儿子公孙敬声的罪过，得到了汉武帝的同意。

后来，公孙贺果然抓到了朱安世。朱安世也不是浪得虚名的大侠，他很快就得知公孙贺想用自己来赎出儿子，笑道："公孙贺自己就要大祸临头了，大不了，大家同归于尽。"朱安世在狱中上书，告发公孙敬声与阳石公主私通，公孙敬声派巫师祭祠诅咒皇上，并且在皇帝前往甘泉宫的路上埋下人偶，恶言诅咒。和公主私通属于生活作风问题，并不能置公孙家于死地，但是有关巫蛊诅咒皇帝的事情，将公孙贺父子推向了死亡的深渊。

汉武帝很快就命令有关部门处理公孙敬声巫蛊案。这种案子原本就难以自明，加上汉武帝的命令中有"穷治所犯"四个字，办案人员宁信其有不信其无，一概强力刑讯。

征和二年（公元前92年）正月，抓捕丞相公孙贺，并冠以公孙贺纵容弟子、宾客不顾黎民死活等多条罪名，公孙贺父子最后在狱中被折磨至死。然而，事情却远未结束。

征和二年春天，涿郡铁官铸铁的时候，铁水熔化，飞溅天空，后世所兴谶纬之学认为，这是火发生了变异，天下将有大难。一个月后，一场毫无预兆的风灾在摧毁房屋、折断树木的同时，也掀开了一场大难的序幕。

闰四月，公孙家被族诛。还有多位朝中显贵受到株连致死，包括卫皇后的女儿诸邑公主、阳石公主，竟然也以巫蛊之罪被处死。卫青长子、袭了爵位的长平侯卫伉及卫长公主之子曹宗也在连坐之内。

卫家的势力几乎遭到全歼。尽管如此，他们还是留下一根独苗——卫子夫的另一个侄子、西汉著名的权臣霍光。

卫子夫之长女卫长公主（也称当利公主），是武帝最宠爱的公主。封地当利为盐邑，非常富有，卫长公主是西汉所有记载封地的公主中唯一受封盐邑的公主。卫长公主长到婚配之龄时，武帝将她嫁予西汉开国功臣排行第二的平阳侯曹参之后——时袭侯爵的曹襄。曹襄去世之后，蛊惑汉武帝的方士栾大受到殊宠，一个多月就得到了四个将军印，被封为乐通侯，并获赐列侯规格的府邸，僮仆千人及各种车舆用品，以填充家用。当时在守寡的卫长公主也在这时被汉武帝嫁给了贵震天下的栾大。后来，栾大方术技穷且多无校验，便以欺君之罪被诛杀。至此，史籍上再没有关于卫长公主的记载。征和二年，卫长公主之子平阳侯曹宗因巫蛊被处死，汉宣帝元康四年，卫长公主之孙曹喜复家。汉哀帝元寿二年，曹喜之孙曹本始袭平阳侯。汉光武帝建武二年，曹本始之子曹宏举兵佐光武帝定河北，所以得袭爵。

❀ 第三次巫蛊事件

可以说，在第二次巫蛊事件中，卫家充当配角，充当主角的是公孙贺家族。

要知道，诸邑公主、阳石公主都是卫子夫的女儿，长平侯卫伉是卫子夫弟弟卫青的长子，也是卫子夫的亲外甥，公孙贺家族与卫子夫是至亲关系。这些人死后，卫子夫和太子刘据的地位更是处于风雨飘摇的境地，所以史家评说："巫蛊之祸起自朱安世，成于江充，遂及公主、皇后、太子，皆败。"

汉武帝刘彻在位的时候，最敏感忌讳的就是鬼神，他相信鬼神又害怕鬼神。

汉武帝在位的时候，至少发生了三次影响较大的巫蛊事件。第一次事件让阿娇进长门宫，卫子夫得益于这次巫蛊案，荣升皇后。第二次巫蛊案使得卫家的男女老少死掉一半。而第三次巫蛊案，卫家满门抄斩，卫子夫悬梁自尽，太子刘据不得已起兵造反，最后走投无路也自杀身亡。对于卫子夫而言，可谓是成也巫蛊，败也巫蛊。

江充是赵国邯郸人。他有个妹妹擅长歌舞，嫁给了赵国太子丹。江充本人也受到赵王彭祖的宠幸，为赵王的门客。后来他得罪了赵太子，赵王派人杀了江充全家，只有江充一人逃到长安，向汉武帝打小报告，说赵太子丹荒淫尤耻，不但跟姐姐通奸，还跟他老爹的小老婆胡来。汉武帝大怒，废掉了赵太子丹。

江充揭发有功，汉武帝召见江充。江充长得很魁梧，穿着新奇的服装，汉武帝见了很惊奇，居然愚蠢地认为他是世外高人。汉武帝对左右侍从说："赵国果然有很多高人啊！"

小人江充很快就得到汉武帝的宠信，做官做到直指绣衣使者，相当于首都特别检察厅厅长，专门负责抓捕长安附近的盗贼。当时长安贵族多奢靡，江充进行了严格惩治，汉武帝便以江充为忠臣。江充更是有恃无恐，连公主都不放在眼里。

有一次，一位公主带着仆从奔驰在皇帝专用的御道上，江充派人把队伍截住，公主说："皇太后曾下令特许我用御道。"江充狡辩说："既然只允许公主使用，其他人便不准使用。"于是把仆从和车马全部没收，并把这件事告诉了汉武帝。汉武帝不但不恼怒，反而赞赏江充的做法，更加信任江充了，江充之名威震京师。

江充把太子刘据和皇后卫子夫陷于巫蛊案之中，这一招对晚年的汉武帝同样是屡试不爽。

江充摇着"尾巴"对汉武帝说："殿下，您知道您为什么得病吗？"汉武帝摇头。江充又说："都是妖魔在作怪，老百姓最近乱用巫术。"汉武帝吓出一身冷汗，遂命江充彻底大搜查。

江充先是在长安城作威作福了一番，抓去一批无辜老百姓，对他们进行逼供。残忍的酷吏们把烧红的铁条放在所谓的犯人身上烙，用铁钳拔犯人的头发、牙齿，甚至包括生殖器。是人都受不了这种折磨，于是他们只好"自动招认"。至此，汉天下是人心惶惶，京师三辅更是笼罩在一片惊恐氛围之中。

江充这样做的目的是，使汉武帝确信自己的病是由巫蛊引发的，为把毒手伸向太子和皇后铺路。

巫蛊案子破了一个，但甘泉宫中汉武帝的病情却不见好转。公元前91年的夏天，汉武帝在甘泉宫常常做噩梦。在梦中，有许多人拿着大棒朝他砸过来。汉武帝认定，巫蛊诅咒的阴谋依然存在。江充趁机进谏说，汉武帝染疾，乃巫蛊为祟，而且煞有其事地奏告武帝："臣看皇宫之中弥漫着巫蛊之气。根据我们的精密调查，巫蛊的大本营就在皇宫。"

就是说，可能是宫廷里面有人从事蛊道祝诅，需要加大勘查的范围和办案力度。

汉武帝于生死之事本来就很迷信，听江充一说，便信以为真，敕令江充到他的后宫中查处，命韩说、苹鞍等协助江充。

江充首先查办那些被汉武帝冷落的不幸女子，贵为皇后的卫子夫也不得不接受江充的盘查。

这就拉开了第三次巫蛊事件的大幕。而这次巫蛊事件的主角是卫子夫和太子刘据，充当导演的则是老奸巨猾、阴险狡诈、恨不能将卫子夫母子千刀万剐、碎尸万段的小人兼刽子手江充。

此次，江充得到查办巫蛊的"尚方宝剑"以后，禀报说皇宫中果然有蛊气，得到了汉武帝的允许。他便入宫大挖特挖，江充连汉武帝的宝座周围都掘地三尺。

征和二年七月，江充终是将铁锹挖到了太子的东宫，皇后卫子夫已经吓得不能站立，需要扶着才能够站稳。但太子刘据一副泰山压顶不为所动的样子，他相信不做亏心事，不怕鬼敲门。

正常、真实的搜查当然搜不出什么东西，但江充在大搜捕之前早就派人偷偷地把桐木人藏在了太子和皇后的居所。

江充派出去的酷吏把太子和皇后居住的宫殿翻了一个底朝天，终于在太子宫有了"重大发现"。江充等"专案组"成员和胡巫们挖到了用来诅咒的桐木人和一卷帛书。帛书中写着一些乱七八糟的符号。经过江充和巫师巫婆们的"翻译"，帛书上的内容是诅咒汉武帝刘彻早死。

卫子夫当场晕倒在地，刘据也大惊失色，他大叫着"这是陷害，这是阴谋"。

太子刘据欲往甘泉行宫辩白，澄清事实，却遭江充等人限制。

❀ 逼反

这帛书不是太子刘据弄的，却是在他的宫中被挖出来的，因此刘据纵有百口也难辩。江充则挥舞着"战利品"，得意扬扬地要去禀报汉武帝。刘据已经和父亲有矛盾有隔阂，相互不信任，所以他非常担心："如果让父亲看到我诅咒他的木人和帛书，他会不会废掉我呢？"刘据越想越悲观，甚至开始担心父皇会不会杀了自己。万分惊恐中，刘据急忙找来他的师父石德商议对策。

然而，太子身边的人，比如太傅石德等人，也非常恐惧。皮之不存，毛将焉附？石德说："江充奸贼扬言木偶是在太子宫中挖出采的，您有口难辩，以老臣之见，不如矫诏逮捕江充，查究他的阴谋，以求自保。您难道忘了赵高诈杀公子扶苏而立胡亥之事吗？"

为了保住刘据的太子地位，石德等人采取了危险的对策。他们首先想到的是，江充等人要置太子于死地，接着就怀疑甘泉宫的老皇帝为什么要听任小人陷害太子？老皇帝身体一直不好，现在是不是还活着？既然老皇帝的生死都有问题了，那么江充等人的举动就是一个彻头彻尾的阴谋了。

太子刘据被逼到这般地步，也只有铤而走险了。于征和二年（公元前91年）七月壬午，将江充缉拿。而协助江充办理此案的御史章赣逃出，去往甘泉行宫见汉武帝。这边，太子刘据假传皇帝的圣旨，将江充等查案子的人全部就地正法。因为事出仓促，跟着来查案的太监苏文逃走了，跑到甘泉宫，向汉武帝报告说太子造反了！

可是江充被杀，查证江充诬告一事落空。太子的冤案难以澄清，又落了个杀人灭口的罪名。刘据杀死一帮小人后才发现，自己已经没法回头了。万般无奈的刘据只好举兵造反，夺取帝位。他树起"清君侧"的大旗，聚拢力量，控制长安城。

太子自杀

刘据派太子舍人无且率领一队武士，持皇帝的纯赤色符节赶到未央宫，与皇后卫子夫联系。卫子夫本不想造反，可是面对儿子派来的武士，知道箭在弦上，不得不发了。她对丈夫的不满和对儿子的爱全都转化为对冒险的积极配合——卫子夫下令把皇后的车马拉出来，运载了弓箭兵刃；将皇后中宫的侍卫车马和长乐宫的侍卫车马全部交给了儿子，并打开了武器库，取出武器，由刘据分发给众人，真正地踏上了武装叛乱的道路。

这场被称为"巫蛊之祸"的政变就此爆发了。

正在甘泉宫养病的汉武帝听说太子起兵，顿时龙颜大怒。汉武帝赐诏刘丞相："以牛车为死，毋与叛贼短兵相接，用弓弩射杀。坚闭城门，毋令反贼逃出。"

武帝抱病移至长安城西的建章宫，征发长安一带的军队，由刘丞相统率，镇压叛乱。太子刘据势单力薄，便赦免长安城中的囚徒，把他们武装起来；又征发长水、宣曲两支少数民族骑兵，与丞相指挥的军队大战于长安城中。

刘据的力量和汉武帝调拨来镇压的军队，在长安城里混战了五日后，尸骸遍地。

鲜血淹没了街道，都汇聚成了赤红的河流。

其中有一个细节需要交代：刘据起兵后，汉武帝认为太子可能是受到了江充等人的陷害才这样做，所以他当时便派遣使者入长安探明情况。谁知道，派出去的小太监害怕，根本不敢去长安，在外面转了一转就回来对汉武帝谎称，说太子造反要杀他。汉武帝由是大怒，这才调兵镇压，派左丞相刘屈氂发兵讨逆。这个细节也说明了，刘彻、刘据父子的信息交流渠道堵塞到了何种程度。

混战的结果是，刘据一帮人寡不敌众，遭到了血腥镇压。刘据的老师石德等得力将士全部战死。

刘据带着自己的两个儿子狼狈出逃，逃出长安城，来到湖县，投奔他的一个老部下。

老部下舍身相救，带他们到湖县泉鸠里（今河南灵宝西部与陕西交界处的泉里村）的一户农家藏匿了起来。收留太子刘据父子三人的农夫家非常穷，一家人连温饱都解决不了，收留太子父子后，生活就难以为继了。刘据突然想起认识相邻新安县的一个富豪，就幼稚地传信给他，希望能够得到接济。

当时汉武帝已经下达了全国通缉令，所以，太子的老朋友接到信息后，立刻就向本县官府告发。湖县的县令也是一个酷吏，见生意来了，便迫不及待地率兵捉拿逃犯刘据。

刘据和老部下奋起反抗，最终寡不敌众，彻底失败了。

刘据的两位儿子为了掩护父亲而上前搏斗，都被官兵杀害。

老部下也命丧黄泉。

走投无路的刘据，在房中悬梁自尽。

收留他的泉鸠里百姓亦为太子格斗而死。

🏵 荣华富贵一场梦

刘据叛变时，卫子夫坐卧不安，茶饭不思，夜不能寐，噩梦不断。

不久，令她绝望的消息一个一个地传来：太子刘据兵败！逃亡！生死未卜！

卫子夫自己也卷进巫蛊案中，她预感到悲惨的结局即将来临，可是她怎么也想不通的是，自己辛辛苦苦三十多年伺候汉武帝，打理后宫，没有功劳也有苦劳，结果呢，却弄得个陷害丈夫这样一个大逆不道的罪名。呜呼，人间还有清白乎？人间还有王法乎？

政变平息后，震怒的武帝诏遣宗正刘长乐、执金吾刘敏去长乐宫宣诏，收去皇后卫子夫的册书和玺绶。

没收了皇后玺绶，下一步就要废掉卫子夫的皇后之位。

卫子夫交出玺绶之后，不想再受凌辱，于是毅然决然地在宫中，以三尺白绫绕过梁顶，引颈自决。

卫子夫是一个柔弱胆小的女子，却以如此刚烈的方式离世。自杀之前，她痛哭了一场，把所有的委屈都哭了出来。

至此，母仪天下三十八载、陪伴汉武帝四十九年的卫皇后溘然长逝。

卫子夫死后，本为江充爪牙的太监苏文找了口薄棺材，将卫子夫草草埋葬在长安城南的桐柏亭，直至汉宣帝即位以后，才下令将她厚葬，追谥为"思皇后"。另置园邑三百家，并派员奉守她的墓冢。

偌大的未央宫在经历过一场血色浩劫之后依旧壮丽而重威，只是长秋门后的中宫椒房殿，再一次失去了主人，直到汉昭帝即位。昨夜凉风届节初，园亭景物渐萧疏。

真正的绝望在这夜未央
彻底的失败在这人生末路
我木然持三尺白练走上不归
一场繁华大梦随我一同悬挂
这一年是我成为一国之后的第三十八年
不尽余恨在三尺绕梁布
绝代芳华此刻但剩素绫随夜风飘去

美貌的概念是一个女人命运会有意想不到的变化

你为我的秀发痴迷
如瀑的青丝光可鉴人让你燃烧了服侍更衣的我

当我盛极时节
彩鸾红艳帐里俏语香
也曾终日伴我画眉长
可君王是难结不了情的
请看长门深怨，日日恸哭动宫墙

以美掠君恩是我最大的危机
当年华被岁月驰去
美人迟暮正如英雄断腕
色衰则宠必驰
我的人生转而向衰
新人如花一顾倾人城
他们正鸳鸯交颈两深情
君情歇随秋扇已捐我在篋笼中
于是我也遥泣长门
阿娇阿娇你我命亦同
深宫梨花满地空自洁白无人爱
可惜天姿谁敢抱怨君不来

祸起无端因在小人
当野心勃勃的小人江充挑拨离间
武帝居然专断独行
奈何天子遥不可及，我冤苦难诉
完全没有一点起码的交流是这场巫蛊大祸发生的根本原因
投缳自杀是为了尊严
当武帝绝情到了派人"收皇后玺绶"
不论晚年的武帝如何为冤杀的太子昭雪

不论天下是如何闻而悲之
不论武帝是如何的追悔不及哀思难寄
而当日君恩一朝全绝断
在那个悲剧的时刻等待母子俩的就只能是九泉对泣哀
至此我的人生由衰而败
东风索索一路草黄衰
未央无主夜半惨惨火烛斜

自古无情最是帝王家
那富贵又岂是可以白白领受的
历代后宫都在上演一幕幕你死我活、无休无止的残杀
那就是血流漂杵、人头滚滚的惨烈战场
风雨凄凄，那是我无法向武帝自明的悲泪
风雨潇潇，劲掠着三尺勒颈白练
风雨如晦，那个曾令武帝一见钟情的香魂就这样被冤杀
而武帝可还记得昨夜风开露井桃
未央前殿的那一寒光闪闪的月轮高
一口小棺材草草埋葬在皇族陵墓之外
一任这个汉宫最高贵的女人在桐柏园里
湮没无闻坟无壤，白骨销灭为泥
只是那一年天下大旱，颗粒无收
天意示警，天意示警，天意在示警

从一个卑贱的歌女一跃而为皇后
最后又在那样凄凉痛楚绝望中死去
这是一个怎么样的戏剧化人生

寂寞的天地间
只剩下一对明明灭灭的红灯笼风中摇摆
在三十八年间汉宫中两次兴起巫蛊祸事

彼一时，皇后陈阿娇被落井下石

此一刻，卫子夫也没能幸免于难

这是一个晦暗的轮回

那叫江充和苏文的两个佞臣造的蛊

冤杀了皇后与太子

同时也害了一代枭雄汉武帝

陛下啊，其实我们是一样的受害者

❀ 思子宫

这场父子、夫妻之间不应发生的悲剧，以皇太子刘据和卫皇后的惨死而宣告结束。满朝大臣中凡熟知内情的，皆为卫皇后母子鸣不平，但没有一人敢向武帝进谏。倒是有一个名叫狐茂的小官，在太子自尽前就斗胆越级上书汉武帝，为太子辩冤。他说："江充倚仗皇上的威势胁迫皇太子，太子进不得见皇上，退则为奸臣所困，无法向皇上诉明冤情，愤而杀死江充，惧而逃走他乡。望陛下不要怪太子犯的错误，立即停止用兵，不要让太子长久逃亡在外，以致于落入奸人的圈套。"

汉武帝阅罢狐茂的奏章，意识到也许是错怪了太子，但他一向刚愎自用、独断专行，不肯马上认错。

老百姓对死去的刘据很有好感，对他的死很同情，都相信刘据不会用木偶人诅咒皇上。过了几个月，查出所谓巫蛊之事，实为江充故意陷害东宫，汉武帝这才知道太子确实无辜。

民间的舆论开始朝着有利于刘据的方向发展。汉武帝刘彻冷静下来后，也开始相信儿子起兵主要是被逼自卫，并没有谋害自己的意思。关键时刻，负责守护汉高祖刘邦陵寝的高寝郎车千秋上书，为刘据犯颜直谏，扭转了整个局势。他写道："儿子对着父亲舞刀弄枪，应该受到鞭笞。如果皇帝过失，杀死了太子，那又应该做何处理呢？"汉武帝对车千秋的上书非常感慨，也非常重视。出乎众人意料，车千秋竟然因为这次上书而被擢升为了丞相。

为替太子报仇，汉武帝又搞了一次大屠杀，将江充一家灭族，把助纣为虐的苏文绑在黄桥柱上，纵火活活烧死。

最终，征和二年的巫蛊之祸，刘据用自己的生命交换了汉武帝晚年一干奸臣贼子应有的惩罚。祸起之初，冤魂数万，天下惶惶；祸结之时，血染长安，天下戚戚。后世的西晋阎缵之于愍怀太子被害，唐韦凑之于节愍太子加谥，唐陈子昂之于来俊臣之祸，唐赵上交之于谏秦王从容等，皆用刘据受害之典故，或谏君王之妄信，或劝王子之防嫌。汉昭帝崩后，刘据之孙刘询即位，即汉宣帝，是为刘据一脉，也是卫子夫一脉相沿。

汉武帝杀奸人后不久，又下令在太子殉难的湖县树起了"望恩台"，在长安城也建造了一座"思子宫"，寄托自己的哀思和悔恨。至于同样被他逼死的妻子卫子夫，他却始终没怎么流露出追悔之意。

🌀 思后非废后

卫子夫的一生在香汗淋漓的温存中开始，在鲜血淋漓的残酷中结束，她带给卫氏家族长达三十八年之久的荣耀，也带给卫氏家族瞬间的毁灭——满门抄斩，汉武帝不久就下令屠灭卫家三族。《汉书》说，至此"卫氏悉灭"。唯一保全下来的是太子刘据刚出生没几天的孙子刘病已，他就是后来的汉宣帝。

有人根据《汉书·外戚传》，"及卫思后废后四年，武帝崩，大将军霍光缘上雅意，以李夫人配食，追上尊号曰孝武皇后"一句认为，卫子夫自杀前被废，这是非常错误的。

首先，《汉书·外戚传》"诏遣宗正刘长乐、执金吾刘敢奉策收皇后玺绶，自杀"。卫子夫自杀前，武帝下诏收回皇后玺绶。玺绶代表皇后实权，而武帝下诏可以理解为，收回皇后实权（卫子夫支持太子起兵，武帝这个举动是可以理解的），但是皇后的名分仍然保留。这就有两种可能：一是收玺绶时卫子夫自杀，正式的废后诏书还未来得及下，废后程序终结；二是武帝只是暂时收回皇后实权，待太子起兵之事尘埃落定后，再做出是否废后的决断，但卫子夫没有给他这个机会。

其次，班固这句"卫思后废后四年"，是为下文霍光追尊李夫人为孝武皇后做铺垫的。如果班固在上文中没写"卫思后废后"五字，那么承接下文的追尊行为则会名不正言不顺。而后来汉宣帝之所以能够追谥卫子夫曰"思"，并将卫子夫以皇后身份厚葬，正是由于她没有被废的缘故，因为废后是没有资格获得谥号的。

至于班固在《汉书》中所表达的真实情况，只需用《外戚传》中的数位废后的记载稍作对比便不难得知。

"孝景薄皇后……立六年，薄太后崩，皇后废。废后四年薨。"

"孝武陈皇后……后数年，废后乃薨。葬霸陵郎官亭东。"

"孝宣霍皇后……废处昭台宫"

"孝成许皇后……立十四年而废……天子使廷尉孔光持节赐废后药，自杀，葬延陵交道厩西。"

对于卫子夫的记载则是："孝武卫皇后字子夫……宣帝立，及改葬卫后，追谥曰思后。"从中不难看出，《外戚传》中但凡被废的皇后均在个人篇幅内交代被废事宜，改称"废后"并以此结束。而卫子夫传记部分则从开始到结束，无论是自杀、追谥，都未曾出现一个"废"字。全篇以"孝武卫皇后"开始，间以"子夫""皇后""卫后"，并以"思后"结束。

最后，《汉书·武帝纪》记载："庚寅，太子亡，皇后自杀。"如果卫子夫自杀前，收玺绶的诏书为废后诏，那么班固在《武帝纪》里则应该记载为"废后自杀"，而不是"皇后自杀"。

因此，当史料记载存在冲突之时，应该以相符者多的为准。即，卫子夫并未被废黜。

❀ 悠悠桐柏

据《汉书》记载，卫子夫自杀后，葬于长安城南的桐柏亭附近。

桐柏正对着长乐未央宫，在桐柏登高便可看见长乐未央的歌舞升平。附近更有历代汉帝用来祭祀上天的神台。

汉宣帝即位后，将其曾祖母卫皇后改葬于长安城覆盎门外南北大道之东。桐柏亭所在的位置就是后来宣帝登基之后，重新厚葬的长安城覆盎门外南北大道之东。宣帝后来的"改葬"只是以皇后礼仪重新安葬，并起高大墓冢，置陵园及设置周卫，并非迁葬。

而且，宣帝还为卫子夫追谥"思"。卫子夫因此成为中国历史上第一位拥有独谥号的皇后。其陵园亦因此称为"思后园"。自她之后，历代皇后在丈夫的谥号之后也开始有了自己的独立谥号。

思后园在唐代依然存在，《长安志》中提到"汉思园"在金城坊西南隅，其实是西北隅，西南隅是会昌寺。颜师古在《汉书·外戚传》中注曰："葬在杜门外大道东，以倡优杂伎千人乐其园，故号千人聚。其地在今长安城内金城坊西北隅是。"

❧ 春宫怨，怨昨夜风开露井桃

卫子夫的传奇经历固然离不开她自身的努力奋斗，但更多的是不可控制的因素。以女奴的身份一跃成为大汉朝的国母，专宠后宫，做了三十八年的皇后，这是卫子夫以及卫氏家族做梦也想不到的幸运。在汉武帝一代，卫子夫得幸，卫氏一门鸡犬升天。但在卫家风光无限的时候，在卫子夫即将高升皇太后之时，却又以卫家灭门的惨剧收尾。美艳绝伦、安于后宫的卫子夫也在晚年被逼自缢身亡，她的死是无辜且令人同情的。二十多年的绚烂爱情，四十多年的荣华富贵，一瞬间灰飞烟灭，正所谓造化弄人，令人扼腕。假使生命可以重来，假使再给卫子夫一次选择，她还会选择与汉武帝相遇吗？

应当说，阿娇和卫子夫都曾戳中汉武帝的柔肠。她们各具特色，很难说哪一个完胜另外一个。陈阿娇很有金枝玉叶的风范，举手投足间富贵大气，虽说性格有点娇蛮跋扈，但标致的容貌和雄厚的政治资本弥补了这些不足。如果不是她十余年未能生育，汉武帝没必要把她废黜。卫子夫温婉贤淑、谦逊有礼，为汉武帝生育好几个子女，其弟弟和外甥又是才能出众的辅国之臣，汉武帝在她年老色衰后仍对她十分尊重。如果不是晚年陷入大冤案，卫子夫本应该以皇后身份寿终正寝。

卫子夫生于西汉前期，在汉元帝之前，西汉皇后多为寒门之女或与前代出身寒微的皇后有血缘之亲。自武帝尊儒重教以来，历数朝之后，儒家经义的尊卑等级逐渐为权力集团所接受。汉成帝欲立赵飞燕为后时就有儒生力谏"腐木不可以为柱，卑人不可以为主"。

至东汉，《白虎通义·嫁娶篇》更提出"王者之娶，必先选于大国之女，礼仪备，所见多"。然而，经学在武帝时期最为纯正，后世一味"修学好古"，乐褒尧舜之德，周之古礼。将董仲舒提出的适应时代所产生的今文经学驳斥得一无是处，反拘于古文经学不可自拔。以致于出生低微的卫子夫与西汉前期的其他皇后一样，在后来两千多年的历史上鲜有提及，更乏评价。

又因卫子夫为后三十八年史书未记其过，所以出生低微同为公主府歌女的卫子夫没有如汉成帝皇后赵宜主（赵飞燕）一般，致使"天下之恶皆归焉"的结果，和"汉立飞燕，成帝胤嗣泯绝"的指控。

卫子夫虽未获后世经义之人所褒奖，然其以歌女之卑受宠至一朝为后，其中的平阳歌舞却传为一段佳话。民间多有以卫子夫与汉武帝的爱情为蓝本的戏曲作品出现。而对于她的称呼"卫娘"也成为文学作品中姿容出众、能歌善舞之女子的代称。卫子夫虽身世低微，但后世也默认了其三十八年恭谨的品行。以至于今日翻开诗词歌赋，卫子夫的形象依旧是武帝在平阳侯府初次相见时的那个有着一头绸缎般光泽秀发的豆蔻女子，美丽、迷人、未曾老去。

同时，卫子夫的出现也将卫青、霍去病、霍光引向历史舞台。武功则卫青、霍去病抵御匈奴内侵、拓宽汉朝版图。文治则霍光佐八岁幼主，废昌邑昏乱，立孝宣中兴，匡国家，安社稷。卫子夫一生虽未插手政事，然因她所兴之人却对孝武、孝昭、孝宣三朝做出了巨大贡献及深远的影响。得"长平桓桓，上将之元""封狼居山，列郡祁连""虽周公、阿衡，何以加此"的高度认可与赞扬，光辉远远遮住了同时代至尊的女子。

那一年，她是平阳侯府低婉娴静的歌姬，是有一颗天真柔软之心的卑微家伎，是个如诗般温婉柔顺的女子。眉目可入画，青丝如云。总盼着有朝一日脱离奴籍，得遇良人，从此琴瑟和谐，一世静好。

那一年，他是未央宫中血气方刚的年轻帝王，风流倜傥、壮志凌云，总盼着有朝一日北击匈奴、开疆拓土，成就大汉王朝的千秋霸业。

平阳公主的筵席上，她含羞低首，如水一般温柔，牵动了少年君王的心。可是，及至垂垂老矣，她才知那不过是命运最残酷的微笑。

那一年，她遇见他。仿佛在丛生的杂草间幸遇一株参天大树，那么伟岸，那么挺拔，那么令人仰慕。

那一年，他遇见她。仿佛在满目的牡丹中发现一朵素心白兰，那么淡雅，那么轻柔，那么令人心动。

那一袭素衣，不张扬，不妖媚，颔首低眉，举手投足，俱是温柔。高高在上的他，莫名地触动了一下心弦。

更衣轩里，他拥她入怀，轻轻抚过她如云的秀发，无限温柔地说，我会给你一切。

尚衣轩里的一切都是水到渠成，都是公主的预先设定。

她将一生交付于这个至尊男子，虽然明知不可为，却是这样义无返顾。而后，背负着平阳公主"苟富贵，毋相忘"的殷殷嘱托，告别了公主府第，坐上华贵的车辇，她以为即将赶赴的是一场命定的甜蜜相恋。那个男子是普天之下的九五至尊，也是她唯一的且最坚实的依靠。

可是，她走进了深不见底的未央宫，无数个清冷的夜里，她倚窗望月，独自思量，不禁泪盈双睫。彼时，她尚是天真稚嫩的年纪，并不知这深宫之中，发生过多少惨烈的故事，埋葬过多少绝望的眼泪。她只是傻傻地以为，那个得到了她身子的尊贵男子，会履约而来。殊不知，一入宫，便是再也不见。那个娇纵尊贵的女子，着一袭暗花金丝凤尾裙，裙摆散开如莲花，自屈身行礼的你面前走过。低垂的视线里，只看见她裙摆上盛开的硕大而缤纷的花朵。她的容颜耀眼得如同春日最娇艳的那一株牡丹，迎风绽放，不容亵渎。

卫子夫越发自卑了，她在心中苦涩地想，自己不过是痴心妄想。

她想，一个小小歌女岂能被皇帝陛下放在心上，平阳侯府中风光旖旎的尚衣轩，之于他，不过是一场美的艳遇，微不足道。

遣年老无用的宫人还乡，她终于藉此见到他。他威严昂然地端坐于高处，她却莫名其妙地想起尚衣轩里那一阵隐约的香气，于是，忽地溅下泪来。原来，她发现自己是这样强烈地爱他，比她所知道的更爱他。

匍匐在地，她纤弱无助的姿态再次触动了他，而她温柔体贴的性情博得尊宠日隆。

那是他最需要她的时期。后宫中许以金屋藏娇的皇后阿娇骄纵善妒，朝堂上扩大娘家势力的祖母窦太后为所欲为，而自己的母亲王太后，竟赐死了与他既为知己又是情人的韩嫣。于他而言，那个清艳张扬的男子，不仅有幼时一同学书练字的情谊，亦不仅有肌肤相亲、同起同卧的亲密，较之宫中浓妆艳抹却见识短浅的女子，韩嫣显然更为独特，也更为重要。所以他给了他上大夫的尊荣，让他乘坐天子銮驾，甚至容忍他与后宫女人暧昧不清。然而，这一切在王太后眼中，俱是忍无可忍。于是，韩嫣服毒而亡，在那一场铺天盖地的孤独里，他近乎无望地索求着她的温柔，那是他唯一的慰藉。

她接连产下三名公主，受封夫人，阖家显贵。而后，陈皇后因"惑于巫祝"罪名被废黜后位，退居长门。而后，承宠十年的她终于为他诞下皇长子刘据，于是母以子贵，未央宫椒房殿迎来了新主人。时隔千年，那一刻韶华胜极的她是怎样的心情，已然无从得知。只怕，未必是志得意满、目下无尘。这个平阳侯府家讴者出身的小女子，纵然执掌后宫、母仪天下，纵有弟如卫青、甥如去病，纵被民间传颂"独不见卫子夫霸天下"，从始至终，她低眉颔首、谨言慎行。

由一介歌伎，一跃成为大汉最高贵的女人，卫氏亦成为显姓贵族。可是，身为皇后，她要为后宫各人准备侍寝事宜。为他，为深爱的男人，物色美貌的年轻女子，充盈后宫，听凭他来召幸。她以为自己可以超脱地做这一切，事实上，她也真是做到了。她早已不复昔日天真。一切尊荣，皆凭帝王恩赐，亦可由帝王收回。当年出身高贵、不可一世的陈阿娇，还不是因开罪了刘彻而困守长门，折损了满身傲骨买来一篇《长门赋》，亦唤不回昨日温情？她不能做陈阿娇，她的身后有卫氏满门、有一儿三女，她不能走错一步。

可是，这样的小心翼翼，真的值得吗？卫氏一门轻贱，自她而始，跻身富贵，位及尊荣。她为卫氏一门铺平了走向荣华的道路，却舍弃了自己的爱情和人格。

她只能在他不再需要她的时候，含笑望着座下年轻貌美的王夫人、李夫人、尹婕妤、钩弋夫人，不妒不怨。

能妒谁呢？又能妒谁呢？她分明知晓，这些美人得到的都不过是帝王的一时迷恋。这样的迷恋她亦得到过，整整十五年，隆宠不衰，但也仅止于此了，没有爱便没有谁是独一无二、无可替代的。

能怨什么？又能怨什么？她从歌女的卑微走到皇后的尊荣，爱子七岁受封太子，胞弟官拜大司马、大将军、娶平阳公主，甥儿年少立功官至大司马骠骑将军，卫氏一门五人封侯，这已是上苍的厚待，又岂能自怨命薄？

时光流逝，美人终会迟暮，当年在铜镜里曾如莲花一般娇艳美好的容颜，渐渐枯黄了。她身边再没有了他，这样的脸不会再受到他的爱抚，她只能在镜中对着自己微微苦笑。自幼便因为如此卑微的身世，唯有将忧伤折进眉间，而她始终保持着如水一般的温柔与不争。

失宠，失爱，一切皆是早已注定的事。只是，她的心仍然有爱，爱上他，是一件消费不起的事。只能是期待着他，默默地、永不出口地爱着期待着。卫子夫不是阿娇。其实，高贵的阿娇，最后亦只能幽居长门，抱恨而去。还记得初听得那样的消息时，她恍惚忆起那一袭金色的裙裾，无比优雅地走过未央宫清色的地板。于是，她从心里为之叹息。其实，她懂得，那个骄傲的女子，身份虽与她如云泥之别，却也不过是一样的心思。爱，全是因为爱。只是，因之出身高贵，故而不肯屈服。拼将玉碎，不能瓦全。而她，看惯世情，反而懂得隐忍，这样总能保得一个瓦全。

这是一个底线了。

她以为，一切就止于这样了。纵然色衰而爱弛，亦能安稳百年，她很知足，也很安分。殊不知，旁人不能像她一样安分。

却不知，子夫再谨慎，锱铢不计较，这荣华富贵依然是岌岌可危。

祸起巫蛊。又是巫蛊，巫蛊之祸，一切成空。她眼睁睁地看着太子刘据、诸邑公主、阳石公主、卫氏子弟一个个走上断头台。她大哭，流尽了所有的泪，这一刻，心丧若死，才终于明白，命运尽头的狰狞。原来她爱他，比想象中更爱，爱得她承担不起。所以，这伤也更痛，痛彻心扉。四十余年夫妻，最后不过如此。

四十年前的情景重现，不受宠的椒房殿主人却换了人。他还算顾念旧情，只命人收回皇后玺绶。若她不争不闹，兴许能如前皇后一般退居长门、保全自身。然而，她觉得够了，何必做另一个陈阿娇呢？生不能自主，便在死之事上做一回主吧。

三尺白绫，了断今生。她恍惚看见那一年，陈皇后妒她受宠，变着法儿折磨她，他知晓后眼中流露的疼惜。而今，他可还会为她的死，流露一点点的不舍？不会了吧，她早已不在他的心上，她只是大汉的皇后、太子的母亲，一旦失去了他的信任，便万劫不复。未央宫璀璨辉煌的夜幕下，孕育过多少美梦，又沉淀了多少噩梦呢？之于她，生命华美的衣袍下只有真实的晦暗，走到尽头又何尝不是一种解脱。

悬心半生，小心半世，最后只为他人做嫁衣。

最终，只是一场空，了然如一梦。

所有的荣耀，都仅仅是昙花一现。

她该有多怨恨？早知如此，还不如隐于乡间田林，与一凡夫俗子，好好爱一回，也不负那曾经如春花般柔美的容颜。

若有来世，请让她成为最平凡的女子，拥有最平凡的命运吧。霸天下，不若霸占一个男子的心房，将一生托付他收藏，由他妥帖安放、细心保存，从此，远离惊惶，远离苦楚，不必四下流离，不至无枝可依。

卫子夫，从始至终都只是个小女子，纵然贵为皇后，亦不曾真正挣脱平阳侯府家讴者的出身。一生战战兢兢，却还是摆脱不了厄运。

这段长达数十年的夫妻关系，于刘彻，无所谓爱或不爱。于子夫，却是在意爱或不爱的。承宠、入宫、生子、封后、嫁女、罢黜，四十年来，她何曾有过自己的选择？一切都是旁人安排，一切都是命运主宰，不能抗议，甚至无从后悔。纵使心中有爱，亦不过是一场如履薄冰的爱情。

子夫，清灵、温婉，不算出众，不算大气，却偏能沁人心脾。那才是真实的她。

春宫曲
怨昨夜风开露井桃，未央前殿月轮高。
平阳歌舞新承宠，帘外春寒赐锦袍。

其实莫倚金为屋，重重只锁愁。年华不可追，怨咽空自悲。帐中鸣佩卫夫人，此为倾国色，与君同占可怜春。冠盖满京华，斯人独憔悴。荼蘼花谢，来年依旧绽放；绿叶枯萎，下一春依旧染绿；今夜星沉月落，明日依旧会升起。一波未平，一波又起，人老了，自然有新人代替。只见新人笑，哪闻旧人哭？高城望断，烟尘如雾，清梦断，镜里朱颜改。不见君王临，碧云暮合空相对。忆昔缠绵悱恻，携手处，今谁在？一场疏雨过后，杏花憔悴，飞红万点，立于斜阳下，黯然目送一年春色悄然流逝，那种恨，理不清，也斩不断，一如早该断绝的心念，那般无望和凄凉。春去也，飞红万点愁如海。如果卫子夫没有那飞红万点的艳绝和凄绝，就不会有那如海般无际无涯的哀伤与悲凉。

上官小妹：

深宫里的孤独花

　　她总是一个人忧伤地躲在房间里，甚至不知道窗外午夜的天空，是否还有闪亮的星星？而厚厚的阴云仍寂寥地飘浮在她的心境中。几丝殇情的春雨，在恰当的时间和地点，淅淅沥沥地淋湿她的心情。曾经的美好不可能停留，更不可能拥有，也不可能回眸。

　　那是一种折磨终生的痛楚，像一把咸咸苦苦的盐，撒在了鲜血淋漓的伤口。无论走在哪里，无论什么时候，伤痛都不曾离开她。在有生之年里，在寂寥如歌的度日中，她一直在无人注目的角落，卑微得没有人会正视她。在本应风花雪月的日子里，在璀璨的青春和风情万种的生命绽放之期里，她守着一份纯真和善良，每日每夜都不曾断过哭泣。

　　她就是汉昭帝刘弗陵的上官皇后。

　　温婉和善的上官小妹是中国历史上年龄最小的皇后、皇太后、太皇太后。在她六岁的时候，就嫁给了十一岁的汉昭帝。上官小妹十六岁的时候，二十一岁的昭帝刘弗陵便撒手人寰。刘贺继而为帝，年幼的上官小妹成了皇太后。刘贺当了二十七天的皇帝就下台了，由刘询来当皇帝，是为汉宣帝。汉宣帝因辈分比昭帝小两辈，所以上官小妹便成了太皇太后，年纪比刘询都小。汉昭帝的上官皇后在经过了近四十年的守寡生涯后，寿终正寝于长乐宫。

❀ 错综复杂

上官小妹是汉昭帝刘弗陵的皇后，陇西（今甘肃省天水市西南）人，出生于公元前88年，死于公元前37年，享年五十二岁。她与汉武帝晚年托孤时的两位大人物都有密切的关系：她是左将军上官桀的孙女，同时也是权倾朝野的大司马大将军霍光的外孙女。她的一生虽然享尽荣华富贵，但夹在祖父、父亲与外祖父争权夺利的斗争中，非常为难。

后元二年（公元前87年）二月，汉武帝驾崩，年仅八岁的皇太子刘弗陵继位为汉昭帝。

自太子刘据兵败自杀后，皇太子的位子便一直空悬。晚年的汉武帝相当迷信，他最为宠爱的妃子便是钩弋夫人，而她怀胎十四月后诞下刘弗陵，与史书记载的尧一样，故而汉武帝大喜，并将钩弋夫人所居之门命名为尧母门。此后，他在三个儿子（燕王刘旦、广陵王刘胥、刘弗陵）之间犹豫着。刘旦性情桀骜不驯，刘胥不学无术，只有刘弗陵最符合武帝的心意，除了前面那些迷信的光环之外，更重要的是他年少聪明，遇事有主见，和汉武帝年轻时期最为相像。最终汉武帝决定废长立幼。他又担心子少母壮，重蹈吕后覆辙，便先将钩弋夫人打入掖庭，之后又赐死，这才让刘弗陵即位。

对于登基后的汉昭帝刘弗陵而言，这个龙椅是用了母亲的鲜血换来的。但他没有被伤痛击倒，从汉昭帝后来的作为来看，他起码比惠帝要坚强得多。

当时，汉昭帝年仅八岁，未谙世事，于是，群臣决定由鄂邑公主养护汉昭帝，并以汉昭帝的名义下诏，尊鄂邑公主为鄂邑长公主，让她入住皇宫，养护汉昭帝。

汉武帝临终时担心幼帝受欺骗、托孤大臣一手坐大的局面出现，故而选择了厚重的霍光和金日磾，并将"周公负成王朝诸侯图"赐予霍光，封其为大相国、大司马、大将军，封金日磾为车骑将军，太仆上官桀为左将军，并和丞相、御史大夫桑弘羊一起，四人共同辅佐汉昭帝。

表面看起来是汉武帝给刘弗陵指派了这么多名顾命大臣，好好地辅政，其实他是为了完成这些臣子间的权力制衡。另一方面，汉武帝赐给霍光"周公负成王朝诸侯图"，不过是发现，这几个人当中霍光较为忠厚，且以霍家的威望，可以压制其他几名大臣，避免在汉昭帝年幼时出现五虎相争、皇位架空的情况，真可谓是煞费苦心。

三年后，顾命大臣金日磾病死。这减少了一个分权者，加之霍、上官两家多年前的结亲，霍光的女儿嫁给上官桀的儿子上官安为妻；由于这层关系，再加上两家的姻亲关系，上官桀的权势仅次于霍光。

尽管如此，上官父子犹不满足，仍然寻找一切机会千方百计地往上爬。当年，上官桀父子的权势全是靠一时的得志而起：上官桀本是为汉武帝饲马的，有一年，汉武帝病了好长时间，多日不来马厩，上官桀就懈怠不用心喂养了。但突然有一天汉武帝来察看，见马匹都瘦弱了许多，怒斥上官桀失职。上官桀忙伏地叩头道："臣闻圣体欠安，日夜忧虑，再无心思喂马，请陛下恕罪！"汉武帝就这样被糊弄了，反念他忠心可嘉，转怒为喜，并升其官职。现在，上官父子讨好昭帝的姐姐鄂邑长公主，并取得信任，当然他们是有目的的。

因为汉昭帝年已十一岁，到拟立皇后的时候了，鄂邑长公主为其选皇后。多方挑选后，鄂邑长公主看中了一个姓周的女孩，打算让昭帝娶其为后。

上官安的女儿当时年仅六岁，上官安早就有心让女儿入主后宫，上官桀更是如此。父以女贵这个道理，这聪明的父子自然明白。见公主选了周家女儿入宫，上官安便风风火火地去找岳父大人霍光，恳求岳父出面，让自己的女儿（即霍光的外孙女）入主后宫。

不想霍光义正词严地拒绝了，他说："左将军此话有失偏颇。既然先帝信任你我，临终托孤，自当尽忠报国。如今册立皇后乃国家大事，怎可假公济私？何况当今皇上还是个乳臭未干的小毛孩子，还不到立皇后的年龄；二来，外孙女也太小了，才五六岁大小，这就进宫为后，于情于理都说不过去，选后大事怎可如同儿戏？"

霍光的话让上官氏父亲哑口无言，只得灰溜溜打道回府。然而事实上，义正词严的霍光并非周公再世，他这番话不过只是一番托辞罢了。当时除去几位托孤大臣，朝中拥有实权的人并不算太多。而在外有燕王刘旦手握兵权，不过如若进京主政，尚需时日。因此，最为炙手可热的便是霍光和上官家。上官桀为了进一步扩大自己的势力，希望将孙女送入宫中，一方面可以达到和霍光权力平衡的局面；一方面也可以提升自己的地位，毕竟，上官小妹是上官安的女儿。霍光之所以反对，并不是因为上官小妹年幼，而是怕重蹈吕氏家族的外戚之祸。另一方面，他不愿让上官安的后代做皇后，尽管是他的外孙女。因为他害怕上官家得势，夺取自己部分权力。

❀ 公主的情人

可是，上官安的妻子霍氏，也就是霍光的女儿，并没有因为父亲的反对而死心。她知道汉昭帝是他的姐姐盖长公主（即鄂邑长公主）带大的，对盖长公主的话言听计从。于是，别有用心的上官安便又去找丁外人。丁外人是鄂邑长公主的情夫。

丁外人素来仪容俊美，与人为善，在投到盖侯府上为门客时，就颇得盖长公主的好感。盖长公主的丈夫盖侯一死，二人便公然姘居。昭帝即位后，霍光考虑到皇帝尚且年幼，生母钩弋夫人已死，便请长公主入宫照顾小皇帝，而丁外人自然也跟着长公主出入宫中。霍光为了讨好公主，竟以昭帝名义，让丁外人专职侍奉鄂邑长公主。

平日里，上官安与丁外人关系甚密。如今，上官安见过丁外人，又是厚礼又是权力诱惑，劝说丁外人向长公主说情。

上官安讨好地对丁外人说："安子容貌端正，诚因长主时得入为后，以臣父子在朝而有椒房之重，成之在于足下。汉家故事，常以列侯尚主，足下何忧不封侯乎！"（听说公主有选立皇后的打算，我有个女儿，容貌端丽，请长公主垂爱。这事成与不成，全仰仗阁下。汉家惯例，列侯尚公主，阁下何愁不封侯？）

丁外人大喜，这是两全其美的好事，凭自己与公主的关系，这还不是小事一桩吗？于是他马上去找鄂邑长公主。长公主对丁外人向来是言听计从，遂改初衷，答应立上官小妹为皇后。

❀ 六岁母仪天下

随即便由长公主做主，六岁的上官小妹被迎入皇宫，封为婕妤。婕妤是后宫中的第三等级，仅次于皇后、昭仪，位视上卿，爵比列侯。而在霍光这一方面，由于这桩婚事是长公主出面，霍光不便驳斥，而且好歹上官小妹也是自己的外孙女，故而答应上官小妹入宫。

公元前 83 年，入宫一个月的上官小妹被册封为皇后，成为汉代也是史上年龄最小的一位皇后。

此时的昭帝才十一岁，上官小妹仅六岁，真是一对很匹配的年幼夫妻。

上官小妹终生最难忘的时光可能就是她当皇后的这几年，不是因为皇后的位置，而是因为这个时候，她身边有刘弗陵的陪伴。偌大的皇宫里，只有这个小男孩和自己一样孤单，她和他可以在一起说说话、捉迷藏，甚至爬爬树。玩到累时，可以叫一声"弗陵哥哥"，小小的弗陵便像个男子汉一般，把她放在背上。

至此，上官父子算是达到了目的，上官小妹的父亲上官安，"以后父封桑乐侯，食邑千五百户，迁车骑将军，日以骄淫"。

上官父子自然感恩丁外人，有来有往才能保持在政界的长盛不衰。上官父子遵守承诺，开始向霍光举荐丁外人，说他可封为侯。然而霍光依旧不答应，他以高祖在世所遗下的"不功不得封侯"为由加以拒绝。考虑到霍光的古板，上官父子只得退一步，只恳求授予丁外人光禄大夫之职就行。无奈，霍光依然是不答应，认为丁外人无功无德，不足以封官加爵。

上官父子对此极为恼怒，而更为恼怒的则是鄂邑长公主。霍光拒绝加封她的情夫，她岂止是恼怒，简直就是怨恨。于是，他们联合了对霍光心怀怨恨的受遗诏辅政幼帝的大臣之一——御史大夫桑弘羊。桑弘羊是前朝权臣，论资格、功劳、才能，他都自以为在霍光之上，但其权势不仅低于霍光，甚至也不如上官桀。他曾替子弟谋官，遭到霍光的严词拒绝，让他不能在朝中安插自己的势力，他对霍光也是极为怨恨。另外，桑弘羊以理财起家，他制定了盐铁专卖，在国用大增的武帝朝自有大用，但到了昭帝朝，因为要求"养民"来缓解武帝的"海内虚耗"，桑弘羊自然是进入雪藏阶段。面对霍光的阻碍，桑弘羊这种政治失意者，自然是选择和上官家等人达成联盟。

而今，上官父子、鄂邑长公主和桑弘羊结成联盟，携手反对霍光。他们担心朝中势力不够，又联络了燕王刘旦。因为争夺帝位的失败，燕王一直对汉昭帝和霍光不满，所以，四方一拍即合，结为盟友，马上着手行动，准备除去霍光。

汉武帝在诸儿孙中最终选择了刘弗陵作为自己的继承人，并不是因为所谓的怀胎十四月迎合了汉武帝老年迷信的心理，而是刘弗陵自身天资聪颖，有本事坐稳这个江山。

元凤元年（公元前80年），汉昭帝临朝，有大臣出列上奏："今有燕王旦奏章一份，嘱臣代为转呈陛下。"

昭帝一看，原来是燕王刘旦弹劾霍光，这是由上官桀等人暗中搜集霍光的材料而成的，完成后由燕王刘旦遣人上疏。奏章上写道："霍光去了长安东的广明亭检阅御林军，道上驻跸，太官供备的饮食，僭用了天子礼仪；他任人唯亲，长吏杨敞无才无功，却封其为搜栗都尉；霍光专权自恣，擅自调动校尉。臣怀疑他图谋不轨。臣愿归王玺，宿卫京师，保卫皇上。"

霍光知道后，惊恐万分，在殿前摘下大将军冠，战战兢兢匍匐于地，听候发落。却不料，昭帝和颜悦色地说："大将军不必惊慌，朕知道大将军无罪。"

面对群臣的疑惑，昭帝不慌不忙道："大将军去广明阅兵，往返几日工夫，燕王远在蓟地怎么都能知晓？如此看来，分明是朝中有人伪造生事，意图陷害大将军。"

在场之人无不佩服这位少年天子的聪颖善断。

原来，昭帝刘弗陵识破了他们的计谋，只是把燕王的奏疏留下，不肯下发。但对此，汉昭帝也未曾追查下去，事情不了了之。

谋反被诛

霍光虽稍感轻松，但仍是如芒在背。皇帝虽然相信自己，可是这样的信任究竟还能持续多久，而在这信任背后更有着诸位大臣的忌恨。那么，老谋深算的霍光是如何应对的呢？他暂时未作任何的举动，而是听之任之。将欲灭之，必先使其骄之。

故而，暂且得势后的上官桀父子，父凭女贵，越发不法，尤其是上官安："日以骄淫"。在一次宫廷酒会上，他"受赐殿中，出对宾客言：'与我婿饮，大乐！'见其服饰，使人归，欲自烧物"。而且他的私生活很不检点，上官安仿佛是穿越到了五胡乱华的时代，"醉则裸行内，与后母及父诸良人、侍御皆乱。子病死，仰而骂天"。而且随着时间的推移，他们一家和霍光的矛盾越来越深，根本原因是汉昭帝的长大，霍光想要成为周公式的人物，成功归政。而上官桀一家却和霍光的愿望背道而驰。

《汉书》记载了他们的矛盾，"数守大将军光，为丁外人求侯，及桀欲妄官禄外人，光执正，皆不听。又桀妻父所幸充国为太医监，阑入殿中，下狱当死。冬月且尽，盖主为充国入马二十匹赎罪，乃得减死论。于是桀、安父子深怨光而重德盖主"。其实这些都是表面原因，真正原因是权力，"自先帝时，桀已为九卿，位在光右，及父子并为将军，皇后亲安女，光乃其外祖，而顾专制朝事，由是与光争权"。

此刻的上官桀父子并为将军，皇后又是自己家的女孩儿，故而有了和霍光分庭抗礼的想法，但脑袋一发热，就容易谋划不周。

本来桑弘羊等人罗织罪名准备将霍光下狱，却不料汉昭帝年少聪颖，根本不上当。上官桀夫妻害怕夜长梦多，阴谋败露，便自乱阵脚，上官桀一伙决定铤而走险。他们密谋后定计：由鄂邑长公主出面宴请霍光，伏兵格杀霍光，同时除掉燕王刘旦，废除昭帝，拥立上官桀为帝。

当然，他们对长公主说的则是，杀了霍光，再废昭帝，拥立燕王刘旦。其实刘旦、刘弗陵谁做皇帝对长公主而言，并无直接的利害关系，只可惜丁外人这枕头风一吹，色迷心窍的长公主也同意了这一计划。

不料，他们的阴谋被稻田使者燕仓听到，燕仓便奏报给了霍光。霍光先下手为强，连夜进宫禀告昭帝。

次日，田千秋邀请上官桀父子到田千秋府上共商大事，这两父子还以为是赴宴，兴冲冲而来，却只得到田千秋的一句"将叛贼上官桀、上官安父子拿下，就地正法"！

霍光果敢地逮杀了上官父子，丁外人也做了刀下之鬼，"诏丞相部中二千石逐捕孙纵之及桀、安、弘羊、外人等，并宗族悉诛之"，炙手可热的长公主也畏罪自杀。而那有勇无谋的燕王呢？"旦以绶自绞死，后、夫人随旦自杀者二十余人"。

一场政变，最终以血画上了句号。

对于远在深宫之中的皇后上官小妹而言，按理说这谋反之罪应是株连九族，她这个小皇后的身份，不死也应该被废。然而刘弗陵手下留情，认为上官皇后年仅八岁，她没有参与祖父的阴谋活动，加上她是霍光的外孙女，所以不但保全了性命，而且皇后的凤冠也没有被摘掉，继续做她的皇后（"以年少，不与谋，亦霍光外孙，故得不废"）。

昭帝此举也有安抚民心的作用，毕竟上官小妹也是霍光的外孙女。此刻，霍光还是一座大山。

这场政变后，朝政安定。

专房擅宠

上官家被灭族后，霍光便开始格外重视起上官皇后了，甚至希望皇后专宠。可见他之前反对上官小妹入宫，其实只是担心上官家父凭女贵，与自己的权势持平。

霍光是个很复杂的人，他曾参与过立三帝，废一帝，大权独揽，权倾一朝，很难评定其好坏。他受汉武帝托孤之命，兢兢业业，也有还政于君的思想，如周公吐哺。然而他又有独揽大权，掌控君王废立，如王莽乱政。或者，他只是想以一族之长的身份，维持霍家在整个汉朝的地位，留名青史。众所周知，武帝一朝，最为信任的便是卫青和霍去病。自卫子夫为后，诞下皇子，卫青、霍去病大破匈奴，卫家是权倾天下："生男勿喜，生女勿怒，独不见卫子夫霸天下"！晚年的汉武帝最为信赖的却是霍去病一家，汉武帝唯一的一次泰山封禅，便是在霍去病的儿子霍嬗的陪伴下进行的。只是，泰山封禅后下山不久，唯一陪武帝上山的霍嬗却突然抱病而亡，着实诡异。自卫青、霍去病大破匈奴，卫青又娶了平阳公主为妻，加上卫子夫在宫中的独宠地位，卫家的势力达到了鼎盛。故而汉武帝已经有意无意地将权力重心移交给霍去病。

霍去病脾气暴躁，略有瑕疵，与卫青的谦虚谨慎、待下属有礼有节不能相比，但他独得汉武帝喜欢，使得霍家的权力逐渐可以与卫家抗衡。

自霍去病在西域染瘟疫英年早逝，汉武帝的信任便交付到了霍去病的弟弟霍光身上。因此，在霍光身上，他不仅担心霍家面临外戚专权的局面，导致霍氏一族亡于自己之手；也担心皇帝亲政，自己大权旁落。在解决掉上官皇后父系一支后，上官小妹无疑成了他安插在昭帝身边的棋子。为了持续霍氏家族与刘氏家族的皇亲关系，霍光急于想让外孙女生个皇储（"光欲皇后擅宠有子"）。只要皇后专宠，甚至是诞下皇子，那么霍家的权贵便可以一直延续下去。

此时宫廷的一切大权全由霍光把持，所以大臣和御医都看霍光的眼色行事。他们领会霍光的用意，立即上书昭帝，建议皇帝除上官皇后外，应当少近女色，以保证龙体安康，故而各地便很少进献女子入宫了。他们还让上官皇后下一道命令：为了龙体圣安，后宫的宫女不得侍宿皇上。命令宫女须穿连裆裤，多扎几条腰带。后宫女子穿开裆裤，是为了方便帝王的宠幸，因此命令一律把裤裆缝上。其实这都是霍光的意思。

这样除了上官皇后外，后宫众多佳丽再无可能侍宿汉昭帝。可惜，虽然上官皇后专房擅宠，却没能如愿以偿地为汉昭帝生个皇子皇女。

刘弗陵这个早慧聪颖的皇帝，对待上官小妹，恐怕也不完全是简单的喜爱吧。他对她有怜爱之情，也有对外戚权力的忌惮。

"帝时体不安，左右及医皆阿意，言宜禁内，虽宫人使令皆为穷裤，多其带，后宫莫有进者"，这算是一段"擅宠"的时光吧。

只可惜霍光的如意算盘没打好，他失算了。到了元凤七年，十六岁的上官小妹依旧未能为汉昭帝生下一儿半女。

而到了元平元年，年仅二十一岁的汉昭帝便不幸病逝了，死得极其突然而意外。

汉昭帝刘弗陵的一生，可谓是传奇不断、命运多舛。首先，其母钩弋夫人的入宫过程很可疑。史载，钩弋夫人赵氏，齐国河间（今河北）人。汉武帝过河间，"望气者言此有奇女，天子亟使使召之"。这里就出现了一个问题，这个问题是"望气者"是谁？这个"望气者"在武帝后期一共在关键时刻出来三次。第一次就是在河间，说此地有奇女子，间接地给武帝推荐了钩弋夫人。第二次是在巫蛊之祸前，说"宫中有'巫蛊'气象，恐对天子不利"，这样直接导致了"巫蛊之祸"的开始。第三次是在"巫蛊之祸"后，"望气者言长安狱中有天子气"。那时汉宣帝刘询（刘病已）才刚出生数月，便遭巫蛊事，太子刘据、史良娣、皇孙刘进、皇孙媳王夫人皆遇害。"曾孙虽在襁褓，犹坐收系郡邸狱。而邴吉为廷尉监，治巫蛊于郡邸，怜曾孙之亡辜，使女徒复作淮阳赵征卿、渭城胡组更乳养，私给衣食，视遇甚有恩"。"……上遣使者分条中都官狱系者，轻、重皆杀之。内谒者令郭穰夜至郡邸狱，吉拒闭，使者不得入，曾孙赖吉得全"。根据这三条有着明显前因后果的证据链，可以大致得出以下结论：首先，钩弋夫人的进宫是在有精心预谋和准备的策划下，由"望气者"直接执行的。其次，"巫蛊之祸"也是在精心的预谋和策划下，由"望气者"直接启动的。最后，为了斩草除根，说"长安狱中有天子气"，这也是由"望气者"直接暗示的。

从《汉书·五行志》中发现："太初元年十一月乙酉，未央宫柏梁台灾。先是，大风发其屋，夏侯始昌先言其灾日。后有江充巫蛊卫太子事。"这里提到了一个叫夏侯始昌的人。《汉书》载："夏侯始昌，鲁人也。通《五经》，以《齐诗》《尚书》教授。自董仲舒、韩婴死后，武帝得始昌，甚重之。始昌明于阴阳，先言柏梁台灾日，至期日果灾。时，昌邑王以少子爱，上为选师，始昌为太傅。年老，以寿终。"由夏侯始昌"明于阴阳，武帝甚重之"来看，这个"望气者"应当就是夏侯始昌。后来他当了武帝第五子——昌邑王刘博少子刘贺的老师。刘贺后因汉昭帝刘弗陵无子而被霍光立为皇帝，不过刘贺只做了二十七天的皇帝就被赶下了台。这便有个问题，"望气者"通过一系列的谣言蛊惑，到底要得到些什么？由于夏侯始昌是个公认的经学大师，会望气应该没什么问题。但是他为什么要如此处心积虑地制造出"巫蛊之祸"呢？江充其实只是幕前执行者而已，真正的幕后推手则是夏侯始昌。因为第三次说"长安狱中有天子气"时，江充已经被太子刘据给杀了。能够在江充死后仍然希望斩草除根，同时有既得利益的人就是幕后的真正策划者。

斩草除根表面上最大的受益人是钩弋夫人和她的儿子刘弗陵，其实一个人不可能为了和他不相干的事情如此费劲心力。加之钩弋夫人十四个月才生下刘弗陵，这本身就是一件十分荒谬的事情。武帝宠幸钩弋夫人时已是晚年，那时武帝已年过六十。武帝因传说上古尧帝之母是怀孕十四个月生尧帝，故把钩弋宫改名为"尧母宫"，才对刘弗陵十分看重。

第一，其实从现代医学角度而言，女性如果怀孕至十四个月仍未生产，其子宫内的羊水必定早已变质，胎儿必定会胎死腹中。所以可以确信，刘弗陵一定不是武帝的亲生儿子！同时为了掩盖入宫后夏侯始昌和钩弋夫人之间的奸情，所谓"上古尧帝之母是怀孕十四个月生尧帝"的传说，也一定是夏侯始昌自己散布的。

第二，钩弋夫人"拳夫人"的传说也很可疑，甚至十分荒诞。说钩弋夫人从小到大一直紧握双拳，无人能解，引得武帝以为奇异，特命使臣前往宣召而见之。"既至，女两手皆拳，上自披之，手即时伸。由是得幸，号曰拳夫人"。还说双手展开后，手中竟然有个玉钩形的物件。这种荒唐的闹剧，显然是一个彻头彻尾的骗局。

第三，钩弋夫人生下刘弗陵之后三年，"巫蛊之祸"随之开始，这个时间点也很可疑。夏侯始昌为了成其大事，做第二个吕不韦，遂逐步收买了江充、苏文、韩说三人。因为想要收买武帝的绣衣使者、内侍宦官总管（黄门令）和镇殿大将军是要花很大的本钱的，所以这位夏侯家的始祖，为此隐忍了三年。

第四，这期间发生了一件非常不可思议的事情，那就是钩弋夫人的父亲，也就是武帝的岳父"坐法宫刑，为中黄门"，十分可疑。史书上没说钩弋夫人的父亲到底是因为犯了什么事而被武帝施以宫刑的。但当时犯了法是可以用钱来抵罪的。如李广被匈奴人俘虏了，后来尽管逃了回来，按军法理当斩首，后却"赎为庶人"。钩弋夫人家里又不是没有钱，他父亲也不应该犯了比"当斩"更严重的罪过，理应也可用钱抵罪的。可是钩弋夫人既没有求情，也没有花钱给父亲赎罪，这真的十分可疑。但如果从另一个角度来说，黄门令苏文那里正好可以通过父亲来传递信息，以便于收买和拉拢。而且顺理成章，不会让别人起疑。通过父亲这一宫内的特殊职务，对于拉拢江充、韩说等人将起到不可估量的作用。

第五，武帝死前命霍光赐死钩弋夫人一事也很可疑。估计刘彻那时已经察觉到了什么，但是还不确定。所谓的"主少而母壮，独居必生淫乱"而诛之的说法只是一个方面，真正的原因恐怕是知道了钩弋夫人生活作风不检点，而且居心不良，故而除之。

第六，武帝临终指定了四个辅政大臣——大司马霍光、车骑将军金日磾、左将军上官桀、和御史大夫桑弘羊，名为辅佐，实则监视。一有不轨，即刻诛之。后来霍光果然查明刘弗陵并非武帝亲生，果断杀之，对外称病逝而已。

但无论什么原因，对于上官小妹来说，刘弗陵的死无疑是她人生最大的悲剧。

此时，上官小妹心中的悲痛，又岂止是因为皇帝的去世。满门被灭，她心中何曾没有恨？上官小妹从来没有忘记自己的亲人，"自使私奴婢守桀、安冢"。只是这灭族之人，居然是自己的外祖父，她心里其实是明白的，自己之所以能活下来，不过是因为对霍家还有用处罢了。霍光希望她独宠，而她却始终未曾诞下孩子。不知是否有过不愿自己的孩子像自己一样受人摆布的想法，这或者也是上官小妹即使独宠仍未有所出的原因吧。

❀ 以太后为中心的政变

昭帝刘弗陵在汉昭帝元平元年（公元前74年）去世。上官小妹做了十年的皇后，豆蔻年华便成了寡妇。因为汉昭帝无子嗣，霍光等遂立汉武帝的孙子昌邑王刘贺（李夫人的孙子）为帝，尊上官皇后为皇太后，移居长乐宫。但刘贺只做了二十七天皇帝，就被霍光废去了。

昌邑王刘贺的父亲刘髆便是汉武帝时期倾国倾城的李夫人所生的。只可惜到了昌邑王这辈，却没有继承他祖母的机智。并不本分的他在进京途中，就派人掠取民间女子、财产，并让其属吏、家人都穿上刺史的官服，封官进爵，胡作非为。此外，刘贺更加游戏无度，刚刚进京就开始疏远老臣，提拔自己的官属。

霍光是权臣，但不是奸臣，当初选择拥立昌邑王只是因为觉得他便于掌控。而等到刘贺进宫不到十天，便犯下如此多的罪行，这让以霍光为首的众位大臣深感不满。而对于霍光自身而言，这个皇帝无疑是不易控制的，这使得霍光感到不安，故而他便动了废帝之心。

但废立皇帝，毕竟不是他能直接实施的，他只能依靠皇太后，上官太后毕竟是表面上的权力的最高掌握者。于是在以太后为中心的汉廷，上演了废帝的一幕："太后披珠襦，盛服坐武帐中，侍御数百人皆持兵，期门武士陛戟陈列殿下，群臣以次上殿，召昌邑王伏前听诏"。

霍光及诸位大臣自然是摆出一副力谏的样子，尚书令开始读奏章：
"丞相臣敞等昧死言皇太后陛下：孝昭皇帝早弃天下，遣使征昌邑王
典丧，服斩衰，无悲哀之心，废礼谊，居道上不素食，使从官略女子
载衣车，内所居传舍。始至谒见，立为皇太子，常私买鸡豚以食。受
皇帝信玺、行玺大行前，就次，发玺不封。从官更持节引内昌邑从官、
驺宰、官奴二百余人，常与居禁闼内敖戏。为书曰：'皇帝问侍中君
卿：使中御府令高昌奉黄金千斤，赐君卿取十妻。'大行在前殿，发
乐府乐器，引内昌邑乐人击鼓，歌吹，作俳倡；召内泰壹、宗庙乐人，
悉奏众乐。驾法驾驱驰北宫、桂宫，弄彘，斗虎。召皇太后御小马车，
使官奴骑乘，游戏掖庭中。与孝昭皇帝宫人蒙等淫乱，诏掖庭令：'敢
泄言，要斩！'……"
　　至此，对荒淫无道的刘贺，霍光等人奏告——不可为帝，请上官太
后同意废黜刘贺。而上官太后也配合得很好，说："行了！为人臣子，
难道可以悖乱到这种地步吗？！"
　　昌邑王刘贺于是负罪离席，跪在一边听候处理。尚书令这才继续
宣读旨意："……取诸侯王、列侯、二千石绶及墨绶、黄绶以并佩昌
邑郎官者免奴。发御府金钱、刀剑、玉器、采缯，赏赐所与游戏者。
与从官、官奴夜饮，湛沔于酒。独夜设九宾温室，延见姊夫昌邑关内
侯。祖宗庙祠未举，为玺书，使使者持节以三太牢祠昌邑哀王园庙，
称'嗣子皇帝'。受玺以来二十七日，使者旁午，持节诏诸官署征发
凡一千一百二十七事。荒淫迷惑，失帝王礼谊，乱汉制度。臣敞等数
进谏，不变更，日以益甚。恐危社稷，天下不安。臣敞等谨与博士议，
皆曰：'今陛下嗣孝昭皇帝后，行淫辟不轨。'五辟之属，莫大不孝。'
周襄王不能事母，《春秋》曰：'天王出居于郑，'由不孝出之，绝
之于天下也。宗庙重于君，陛下不可以承天序，奉祖宗庙，子万姓，
当废！'臣请有司以一太牢具告祠高庙。"
　　按照事先的谋划安排，上官小妹在此时便没有任何犹豫地下令：
"可。"
　　达到目的后，霍光这才令刘贺起身，拜谢受诏。
　　刘贺却突然很伶俐地反驳说："听说'天下有争臣七人，虽亡道

不失天下'。"

霍光却一言打断了他的话："皇太后诏令废了你，如何还敢自称天子！"接着，便抓住他的手，解下他的玉玺，恭敬地奉给上官小妹。然后，扶昌邑王下殿，出金马门，身后是群臣相送。

在霍光自导且参演的这场戏中，上官小妹还是显现出了她坚定果断的特质，这或许是在刘弗陵身边耳濡目染的结果。史书记载："白令夏侯胜用《尚书》授太后，迁胜长信少府，赐爵关内侯。"

废黜了刘贺后，皇位该交给谁呢？霍光等在上官太后面前把武帝曾孙刘病已夸赞了一番，奏请迎立武帝曾孙刘病已为帝。上官太后准奏。刘病已登上了帝位，是为汉宣帝。刘病已是戾太子（即汉武帝与卫子夫的长子刘据）之孙。

刘病已成为汉宣帝后，改名刘询。

刘询是汉武帝的曾孙，上官氏论辈分是汉宣帝的祖母，这样，上官小妹年仅十五岁，就被尊为太皇太后，成为中国历史上最年轻的太皇太后，当然，也是汉代最小的太皇太后。

刘询的不同凡响之处在于，他流落在民间，混迹于市井中，是大名鼎鼎的游侠。

此后，霍光以及霍光的夫人，希望能更加巩固霍家的权势，便将女儿霍成君嫁入皇家，做了刘询的皇后。

哪知霍光的如意算盘又没打好，以为平反了废太子刘据的冤屈，扶刘询坐上了皇位，刘询便会对他感恩戴德，却未曾想到，刘询却要诏求微时故剑，有意要立许平君为后。如此一来，便将霍成君从后位候选人上给拉了下来。而另一方面，依例皇后的父亲一定要封侯，但霍光为了方便控制汉宣帝刘询，始终不予通过，后来只封了张贺"昌成君"。

霍光自以为表现尚可，但是汉宣帝觉得他如芒刺在背，双方的矛盾存在着、激化着。

很多人向往过刘病已市井游侠的任侠之气，也憧憬过刘病已的故剑情深。刘病已隐身长安大街数十载确实不简单，可谓是卧薪尝胆，小心翼翼。还有那感动了无数人的故剑情深，史上最温柔的一份诏书，是一代君王对于贫女的许诺，是千古不变的爱情在散发芬芳。他对许平君情深意重，只是当时处于风口浪尖，刘病已的做法让许平君处境危险。不过这种做法的可取之处在于：第一，这个"民间皇帝"不忘本；第二，可以压制霍光日益坐大的风头。

果然，霍成君的母亲等不了了，她买通人毒死了许皇后。霍光的家人也太过分了，霍光的夫人为了让自己的女儿成为皇后，竟然毒死了汉宣帝的结发之妻许皇后！后来霍光病死，皇帝和太皇太后亲临祭奠，用了极高的礼节。但是，此后等到时机成熟，此事便如皇帝所愿地东窗事发，霍家自此衰落得一败涂地，霍光的家族在汉宣帝的打击下，也遭到了灭门的厄运。

至此，汉昭帝的皇后上官小妹的母系也断绝了。

❀ 孤独的花

那么，宫中的上官小妹呢？她依然是稳坐她太皇太后的位子。虽然自此开始，她的母系也失去了。

宫中本来最有分量说话的上官小妹，没有了父系和母系做依靠，孤家女子一个，自然是做不了多少主的。那么，朝中的各类大权，便重新归还于汉宣帝手中。

此时的上官小妹心里有太多感慨，却无人可说。从小到大，见惯了太多的血腥与阴谋，再灵巧活泼的心性也变得淡然起来。曾经，许平君以太皇太后礼侍奉上官小妹。好笑的是，此时的皇后年龄比太皇太后还大。《汉书》记载，汉宣帝的许皇后"五日一朝皇太后于长乐宫，亲奉案上食，以妇道共养"。众所周知，汉武帝的伟大之处在于，他成功地解决了同姓王的问题，这是一个困扰了汉朝好几代帝王的大问题。但是在他去世后却导致了权力真空，而这个真空要外戚去填补，从此汉朝再也没有摆脱外戚的困扰。而上官小妹正好处在这个交界处，这真是她的悲哀！

后来，这个温顺有加、侍奉在上官小妹身边的女子，终究还是这么不明不白地死了。上官小妹心里何尝不知这事和外祖父家有脱不了的干系呢？只是看刘询和霍光二人之间的这场战争最后究竟是谁赢谁输罢了。

在霍光被灭门以后，上官太皇太后再不问政事，在长乐宫中颐养天年。

就这样一个正值花季的少女，从此过上了老太婆的生活。

黄鹄飞兮下建章，
羽肃肃兮行跄跄，
金为衣兮菊为裳。
唼喋荷荇，出入蒹葭；
自顾菲薄，丑尔嘉祥。

——《黄鹄歌》

《黄鹄歌》的作者是汉昭帝刘弗陵。《西京杂记》卷一："始元元年，黄鹄下太液池，帝为此歌。"乐府曲中有《黄鹄曲》，与此不同。

黄鹄是一种珍稀鸟类，也有人说是天鹅，据《西京杂记》记载，诗中的"肃肃"原作"萧萧"。刘弗陵作此诗时年仅八岁。

当年，一朵鲜花分明还未盛开就已凋谢，一个十五岁的豆蔻少女，还从未体验过爱与被爱的缠绵悱恻，就变已成了寡妇。在庭院深深的后宫里，上官小妹是多么地孤独与无助。纵然年轻貌美，也只能对着镜子发呆；纵然至尊至贵，也不过是一片苍凉。偶尔在无法入睡时想起那个叫刘弗陵的男人，心里便会有痛一点点地涌上来。午夜梦回，泪水滴落，这个时候，孤单和寂寞变成猛虎，将她撕咬得疼痛不堪，她的心甚至是鲜血淋漓，这是一种真正的残酷。是的，她也曾青春过，也曾热血沸腾，但是她没有了对爱的渴望，那是一个永远不能实现的梦。现世与今生，她只能与孤单寂寞相伴了。孤单寂寞的时候，她一定会喃喃地读着"黄鹄飞兮下建章，羽肃肃兮行跄跄，金为衣兮菊为裳……"

上官小妹作为太皇太后，就这样在长乐宫中数十年如一日，一个人一辈子，无声无息，无牵无挂。虽然锦衣玉食，虽然雍容华贵，但终生在这冰冷而又充满着血腥味的宫中，不能爱，甚至不自由，她除了当初些许温暖的记忆，一无所有。

上官小妹的心是悲凉的，她不算是一个女人，她还不曾体会爱，更没有痛快淋漓地爱过，一切就结束了，然后她就生活在一个华丽的桎梏里。她表面上富有至尊至贵至高无上的一切，但其实她一无所有，她生命中所有的依托都不存在了，她爱的父母，她爱恨不知的祖父、外祖父，还有曾经相依相偎的皇帝丈夫，全不在了，全不属于她了，全到了另一个世界里。

她的人生就是在宫中安享荣华、颐养天年，闲时去平陵看望皇帝丈夫；有时也去看看父亲、祖父的坟墓。日出日落，花开花谢，云卷云舒，一生就这样渐渐消耗而尽。

上官小妹和张嫣一样，都是年幼为后，安安静静地过完了一生。但她又和张嫣不同，她和刘弗陵没有血缘至亲关系，他们俩是有建立在兄妹感情上的夫妻关系的。

她爱着他，也只能爱他了。宫中的一切都有他的温度；幼小无助的时候，有他守在身边；上官家被灭时，她感到无尽的恐惧时，有他的陪护。但到了霍家被灭时，她就只有对他的回忆了。

漫长的岁月里，她靠着对刘弗陵、对所有亲人的记忆活下去。独坐宫中，一切早已物是人非，回忆往昔，由于时间的柔光美化，有些单纯的记忆变得越发美好。很多人是踩着别人的鲜血、踏着别人的白骨达到自己最想达到的位置的，她的生命中不断有人死去，都是她生命中极为重要的人，她舍不得的那些人。此生，入宫、立后、夫死、做太后、废帝、为太皇太后。年幼时卷入政治婚姻；童年时全家被杀，还要去亲近仇人兼外祖父；青春时守寡；晚年凄冷。她的人生太过传奇，也太过寂寞，仿佛是按棋局一步步走下去的，而每走一步，身边陪伴的人便会少一些。如果可以重来，她只希望亲人平安圆满，但得一心人，白首不相离，相守白头，儿女绕膝。她渴望亲情，父亲却视她为青云梯；她渴望爱情，丈夫却早亡；她渴望平静，外祖父却将她作为巩固权势的工具。她的一生虽然尽在权贵中，但她对此是恨的，对这权势的顶端是无比憎恶的。没有这利欲熏心的诱惑，祖父和外祖父怎会相争？

第五卷·上官小妹：深宫里的孤独花

父母怎会惨死？自己又怎么会终生待在这不见天日的皇宫中，囚禁了一世的自由和幸福？

建昭二年（公元前 37 年），上官太皇太后寿终正寝，与汉昭帝合葬于平陵。"凡立四十七年，年五十二，建昭二年崩，合葬平陵"。

在当时来看，上官小妹算是较为长寿的，等到汉元帝即位时她仍健在，只是比皇帝长了三个辈分，算是汉元帝的法定曾祖母。正是因为这一点，她也成了中国历史上唯一的皇帝曾祖母辈分的太皇太后。

历史何其吝啬，只给她留下一个姓氏，想她在那漫漫余生，是靠着皇后、太后、太皇太后的尊称处世的，而她的闺名也许从来没有，也许有，但不被人记得。纵使是历经三朝，然而她死后连个封号都没有，可见其境遇之孤苦与凄凉。

上官小妹孤独一生，如花似玉的青春全部白白地消耗在深宫中。在四十年的守寡历程中，她守着一份苍凉的记忆，直到孤独地老去。

她是一朵孤独的花，在没有人光顾的生命荒漠上绽放。春已消逝，夏也不属于她，秋的落叶是她唯一的朋友，而冬的白则强烈地衬托出她上一季的青春嫣红。她就这样孤独地绽放，这样孤独地死去。她是一朵孤独的花，在没有光照的角落里绽放。

上官小妹就这样孤独地绽放，然后就这样孤独地死去……

第六卷

王昭君：

秋木萋萋，忧心凄凄

　　绝艳惊人出汉宫，红颜命薄古今同。人生若容早相见，不须远适胡沙漫。画工等闲两笔画，汉帝悔恨一生憾。去去马嘶难平绪，哀哀曲悲易落雁。父母之邦从今去，终是永别不可返。香碑立字昭君名，春草还将青冢生。千秋魂魄随烟萦，一曲琵琶幽怨情。去路至今飞塞雁，犹如当日声悲鸣。汉武雄图载史篇，长城万里遍烽烟。何如一曲琵琶好，鸣镝无声五十年。烽烟未绝镝声频，欲报君王舍此身。不籍雄兵千百万，琵琶一曲静胡尘。入朝非系平和战，出塞那关赢与输。莫叹青青原上草，关山雪，大漠风，昭君出塞离汉宫，一曲琵琶千年回响。画角声中，牧马频来去。满目荒凉谁可语。西风吹老丹枫树。从前幽怨应无数。铁马金戈，青冢黄昏路。一往情深深几许。深山夕照深秋雨。肝肠寸断出塞曲，惊得胡雁落平沙。欲将离愁付琵琶，单于殿上起胡笳。青冢长伴东流水，香魂可曾归汉家。

　　据《后汉书》卷八十九《南匈奴传》记载，王昭君，本名王嫱，字昭君，乳名皓月，西汉南郡秭归（今湖北省兴山县）人，中国古代四大美人中的"落雁"。王昭君在历史上又被称为"明妃"，系西晋时为避司马昭的讳，改称昭君为明君。汉元帝时以"良家子"入选掖庭。匈奴呼韩邪单于阏氏。生于公元前52年，逝于公元前15年。维护汉匈关系长期稳定长达半个世纪之久。

🌸 良家女

湖北兴山县明妃村，三面环水，水光潋滟；一面环山，山青如黛。这是王昭君的故乡。那一片洇了烟气的水泽，便是她最早降落的地方。那个春天，少女王昭君站在水边，流水泠泠地自她身畔绕过，让她有了一种温柔的决绝，王昭君由此明艳了数千年。无数人唤过她的名字，无数诗句里，无意篇章中，讲述过她的故事。

王昭君于公元前52年出生于南郡秭归县宝坪村。三国吴景帝在永安三年（公元260年）分秭归北界为兴山县，香溪为邑界，王昭君即此邑之人，故云昭君之县。其父王穰老来得女，视为掌上明珠，兄嫂也对其宠爱有加。

王昭君天生丽质、聪慧异常、勤奋好学、善良勤勉，深得父母的宠爱。十多岁的时候，父母专门在自己家门前为她修了一座望月楼，让她在楼上读书作画、弹琴歌舞、刺绣梳妆。王昭君长得亭亭玉立、仪表艳丽，许多慕名登门求婚者都被昭君父兄委婉地谢绝了。

汉元帝继位以后，广泛搜罗天下美女，充实后宫。"娥眉绝世不可寻，能使花羞在上林"。昭君的绝世才貌，顺着香溪水传遍南郡，传至京城。公元前38年，作为南郡首选，十七岁的王昭君以"良家女"的身份入选掖庭，此一去山长水阔，前路无从知晓。那深宫之中，有她不可预知的未来。

父亲王穰为她的前路心焦，亦曾复上说："小女年纪尚幼，难以应命。"他想以女儿年幼、难以应起这绝艳的美名来推辞。无奈，这个呼声太微弱了。

圣命难违，王昭君还是要入宫的，谁让她的艳名早已四播。她是南郡首选的绝美女子，这绝世的美丽，理当囿禁于华丽的宫墙，而非自在溪边，迎风自放。

🌀 命运残酷的玩笑

公元前 38 年仲春，王昭君泪别父母乡亲，登上雕花龙凤官船顺香溪，入长江，逆汉水，过秦岭，历时三个月之久，于同年初夏到达京城长安，为掖庭待诏。

此时，王昭君虽然是锦衣玉食，住的是绮窗朱户，但不过是笼中之鸟，池中之鱼而已。皇帝后宫佳丽三千，要轮到王昭君不知要到什么时候。因为汉元帝每年都从全国各地挑选秀女入宫，经年累月，人数已近两万。乱花渐欲迷人眼，怎么才能临幸到最美丽的佳人呢？汉元帝就让画师把待诏宫女绘成画像，随时把美人图挂在墙壁上，闲暇时便细细品评。担任此美差的画家毛延寿，靠着绘图工具，很是饱览了一番天下秀色。皇帝的女人，他可没有胆量动，可他敢动那些女人的钱包。

西汉后宫有严格的编制系统。元帝在前代后宫十级的基础上，扩充为十五级。级别不同，待遇有别。昭仪位比宰相，爵比亲王；婕妤位比上卿，爵比列侯。最后一级的待遇也比宫女高得多。宫女是没有品级，不列入编制的。因此，很多宫女为了提高自己的待遇，千方百计地想挤进编制之中。而最佳的路径，就是得到皇帝的宠幸！所以出身富贵人家的宫女，无不动用各种渠道贿赂毛画家，就是那些没有后台、头脑灵活一点的宫女，也会想方设法巴结毛画家。王昭君初入宫廷，不懂这些规矩，后来知道了其中的秘密，却不屑那样去做。一方面，她为人正直，对献媚的手段不屑一用；另一方面，她自信凭自己的容颜，画成像递交给皇上，自会得到宠幸。

画像那天，满殿萧瑟的西风，寒意凉薄，木樨的清华隔水散去，幽深的大殿深处，宫装的美人端坐如神祇。王昭君施了淡妆，玉簪斜插，嫩绿线带将腰束成一握。披曳着江之北的山光水色，那一份明艳之美，敛于自然，纳于星月，佳丽三千皆无法超越这份超凡脱俗的美。见过无数美人的毛画家，实在惊羡王昭君的美丽绝伦。动笔前，毛延寿向王昭君吹嘘道："世上各色人等，没有我这支笔画不了的！传神写照，栩栩如生，笔到即成，到时候皇上就完全按图索人了。"然后，他放下手中的笔，暗示王昭君把银子或者金子放在桌子上。不谙世事险恶的王昭君，丝毫举动也没有。

毛延寿见王昭君不理，便直接索要："我们这些画画的，自然比不上你们这些宫女。你们一旦被皇上看上，吃的、穿的、喝的、用的，什么都有了。更不用说还有享不尽的荣华富贵，父母兄弟也跟着封王封侯。我们呢？皇帝用着的时候不敢不来，皇帝用不着的时候不敢怨恨。全凭画画挣几个钱养家糊口，真不容易啊！姑娘，你看，如果你想得到皇上的恩宠，我就给你好好画。"

清高的王昭君这时已经听出了弦外之音，但还是拒绝了。完全不屑于人心之险恶的王昭君，执着地一身傲骨支撑，清高于世，清白做人。她回之的是冷冷地轻蔑一笑。

命运就这样给王昭君开了一个大大的玩笑。毛延寿决定好好画，好好地把王昭君画丑。他的笔只那么戏谑性地一点，本该貌美如花的女子就在瞬间暗淡下来：左眼下一粒豆大的泪痣，挡住了王昭君绝世美貌所焕发出的所有光芒。

汉元帝看到王昭君画像上的丧夫泪痣时，以为她是个不吉的女人，便将画像扔在了一边。王昭君失去了一次绝好的机会。此后，五年多过去了，她仍是个待诏宫女。

毛延寿堪称是史上最厉害的美女杀手，就这样轻轻几笔，便毁掉一个绝代美女最光辉的五年。

❀ 冷落宫中受凄凉

五年后，王昭君依旧是以前的王昭君，风华绝代、云鬟雾鬓、光彩照人，两道黛眉轻颦微蹙，只不过多了一丝幽怨。

她想到问题一定出在毛延寿身上。得到证实后，昭君虽然幽怨，但并没有绝望，只要还活着就没有理由绝望。然而，年华易逝，这无休止的等待什么时候是尽头呢？

一曲《五更哀怨曲》从她的指尖流泻出来，感动了无数宫女：

一更里，最心伤，爹娘爱我如珍宝，在家和乐世难寻；如今样样有，珍珠绮罗新，羊羔美酒享不尽，忆起家园泪满襟。

二更里，细思量，忍抛亲思三千里，爹娘年迈靠何人？宫中无音讯，日夜想昭君，朝思暮想心不定，只望进京见朝廷。

三更里，夜半天。黄昏月夜苦忧煎，帐底孤单不成眠；相思情无已，薄命断姻缘，春夏秋冬人虚度，痴心一片亦堪怜。

四更里，苦难当，凄凄惨惨泪汪汪，妾身命苦人断肠；可恨毛延寿，画笔欺君王，未蒙召幸作凤凰，冷落宫中受凄凉。

五更里，梦难成，深宫内院冷清清，良宵一夜虚抛掷，父母空想女，女亦倍思亲，命里如此可奈何，自叹人生皆有定。

自叹人生皆有定，王昭君本想做命运的主人，不料命运却先替她做了主。

在后宫，为后为妃，可高高在上，一家皆富贵冲天，而宫女则命贱如蚁、命薄如纸。王昭君入宫已多年，只因拒绝了画师的索贿，至今未能出永巷一步。永巷离皇帝的大殿并不遥远，每天玉辇经过，丝弦奏响，长夜歌舞不绝。那种咫尺天涯，令人万般无奈。柔肠寸断，悲怨似海，永巷内不断有宫人发疯和自杀。王昭君初时的自矜，渐渐在无人理会的寂寞冷落中凋零。只因心高气傲，终使明珠蒙尘。转眼间，竟已是五年岁月萧萧成过往。可叹芳华已逝，却不识天子面。曾经热切的希冀，越来越弱。长夜凄冷，让人无眠。披衣上高楼，望断天涯路。汉宫灯火，犹映眼底，照彻出她眸中的那份不甘。偌大的未央宫，她的宿命真的如蝼蚁一般渺小、如尘埃般卑微吗？绝望的挣扎呼告不如一阵风，能吹开一丝一毫的涟漪，能惊动一阵气流一方天地。而她的存在，为这寂寞岁月所作的每一寸挣扎，都如一粟之渺于天地，如蜉蝣之暮死朝生。终在荒芜之后，将绝望深刻在骨子里。她对于这无人问津，从绝望到恐惧。

不，不，王昭君要改变这一切！天边流星的坠落，似乎在告诉她答案，纵然粉身碎骨，也要拥有一刹那的光耀夺目。这也是一种胜利，一种超脱。

❀ 替公主和亲

匈奴是我国北方一个强大的游牧民族。汉、匈之间的关系一直时弛时张。在武帝即位（公元前141年）以前，汉朝国力较弱，对匈奴的政策是和亲，为的是换取北部边境的暂时安宁。王昭君虽然身居宫中，但对于汉匈两族关系，也有所耳闻。竞宁元年（公元前33年）春，汉元帝为庆贺郅支伏诛和呼韩邪入朝而改元"竞宁"。呼韩邪单于当面乞求和亲，并为表示诚心，呼韩邪单于给这位西汉皇帝带来了大批骏马和他们的奇珍异宝。

汉元帝很少理会国事，对于打战这样的事，他当然不希望发生，如今南匈奴单于前来和亲，他自然乐不可支。但元帝舍不得自己的亲骨肉，他觉得前代已有取宫室女子充作公主嫁给单于的先例，不妨从后宫中随便选择一个未曾召幸的女子，册封她为公主，顶替真正的公主嫁到匈奴。于是他诏令："谁愿意去匈奴，朕就把她当公主看待。"在汉代的女子看来，出塞是一件极不寻常的事，所以多数宫女犹豫不决。那么遥远而荒芜的大漠，宫里的女人们宁愿做白发宫女，也没有勇气离开本土远嫁匈奴，她们想到了细君公主的故事。

汉武帝时，朝廷为了联络乌孙国共同抗击匈奴，把江都王刘建的女儿细君公主远嫁给乌孙王昆莫。昆莫当时已经年迈，夜晚独居外帐中。细君悲伤远嫁，又面对老夫，再加上语言不通，整日悲愁哭泣。她作《悲秋歌》一首向汉武帝告哀：

　　吾家嫁我兮天一方，远托异国兮乌孙王。

穹庐为室兮毡为墙，以肉为食兮酪为浆。

居常思土兮心内伤，愿为黄鹄兮归故乡。

汉武帝写信劝她以国事为重。后来，昆莫死去，细君公主要求回归大汉。汉武帝又传旨，让她依照当时的风俗嫁给了继立的君王。

王昭君当然知道细君公主的事，但她更知道流星的胜利。王昭君要的就是争取一次出现在了皇帝面前的机会。与其荒废一生在这个凄清冷寂的后宫里，倒不如豁出去赌一把。那么出众的清丽与优雅，她会让皇帝过目不忘的。因此，她不屑地浅笑着，说自己要代替公主去和亲。

"远嫁匈奴即能保大汉和匈奴安居乐业，"想到边境兵荒马乱、妻离子散的场景，王昭君热血沸腾，"不枉我知书达理，不弃我天生丽质，我要远嫁匈奴为民造福。"

元帝闻讯后十分欣慰，当即允诺，并吩咐准备嫁妆。元帝还特意选择吉日，举行盛大的宴会，为呼韩邪单于和王昭君送行。

❀ 光艳动汉宫

命运许她一世的华贵富丽，将无上的荣耀，赋予她年轻的生命。然而，代价却是她此生永远的离殇，孤单的魂魄从此永远流落在一个叫作匈奴的地方。她并非意气用事，只是不忍看着自己如花的青春在从未开放之际便凋谢。所有的人都以为她感伤的是花事已了，却不知，她在乎的只是哪怕一瞬间的芳华。可岁月付与她的，只是死寂的无人问津。正因为这份不甘、这份不屈，所以她以美貌为剑，剑锋所指是那被荒芜的年华。那一瞬间，她的美艳将令天地覆翻，这就够了。她只要复仇了，就快意得很。

那天早上，王昭君为自己上妆，点绛唇，插玉钗。妆成后，揽镜自照，独赏自己描画下的绝世姿容，也在回首自己被辜负被浪费的大好年华，同时审视着内心的伤痛、怨恨与决然、凛冽，还带着对作恶小人的不屑一顾。

然后，王昭君随着黄门太监和宫娥离开了她住了五年的那个小院。前面两个黄门手执凤羽豹尾，后边两个黄门托着香烟缭绕的香炉，昭君的身后跟着四个靓妆的宫娥。一行人朝未央官大殿缓缓走去。

呼韩邪和汉元帝都等得有些着急了。这时，太监报告说来了。汉元帝命撞钟击鼓、奏乐吹笙，顿时音乐声喧嚣。

昭君从从容容地迈上玉石的台阶。她敛眉低首，等待着一生中最为快意恩仇、扬眉吐气的时刻到来。

走进大殿，黄门和宫娥闪在一边。昭君看见了坐在正中的汉元帝和呼韩邪，也看见了分列两旁的汉、匈文武大臣。她不慌不忙，缓缓地上前行礼："臣女王昭君叩见陛下。"汉元帝命她给大单于见礼，昭君又向着呼韩邪，说："见过大单于。"汉元帝便让她站起来回话。

王昭君款款地站起来，原本低着的头昂然抬起。只那一刹，她期盼的那一刻终于到来，堂堂金殿为她风云突变。一时间，仿佛有万千艳光从她身上迸射而出。她的美艳令金碧辉煌的汉宫顿失颜色，文武大臣都被她那绝伦的美艳惊呆了。单于只顾贪看昭君的美貌，竟忘了说话。他的眼睛放出了从未有过的光亮。他觉得眼前的情景就像暗夜的草原陡然升起一轮月亮，她太美了。能得到这样的女子，纵然让他用整个匈奴来换，他也愿意。

站在昭君对面的匈奴老臣乌禅幕长叹一口气，悄悄地说："见了这样的女人，不说好看的是瞎子；见了这样的女人，不爱上她的是傻子；听了这女人的声音而不心动的是聋子。"

汉朝的大臣萧育说："臣活了五十多岁，后宫的美女见了不下万千，却从没有见过这样美妙的人儿，尤其是那双眼睛，简直能摄人魂魄。"他又悄悄地说："陛下啊陛下，你真糊涂啊，你六宫的三千粉黛，也不及一个王昭君啊！"

天地间倏然黯淡失色，唯有绝世美貌在熠熠生辉，而那震慑了整个汉廷的锐不可当的美，正是被浪费、被轻视、被辜负后的毅然决然而锻造的，因此这美是独一无二的。那对自己后半生的决然弃置，只为了这一刻的惊艳夺目。所有的委屈与不甘在这一朝迸发，所以她光彩夺人、震慑汉宫。

此时龙椅之上的汉元帝简直不敢相信，后宫里还藏着这样的佳丽。可惜让单于看见了，已没有回旋的余地。悔恨与惊愕铺天盖地而来，阅美无数的他从未有过如此惊愕狼狈之时。

昭君依然袅袅婷婷地站在那里，顾盼生辉。汉元帝痛苦地看了一眼昭君又低下了头，因为他的目光碰到了昭君那仿佛春烟一般幽怨的目光，他此刻是愧悔、内疚、怨恨、爱慕、心疼，五味俱全。他觉得自己身为帝王竟是如此荒诞，派人出去搜寻美女，好不容易才收拢到后宫，满以为占尽了春光，囚住了全国的美艳，谁知，谁知这唯一漏网的才是真正的美女啊！金殿之上，两方眸光相对，昭君与心中的天子终于相逢。当惊艳穿心而过时，她的复仇成功了！她以惊世美艳和倾城倾国，向捣鬼作恶的小人复仇，为自己被无端荒芜、无端浪费、无端辜负的青春年华复仇。所以她孤注一掷，所以她飞蛾扑火一般，将数载的痛苦与幽怨化为锋芒，劈开那金碧辉煌、高高在上的未央宫。

《后汉书》卷八十九《南匈奴传》记载王昭君的美貌："昭君丰容靓饰，光明汉宫，顾景斐回，竦动左右。帝见大惊，意欲留之，而难于失信，遂与匈奴。"意思是说，皇帝看见她美若天仙的样子简直肠子都悔青了，这样的美女自己竟然从来没留意过。但没有办法，既然已经答应了呼韩邪单于，也只有看着这样的美人远走大漠了。

然而，汉元帝毕竟是帝王，这里不是在他的寝宫，这里有文武百官，还有匈奴的呼韩邪大单于，他不好过于失态。他费了好大的劲儿才堆出一点勉强的笑容，涩涩地问呼韩邪："单于，觉得此女可合意？单于若看着不顺眼，可再换一个来。"而此时，呼韩邪的魂已经被玉立在那里的那个女子摄去了，他急得直打手势，连声说："不用，不用。若陛下肯割爱，那她以后就是我大漠的阏氏了。"元帝无可奈何地苦笑了笑，点头答应，点头的时候，眼睛仍然没有离开王昭君，心里那个痛，如浪汹涌。

复仇成功，王昭君很想大笑，仰天大笑，纵声大笑。可是，她的脸上只落下了清泪两行。

🔅 怒斩画师

王昭君抬起了头，她日思夜想的大汉天子，如今就坐在上面看着她，她平生第一次见到了皇帝。她不知道该如何形容此刻的心情，是欣喜还是幽怨？那一双眼，渺茫、绝望，却于绝望中饱含倔强。昭君眉头微蹙，脸上露出哀怨的神情。这一瞥，竦动左右，大殿之上，所有的人都被哀怨的美丽所震慑。这哀怨是对元帝的，元帝也更是揪心悔恨，悔恨生生错过了国色天香。

王昭君抬头看元帝的时候，元帝也正在看她，四目相对，迟来了五年。如果五年前有这样的机会，或许一段缠绵悱恻的爱情故事就会发生。可是现在迟了，太迟了；晚了，太晚了。他终究还是错过了她，他终究只成了她生命中的过客，不曾给予她片刻花开。剩下的就是由他来复仇了，那决定了昭君荣辱沉浮的、可以任意摆布昭君命运的画师，昭君无可奈何。但对于九五至尊的帝王来说，小小的画师连蝼蚁都不如，根本不堪一击。

史书记载："时，呼韩邪来朝，帝敕以五女赐之。王昭君入宫数年，不得见御，积悲怨，乃请掖庭令求行。呼韩邪临辞大会，帝召五女以示之。昭君"丰容靓饰，光明汉宫，顾影徘徊，竦动左右。帝见大惊，意欲留之，而难于失信，遂与匈奴。"

元帝心中悔恨不迭，回到内宫，立即叫人从宫女的画像中找出王昭君的画像细细端详。模样虽有点像，但完全没有昭君本人的美丽可爱，而粉颊秀靥之上，何曾有什么黑痣，完全是无中生有！

汉元帝一怒之下，斩杀了画师毛延寿，以出胸中恶气。毛延寿这位美女杀手也得到了应有的报应。曾闻汉王斩画师，何由画师定妍媸？宫中多少如花女，不嫁单于君不知。

🔅 最初与最后的还乡

在去匈奴前，王昭君请求回家看望亲人。汉元帝对这位无缘临幸的美人，充满了爱怜，特旨恩准了她的请求。王昭君自请和亲的壮举在家乡迅速传开。听说她省亲回来，人们在香溪夹岸十里，迎接昭君回家。

王昭君站在绮罗绵缎装饰的画舫上，含着热泪，一路向乡亲们致意。父母亲见到昭君，悲喜交加，因为此次见面即为永别，是生离也是死别，父母心中如刀绞！但女儿出塞去结两国友好，得到无数赞誉，又令双亲感到莫大的欣慰。

王昭君回到家乡后，一面与亲人细细叙别，一面满山遍野寻觅儿时的足迹。看到故乡的青山秀水，听着熟悉的乡音，王昭君依依不舍。

王昭君离开家乡那天，乡亲们送了一程又一程。登上江中的龙舟，王昭君抱起心爱的琵琶，弹起哀婉动人的别离曲。岸边盛开的桃花宛如她的知音。曲声中，桃花纷纷飘下，有的落在龙舟上，有的飘到她身上。看到渐离渐远的故乡与亲人，看到纷飞的花瓣，联想到自己的人生，王昭君不禁潸然泪下，泪水洒落在桃花瓣上，桃花瓣又飘入江中。那些沾满昭君泪水的桃花瓣纷纷变成了五颜六色的小鱼，追随龙舟游动。有位船工随手摸起一条小鱼献给昭君，昭君深情地赐给它们一个美丽的名字——桃花鱼。

从此，每当桃花盛开的季节，桃花鱼便在香溪清澈的水中游来游去，好像在和故乡的人们一起迎接着昭君的归来。

这是她第一次还乡，同时也是最后一次还乡，最初与最末的还乡，就这样结束了。

昭君别汉宫

终于要离开长安了，这个她待了五年的地方，不算长也不算短。曾经的梦想早已随风吹雨打去，她已经学会适应人生的种种变故。她希冀了那样多年的元帝，终究只成了她生命中的过客。

没有什么怨言，尽管她去的是自然环境极其恶劣的大漠，但那是她主动去追求自己的理想，至于结果她坦然接受。

行前，她去未央宫拜别天子。

这应该是最后一次与心爱之人相处的机会了，可是，汉元帝不敢面对王昭君，只是背对着她，沉痛地对她说，一路保重。

只为那一刹的绚烂夺目，她自己把自己推入这无可逆转的结局，她光芒万丈的青春与美丽，已在金殿之上，在那震撼了所有人也灼痛了至高帝王的时候完结。此去风沙万里，前路莫测，王昭君最后一回眸，将一个冷艳的笑留下。泱泱汉宫，从此诀别，不复相见。壮烈而凄丽，她没有哭泣。

出了汉宫，带着一种异样的感情，最后看了一眼熟悉而又陌生的长安宫阙，怀抱琵琶，越上骏马，最后一眼回望长安城，扬起马鞭，王昭君启程了。

呼韩邪单于领着仙女一般的王昭君，在汉朝官员的护送下，离开了长安，前往漠北。长安的老百姓夹道欢送，亲眼目睹王昭君绝世的风采消失在尘土中。

为适应路上的风沙，王昭君一身戎装，妩媚之中更添英姿，所以王昭君的出塞形象是头戴红暖兜，即后人所称的"昭君套"，身穿红斗篷，骑着白马，怀抱琵琶。

❀ 昭君出塞

接下来的一幕，就是历史上最动人的故事——昭君出塞。这一壮举，使得王昭君千古留名。否则即使她是后宫的妃子，能否列入中国四大美女也是一个问号。平心而论，王昭君的美貌并非天下无双。王昭君的美更主要的是蕴含了一种女子少有的奉献和牺牲。

从长安到匈奴王庭，是一段漫长而艰苦的路，但是王昭君并不感到孤独，因为有呼韩邪陪伴着她。这应该是他们爱情的开始，这条路是属于他们的爱之路。

呼韩邪单于是个仪表堂堂、铁骨铮铮的汉子，他对这位大方美丽的女子满心欢喜。

他是英伟的，轻裘宝带、微笑温煦，漫天的风雪在他身后翻舞，如狂暴的银龙飞舞于天地。只一眼与呼韩邪对视，王昭君便下定了决心，她愿意跟眼前这个男人去草原骑马放歌，或是将手放进他掌心，由他牵着在荒漠奔跑。

呼韩邪应当是真的疼爱王昭君的。这一路上，他尽到了一个男人对妻子应尽的责任和义务，给她遮风，给她挡雨，时不时问她累不累、饿不饿、渴不渴，虽然没有什么甜言蜜语，但这些朴实的话更能打动一个女人的心。

呼韩邪甚至给王昭君一个特权，就是王昭君想走就走，想停就停，一切都听她的。

王昭君感到莫大的欣慰，呼韩邪完全可以不管她的，完全可以命令她的，可是这么强大的一个男人却如此尊重一个女子，如此疼爱一个女子，与汉朝的元帝比起来，呼韩邪或许没有他的土地多，没有他的子民多，没有他的财富多，但是呼韩邪的爱却远远多于汉朝那个皇帝。

也许世界上根本没有什么最优秀的男人，只有在一个女子眼中最优秀的男人。

而此刻，王昭君的眼中，最优秀的男人无疑就是呼韩邪单于。

平沙落雁

"马后桃花马前雪，教人如何不回头。"过了这座桥，越过前面那一个山坡，就再也看不到长安了。前面，戈壁沙漠，寒风凛冽，积雪成堆；后面，阳春三月，春暖花开，这样的景致叫她如何不伤感？

当护卫的仪仗浩浩荡荡经过长安大街时，万人空巷，争睹昭君公主的风采。眼看如此风情万种的美人儿，离开繁华的长安城，前往荒凉的胡地，陪伴一个苍老的匈奴单于，人们无不嗟叹不已。秋风阵阵，旌旗猎猎。一路上，马嘶雁鸣，撕裂她的心肝；黄叶飘舞，引动她的忧伤。悲切之感，使她心绪难平。她在坐骑之上，拨动琴弦，奏起一曲悲壮的离别，吟出一首《怨词》：

秋木萋萋，其叶萎黄，有鸟处山，集于芭桑。
养育毛羽，形容生光，既得行云，上游曲房。
离宫绝旷，身体摧藏，志念没沉，不得颉颃。
虽得委禽，心有徊惶，我独伊何，来往变常。
翩翩之燕，远集西羌，高山峨峨，河水泱泱。
父兮母兮，进阻且长，呜呼哀哉！忧心恻伤。

秋天里的树林郁郁苍苍，满山的树叶一片金黄。
栖居在山里的鸟儿，欢聚在桑林中放声歌唱。
故乡山水养育了丰满的羽毛，使它的形体和容貌格外鲜亮。
天边飘来的五彩云霞，把她带进天下最好的深宫闺房。
可叹那离宫幽室实在空旷寂寞，金丝鸟般的娇躯总也见不到阳光。
梦想和思念沉重地压在心头，笼中的鸟儿却不能自由的翱翔。
虽说是美味佳肴堆放在面前，心儿徘徊茶不思来饭不香。
为什么唯独我这么苦命，来来去去的好事总也轮不上。
翩翩起舞的紫燕，飞向那遥远的西羌。
巍巍耸立的高山横在眼前，滔滔流淌的大河流向远方。
叫一声家乡的爹和娘啊，女儿出嫁的道路又远又长。
唉！你们可怜的女儿呀，忧愁的心儿满怀悲痛和哀伤。

从这首词里可以看出昭君是有哀怨的，她的怨里，有早年宫廷生活的凄苦，有远离家乡的思绪，有前途未卜的困忧，有违心而嫁的委屈，有不得归汉的无奈，有心无所依的辛酸，有希望破灭的决绝。这怨，丝丝缕缕，不绵不绝。这怨，郁结于胸，愁肠百结。这怨，幽怀终日，耗尽精神。这怨，舒展无由，凝结不尽。这怨，化作琵琶声声如泣如诉。这怨，抒发千秋思绪，柔肠百转。这怨，转为民族大义，浩气长存。其实无论我们后人赋予昭君怎样的评价和猜测，终不能尽悉她近两千年的情思。一切难以言说的挚爱与哀恸，跌碎在胡地风霜之上，仿佛千秋清梦一场。她转身离开汉宫，融入了塞北。终其一生，她再也不能从这个梦中醒来了，即使是一个噩梦。千年的边塞烽烟，大漠黄沙，残阳如血，草木青青，昭君的魂魄不老，魅力永存！

一曲终了，泪落琴弦，随行的人无不为之动容。

南飞的大雁听到了悦耳的琵琶声，看到了骑在马上的美人，一只只忘记了摆动翅膀，停在半空中。琴声结束后，久久不肯离开，因劳累过度，掉了下来，肝肠寸断而死。

从此"落雁"就成了王昭君的雅称。王昭君这一曲，寄托了浓厚的乡愁和一丝憧憬，声声催人泪下。而南飞大雁望着惊艳的女子，听着凄婉的琴声而扑落于平沙之上，遂成"平沙落雁"的千古绝唱。

🌸 风沙大漠，水土不服

出了雁门关，匈奴大队毡车、胡骑前来迎接，马背上的王昭君，成了万里荒漠中一道亮丽风景。

王昭君一行经过了汉朝的左冯翊（今陕西西安）、北地（今甘肃庆阳）、上郡（今陕西榆林）、西河（今内蒙古东胜）、朔方（今内蒙古杭锦旗）、五原（今内蒙古包头）等地。王昭君坐在毡车上，领略大自然的美景。

大漠风沙，水土不服，旅途的颠簸，再加上思乡心切，身体原本就孱弱的王昭君还是病倒了。幸好呼韩邪单于一直守在她的身边，悉心照料她，否则，她真不知道，能否走完这漫长的路程。在她的记忆里，这是她这一辈子走过的最长的路，也是最难走的路。直到第二年初夏，王昭君才到达漠北匈奴王庭。

人在生病的时候最想念的就是亲人，这一刻，王昭君不知道自己还能否挺得过去，想起思念的父亲，不禁又多一份忧虑。汉元帝曾经答应过她，会好好照顾她的家人。她不知道，汉元帝是否已经把她的家人安置好。

于是，她艰难地起身，对呼韩邪单于说，要给汉朝的皇帝写一封信。呼韩邪让她到了王庭后再写，她怕熬不过，留下遗憾，坚持要写。呼韩邪依了她，叫人拿来笔墨。

王昭君给汉元帝写了一封言辞恳切的信，信的中心意思就是，希望他不忘当初的诺言，好好安置她的家人：

> 臣妾有幸得备禁脔，谓身依日月，死有余芳，而失意丹青，远适异域。诚得捐躯报主，何敢自怜？惟惜国家黜陟，移于贱工，南望汉阙，徒增怆绝耳。有父母有兄弟，惟陛下少怜之！

汉元帝接到王昭君的信后，如获至宝，很快就把王昭君的家人接到了长安，赐予府邸，让王昭君的家人安居乐业。

而王昭君的那封信则成了汉元帝怀念她的唯一物品，看着她娟秀的字迹，回忆起她的音容笑貌，免不了要唉声叹气，惋惜自己无福消受这等如花美眷。

❀ 不负使命

经过长达半年多的跋山涉水，王昭君和呼韩邪终于抵达了匈奴王庭。幸运的是，王昭君挺过了这一关，她的病也痊愈了。

踏入匈奴之时，风沙扑面而来。她心中忐忑不安，不知胡人粗鄙，可否懂得她的温婉与诗情画意？

然而，展现在她面前的是一幅迥异于中原的壮美景象：蔚蓝的天空，洁白的云朵，一望无际的草原，草原上骏马奔驰，成群的牛羊，白色的营帐一座连着一座。远处还有悠扬的马头琴声和凄婉的胡笳声传来。

这一切让王昭君惊喜，汉朝人所说的荒凉在这里找不到一点痕迹。更让她受宠若惊的是，匈奴人非常热情，为她的到来举行了盛大的欢迎仪式。

呼韩邪单于封王昭君为"宁胡阏氏"，意为匈奴有了汉女做"阏氏"（王妻），边境开始安宁。这是她向往已久的幸福，她成了呼韩邪单于的妻。在万人簇拥下，她款款地走向王后的宝座，她的雍容华贵、国色天香，征服了所有的匈奴人。

她从来没有受到过如此礼遇，在汉朝的皇宫里，她等了五年也没有等到。现在她终于实现了，做一个不平凡的女子，做一个对社会对国家有用的人。而她，既为汉、匈长久的和平做出了贡献，也获得了多少女人都渴慕的爱情。

王昭君嫁过去后，呼韩邪非常高兴，为报答大汉天子的特别恩遇，他派遣使者给元帝送去大批玉器、珠宝及骏马，并发誓：在他有生之年，绝不偷袭、侵犯汉朝的边境。这背后也和王昭君的劝说有直接关系。她劝深爱着她的呼韩邪单于不要去发动战争，打这以后，匈奴和汉朝和睦相处，有五十多年没有发生战争。呼韩邪单于在西汉的支持下控制了匈奴全境，从而使匈奴同汉朝和好达半个世纪。

呼韩邪单于开辟了北部少数民族地方政权接受汉朝中央领导的先例，促成了塞北与中原的统一，开创了汉、匈两族的团结合作。汉、匈关系和平友好，关市畅通，两族人民的互市和接触可以不受或少受限制。匈奴人可从汉人手中获得生产和生活用品，汉族文化可以传入匈奴，从而使匈奴人的社会生产力和日常生活都迅速地提高。同时，匈奴文化也传播到中原，丰富了祖国的文化宝库。呼韩邪单于在汉朝的支持下，结束了匈奴二十余年的分裂状态，统一安定了匈奴政治混乱的局面。

可是，汉元帝没有福气消受这一切了，就在王昭君抵达匈奴王庭三个月后，他在思念与懊恼的煎熬中，在多种疾病缠身下，一病不起，拖到初夏时节，竟在榴花耀眼中崩逝。

❀ 风霜中的风华绝代

在漠北塞外，王昭君过上了住穹庐、披毡裘、食畜肉、饮乳酪的游牧生活。王昭君慢慢适应了匈奴族的生活方式，长河落日，塞北风霜。当大漠羌笛换过新一季长安春柳时，她将原乡梦土，于胡地安营扎寨。

善良勤勉的王昭君，和匈奴人相处得很好。她把汉朝的文化介绍给他们，匈奴人民都很喜爱她，尊敬她。

王昭君和呼韩邪开始了幸福美满的生活。

一个是权力无限的匈奴王，一个是美艳超群的王后，与西汉奢华的宫廷相比，他们同样拥有顶级的享受。

蔚蓝的澄明天空，悠悠白云在飘荡，宛如海面航行着几只帆船。温暖的秋日阳光，从空中倾泻下来，悄无声息地落在草原金黄的草地上，无边无际，广阔如海。

王昭君就站在这如画的美景中，她是一个很坚强、肯忍耐的人，离开家乡的岁月，虽然只有短短几年，但她已深深洞悉了人生的沧桑与苦难。现在，她没有任何东西可以惧怕，更何况这是她魂牵梦萦的地方。

如今的她，已经习惯了胡人的习俗，浑身上下都是胡人的打扮。她头戴贵族妇女专用的圆锥形高尖帽，尖端还有鲜红的穗子，帽子的周围装饰着珊瑚玛瑙珠。尤其是帽子的前面，还镶嵌着一颗硕大的红宝石，在阳光的照耀下闪闪发光。她身穿红色绸缎长袍，袍子上刺绣着鱼、凤等图案，腰束白玉带，足蹬白色皮靴。

而他，自帐外款款行来，发丝在风里飘散，衣袂翩翩、两袖寒意，将她拥入怀中。他的心跳总是令她沉迷，她埋首于他的颈畔，鼻端是塞外深冬的苦寒。或者，她是爱慕他的。当她越众前行，自请于殿前时。爱他驰骋于旷野的狂放，爱他统率族众的仁慈，亦爱他拜跪于殿前的卑微。他俯身的表情，总是牵扯起她轻淡的疼痛。

而当她独坐车上，看窗外的风景自青绿转作萧瑟，听风声猎猎，拂过青布的车帘。那时，她常常会想，我是不是爱他？

可是，没有谁给她答案。窗帷里划过孤雁的羽翼，掠过塞外空阔的四野。他生命里有自由不羁，他身后有暴虐的风雪，他驰骋的是苍茫天野。这一切，是她所爱吗？

而其实，爱或不爱，又能怎样？

四围的宫墙里，她的命运已写就了孤凄。梦中的香溪与青岚，终究只在梦中而已。而若终老亦不得自由，倒不如换一只更大的笼，做她此生命运的冢。一粒丧夫落泪痣，自此，画就她风沙遍野的后半程，予她旖旎与屈辱，还有亘古不息的惆怅，缭绕于塞外的明月与山脉。

昭君是自己将自己推向了这绝路，塞外风雪如刀，风萧萧，路漫漫。她如义士出征，一去不还。

风华绝代，却带着凛冽的风霜，和刻在骨子里的倔强。那柔弱如水的娇躯下，暗藏着金戈铁马、狼烟风霜。这样的美，凌厉、绝艳，只一眼便有窒息的痛，恰来自走投无路的决然舍弃。只因那份倔强与不甘，让她独辟蹊径、遁走他乡，任大漠孤烟，任风寒雪冷，从此，她将此身都付与风沙落日。她并不后悔以生命和青春燃烧的代价换取那光耀万丈的一瞬间，她心痛的是这流离的宿命和无从改写的悲凉。汉宫已无路可走，她自己重新开辟一方新的天地。她以一苇飞渡，跋涉苦旅，终于到了曾经遥不可及的彼岸。她的舞台从汉宫风云化为匈汉天下，她的世界也从狭窄的掖庭化为了更加广阔的大漠苍穹。

女子的世界不只有男欢女爱，更可有家国天下的万丈豪情。她以身作碑，将和平的誓言刻下。纵然前路是风沙漫天，身后却有绵绵碧草。

❀ 悲寡之妇

婚姻美满，家庭也圆满。一年后，王昭君为呼韩邪单于生下一个儿子，取名伊督智牙师（也作伊屠牙斯），封为右日逐王。

遗憾的是，王昭君和呼韩邪的夫妻缘分不是很长，婚后三年，公元前31年，呼韩邪单于得了一种暴疾，先离开心爱的妻子一步。王昭君时年二十二岁。

野有蔓草，零露溥兮。有美一人，清扬婉兮。邂逅相遇，适我愿兮。
野有蔓草，零露瀼瀼。有美一人，婉如清扬。邂逅相遇，与子偕臧。

当春华渐落，当午夜孤清，当月华转淡，她常常会念起这首古诗，羡慕诗中女子，美丽、无名，娇艳于四野，盈盈于时光的长廊。无论那倾慕的男子怎样痴心，女子始终隐没于岁月的纱帘，含蓄委婉。这一歌三叹的婉转，这清丽静美的韵味，终她一生，拼尽一生的力气，也只得化作委身土中的一缕幽魂，卑微地向这尘世要一些暖意。

她回过头，恍惚间，那诗中的女子正看着她，那忧伤的双眼穿越她经年的离伤，看向她未知的命运。

若得有来生，若一切可以再次回头，她愿意做诗中所说的那样的女子，将美丽掩于软红十丈，以美丽换取命运的无名。她不要黛色横空的绵延青草，做她冢上苍翠的羽衣。她只想，要一段平凡的命运，数十年的温暖，而后淹没于众生。

然而，她不是古诗中高华的女子，她是一只美丽的风筝，再怎样飞舞于天际，终究还是身不由己。

而现在，随着呼韩邪的离去，她变得命运堪忧。

在那个大雪的深冬，他拥她入怀，温暖的心跳和着她的呼吸，宝帐内，有淡淡的梅花香气。而她的指尖，仿佛还沾染着他袍袖上的寒意，那寒意总会令她的心微微地凉，再些些地暖。而他散乱的发丝，亦曾缠乱她潮湿的梦境，让她在异乡的子夜，有了可以依靠的地方。然而，不过只是一个转眼，他就走到了生命的末路，走到了华年的最后，他便干枯成了一座孤单的冢。冢前，她静静垂坐。塞外的春天，青草总会铺到天边，像一匹华丽的绿锦；零星的野花，便是锦上最初的繁华。

她的那些记忆，早已零落在塞外的风里，而在寒风中醒来的却是残酷的现实，风沙漫天，遮盖四野。

昔时，温暖在握；眼前，一抔凉薄。

那一刻，她忽然明白，再盛美的生，亦敌不过逝。她的夫君，是掠过塞外的一场春风，回首时，风花早已落尽，只留下她孤单的衾帐，独对冷冷的月华。

她和他不过拥有三年的时光。在这三年里，汉、匈两族团结和睦，国泰民安，"边城晏闭，牛马布野，三世无犬吠之警，黎庶忘干戈之役"，呈现出一派欣欣向荣的和平景象。

❀ 痛苦到泣血的从胡俗

呼韩邪单于的大阏氏所生长子雕陶莫皋，作为嫡子继单于大位，号为复株累若鞮单于。根据匈奴人的习俗，嫡子可以娶庶母做妻子。按照"父死妻其后母（不是生母）"的习俗，在匈奴人的观念中，嫁入本氏族的女子，属于夫家的氏族。夫死之后，必须约束在本氏族之中，不得外嫁。因此，除生母外，都由儿子或兄弟继承她们的婚姻关系，使她们不能脱离夫家的氏族共同体。雕陶莫皋想按照匈奴的风俗"子娶其母"娶王昭君为妻。这和封建的伦理道德相抵触，所以王昭君在极度难堪之余，一边拒绝，一边给汉成帝上疏，要求返回汉朝。但是，当时在位的汉成帝回书敕令，要她从大局出发，依从匈奴习俗，继续为汉朝和匈奴的友好作出贡献。

接到成帝的敕令后，王昭君茫然不知所措，经过激烈的思想斗争，她还是决定以大局为重，忍受了"子烝其母"（虽然不是亲子）的巨大屈辱，再嫁给了复株累单于雕陶莫皋。

年轻的雕陶莫皋单于对王昭君更加怜爱，夫妻生活十分恩爱甜蜜，他们相濡以沫的夫妻生活持续了十几年。昭君接连生下两个女儿，长女名云，后嫁给右骨都侯须卜当，称须卜居次（即须卜公主）；小女嫁给匈奴贵族当于氏，故称当于居次，"居次"意为公主。

雕陶莫皋年轻的眼眸明亮如星子，灼灼地凝注于她的脸庞。她不明白，命运为何于此刻转折，将她此生最大的屈辱，映入他年轻高大的身影，映入这塞外苍白的月色。他是她夫君的长子，亦曾唤她为母后。而现在，她竟不得不再嫁给他，辅佐他，使他做了匈奴的新一任的单于。

是忍辱负重，是顾全大局吗？只是，这大局她又怎能不顾？呼韩邪殷殷的寄望，隔着生与逝的那一场春风。香溪的水边，还住着她最爱的亲人。她的命运左右着他们的悲喜；她的每一个决定，总会牵引他们的心。那清浅的溪水与山畔采药的歌吟，是她此生最大的愿望。她想回去，回她的原乡。便是忍辱负重，她也是无从选择的。

雕陶莫皋是爱她的吗？后世的人说起这一段，总说他爱她、怜她，恩深意重。然而，她真的无法分清，他眼中的明亮，是因了情爱的深挚，还是因了权势的炽烈。再嫁的她，不只是自大汉深宫里走出的锦衣华服的女子，她还是曾经的王妻。她的身后，是无上的王权与强国的威仪，说他爱她，莫不如说，他敬重她身后的这些赘名。

即便如此，她再嫁的夫君，与她也曾有过温柔的一段时光。

当第一阵东风拂过塞外的旷野时，他曾携她的手，去绿洲的湖边，看水鸟掀动翅膀，带来中原的湿红暖绿；而在深冬的午夜，他的怀抱总是带着一缕寒香，让她想起，开在香溪的那几树梅花。还有他们的两个女儿，似上天垂怜于她眼前的两粒明珠，抚慰她长久以来的孤寂。

然而，更多的时候，他的眸光并不落在她们的身上。他充满野心的眼神，灼灼地望着他的疆土，以君临天下的表情，说起他的雄图霸业。而她，还有他们的女儿，不过是这大业的附丽，是匈奴收敛的证明。塞外的悍勇不服，因了她的存在，有了几许臣服的温软。她的温婉宁和，亦令大汉西边的宁定，延展了更长的时间。是的，他们是恩爱的，爱彼此的江山亲族，恩彼此的愿望野心。可是，再深重的恩爱，亦掩不住她心中的委屈。香溪水泽里泅出的净好女子王昭君，因了大局、因了命运，只得化作深明大义的筹码，永远地钉立在塞外的旷野。

在这孤清的大黑河岸，她又听到了雁叫声声，断续哀鸣，那是因她而鸣，为她永不能见的原乡，为她夜夜哭泣的心。

❀ 分明怨恨曲中论

然而，命运犹感觉王昭君所受的苦难还不足不够，于是再次轻轻拨弄，王昭君最后一丝平凡卑微的愿望，也化作一朵落英，轻轻的一个转身，便已凋零成空。

十一年后，汉成帝鸿嘉元年（公元前 20 年），雕陶莫皋也离开了她，王昭君自此寡居。

寡居几年后，这个美丽的女子也走完了自己的一生。

当时，王昭君的兄弟被朝廷封为侯爵，多次奉命出使匈奴，与妹妹见面。王昭君的两个女儿曾到长安皇宫伺候过皇太后。这位皇太后即汉元帝的皇后王政君。她有个著名的侄子王莽，先谦躬下士博取虚名，后玩了一套所谓尧、舜、禹时代的"禅让制"，夺取西汉政权，建立"新朝"。但匈奴单于死死咬住"非刘氏子孙，何以可为中国皇帝"这一发难理由，于是边疆迭起战事，祸乱无穷。

远远的，不知是谁吹起胡笳，一声声，一拍拍，抵进王昭君干陷的眼窝，牵扯出她经年不曾有过的泪，让她想起，再也无法回去的过往。当公元前20年，雕陶莫皋又染疾病而亡，王昭君再一次精神受到重创。这时王莽推行新朝篡汉，天下大乱。胡人以外姓为何可夺刘汉江山为由，唇枪舌剑，刀光剑影，危机四伏。绝代佳人王昭君，眼看自己为之献身而创造的和平局面即将毁于一旦，化为乌有，她整日以泪洗面，仰天长叹，悲愤成疾。多年来太深太深的积怨，无法排遣，在幽怨凄清绝望中，她服毒而死。

　　她，绝代佳人，终于香消玉殒，一命黄泉。

　　王昭君死后，葬在大黑河南岸，匈奴族为她举行了隆重的葬礼。当时的汉成帝也派使者前去参加。可见，汉匈两族对王昭君的重视程度。终王昭君所为，她沟通汉朝和匈奴两国关系，以和亲重任为己任，不断地做民族和解的工作。同时，她还带去了很多农业生产的技术，教匈奴人自食其力，不必掠夺别人的粮食也可以生活。她还教授给匈奴人文化礼仪，减少了他们的好战之心，促进边疆居民友好往来。王昭君出塞，为稳定边疆、汉匈友好作了积极的贡献，意义远大。

　　"汉月还从东海出，明妃西嫁无来日"，王昭君留下的永远是一个背影！"千载琵琶作胡语，分明怨恨曲中论"，王昭君留给人们的还有悲苦！"汉恩自浅胡自深，人生乐在相知心"，王昭君带给人们的还有欣慰！

　　在四大美人中，以王昭君的故事最为坎坷，她因"昭君出塞"而闻名，做出了自愿和番、出塞匈奴的义举，为民族友好和边境安宁作出了积极的贡献。她的大义之举使得她的地位，远在其他三人之上，受到人们的尊重与深深的怀念。王昭君的历史功绩，不仅仅是她主动出塞和亲，更主要的是她出塞之后，使汉朝与匈奴和好，边塞的烽烟熄灭了五十年，增强了汉族与匈奴民族之间的民族团结，是符合汉族和匈奴族人民的利益的。她与她的子女后孙以及姻亲们对胡汉两族人民和睦亲善与经济文化交流做出了巨大贡献，因此，她得到历史的好评。

　　昭君的墓碑上刻有："一身归朔漠，数代靖兵戎。若以功名论，几与卫霍同。"把昭君比作名将卫青、霍去病，这是中国男人的看法，客观地评价，昭君比卫霍有过之而无不及。战争解决问题，需要付出巨大人力、物力，昭君则凭借一己之力，挽狂澜于既倒，试问天下有几人可为之敌？这就是昭君的魅力。

🌀 青冢

王昭君厚葬于今呼和浩特市南郊，墓依大青山，傍黄河水。后人称之为"青冢"。"青冢"一词，出自对杜诗的一条注解：北地草皆白，唯独昭君墓上草青，故名青冢。据说入秋以后塞外草色枯黄，唯王昭君墓上草色青葱一片，所以叫"青冢"。那个傲然于深宫、最终却又孤清于塞外的苦命女子，和那个被漫天风沙掩埋的青冢。冢上，年年岁岁，苍翠离披。

冢指高大陵墓，这青冢便是个别致的专用词。昭君墓，一说在呼和浩特市南九公里大黑河南岸的冲积平原上。墓前雕有联辔而行的双骑塑像，马背上塑的自然是王昭君和呼韩邪单于。一说在晋西北与内蒙接壤的朔州朔城区南榆林乡青钟村。据说王昭君临逝前，她的子女们请命遗嘱，昭君命葬山西朔州紫荆山下青钟村，故史载有青钟变为青冢之说。昭君墓藏青钟，既顾其风水之好，且不失归汉之嫌，又可亲临汉室之关，风闻汉民之欢。子女应命尊办。厚葬该村村北一平滩之地，堆土成丘，柳荫遮被，绿草鲜花相伴。胡民思念万般，在呼市，大青山一带遍造王昭君衣棺墓几十座，以表纪念。其情可嘉，实为此尔。清朔州志载，名青冢村原有阔四、五亩，高丈余之冢，居民旧传为汉王昭君墓得名。

关于"青冢"也另有解释。《筇廊偶笔》："王昭君墓无草木，远而望之，冥蒙作青色，故云青冢。"《塞北纪游》上也说："塞外多白沙，空气映之，凡山林村阜，无不黛色横空，若泼浓墨，昭君墓烟垓朦胧，远见数十里外，故曰青冢。"

历来提到"青冢"的诗句很多。如白居易的"不见青冢上，行人为浇酒"。杜牧的"青冢前头陇水流，燕支山下暮云秋"。杜甫的"一去紫台连朔漠，独留青冢向黄昏"。还有欧阳修的"君不见咫尺长门闭阿娇，人生失意无南北"。这些诗词使人更能了解，王昭君在出塞前后的悲苦之余，也未尝没有另一种迷离心情，也未尝不是人生价值的另一种实现。红粉成灰，绿意外延而成一青冢，"独留青冢向黄昏"，笼罩四野的黄昏和风尘漫漫的大漠合为穹庐，什么都可以无情地吞噬，唯独消化不了这一座墓草茸碧的青冢，这青冢在苍茫天地间便格外引人思忖。

冢上青草半离披，经年累月，堆积成一面永不干涸的湖泊。当星华漆黑的夜色掩映，苍冷的山脉横亘绵延，远远的，那一片冥蒙的青色，便是她的冢。若于这月华微凉的夜，偶尔行经她的冢前，一定会看到，她潮湿的乡心夜夜成雨，飘散于冢上离披的野草。而无论季节如何转换，那草色始终青冥如黛，年年岁岁，永不褪色。

据襄城县志记载，十里铺西有一古冢，名青冢，是为纪念出塞的王昭君所建的衣冠冢。冢旁有龙兴寺，冢寺相连，寺冢相依，所以后人就将原来的龙兴寺改名为青冢寺。是时，寺中松柏参天，浓荫蔽日，香火鼎盛时终日烟雾缭绕，状若烟云，人称"青冢愁云"，为明代襄县八大景之一。

据说，昭君的衣冠冢就在青冢寺的后院，可惜如今已荡然无存。现为河南省文物保护单位。

明户部尚书李敏（1425—1491），河南襄城人，进士出身，历官御史、巡抚、漕运总督。他在明朝成化二十三年至弘治四年的户部任内，也做了不少事。其中最重要的一件，是把北方的北畿（河北）、山西、陕西，这三省的夏秋两税，以银折粮，按照每石一两计算。山东、河南二省的输边之饷，亦已在他巡抚大同之时，实行了这个以银折粮的办法，省掉了公家的浮费，免除了运卒的劳苦。

三尺累累古道旁，明妃此地掩玄堂，
阴迷冢木风霜老，春入林花锦秀香。
怨骨九原应恋阙，芳魂千载定还乡，
愁云漠漠萦青草，犹似穹庐夜断肠。

——明·李敏《青冢愁云》

黛玉眼中的昭君

绝艳惊人出汉宫，红颜命薄古今同。君王纵使轻颜色，予夺权何界画工？

惊艳的绝代佳人，竟然离开汉家的宫廷，难怪说是红颜多薄命，古往今来都一般相同。纵使愚昧昏庸的君王，用轻率态度对待三千粉黛，何以把决定命运的予夺大权，交给了贪婪阴险的画工？

王昭君的美貌惊人，她的行为更是感天动地，这让她更加光彩夺目，出汉宫时她已成"绝艳"，远嫁的路上，连在蓝天翱翔的大雁都为之停飞。所谓落雁之说由此来。

大漠荒凉，朔风凛烈，胡沙纷扬，埋没不了琵琶的声声幽怨。看蛮夷之地，腥臭膻恶，青春在这里一天天消逝，故乡远在不可见的那一边，乡音不闻，怀抱琵琶的昭君，泪落容光黯，一代佳人，终归埋骨塞外，落雁之容在风沙中老去。如今，明眸皓齿不再，唯余坟头有草色青青。

在性格独立不肯听人摆布的黛玉看来，是君王的轻率埋没了昭君，也正是君王的轻率成就了昭君。她为昭君不向可憎的画工低头而赞叹，同时也为昭君把握不了自己的命运而惋惜："红颜胜人多薄命"，如此一声，唯有此哀叹，可见多少不凡处。

明珠投苦寒地，琵琶也断肠。风沙无情，命运无情，天地无情，胡天冷月，空照离忧。可怜汉廷，人才济济，解决问题不用奇兵用女流。可叹汉元帝，将一代佳人的命运，如此轻率地交给了画工之笔。读者但见颦儿纤弱且多愁，何曾见其宁折不弯的刚强质问？没有铮铮铁骨，哪来柔肠百结？这就是黛玉。黛玉眼中的昭君，自是更有一番不同凡响处。

王昭君，拭啼痕，回顾望昭阳，垂泪有千行。红袖拂秋霜，哀弦须更张。片片红颜落，双双泪眼生。胡风入骨冷，夜月照心明。

汉家秦地月，流影照明妃；一上玉关道，天涯去不归。汉月还从东海出，明妃西嫁无来日；燕支常寒雪作花，蛾眉憔悴没胡沙；生乏黄金枉图画，死留青冢使人嗟。

群山万壑赴荆门，生长明妃尚有村。一去紫台连朔漠，独留青冢向黄昏。画图省识春风面，环佩空归月夜魂。千载琵琶作胡语，分明怨恨曲中论。

明妃初出汉宫时，泪湿春风鬓角垂。低徊顾影无颜色，尚得君王不自持。归来却怪丹青手，入眼平生未曾有。意态由来画不成，当时枉杀毛延寿。一去心知更不归，可怜着尽汉宫衣。寄声欲问塞南事，只有年年鸿雁飞。家人万里传消息，好在毡城莫相忆。君不见咫尺长门闭阿娇，人生失意无南北。明妃初嫁与胡儿，毡车百辆皆胡姬；王昭君含情欲说无语处，传与琵琶心自知。黄金植拔春风手，弹着飞鸿劝胡酒；汉宫侍女暗垂泪，沙上行人却回首。汉恩自浅胡自深，人生乐在相知心；可怜青冢已芜没，尚有哀弦留至今。

那易落的是枝头桃花

你娇艳如斯却薄命如斯

哦，我的桃花，你与我的命运何其相似

我是千古薄命红颜的形象化身

而你开在塞外是不幸中的更不幸

我们在一样地承受着无尽的煎熬

美丽却孤寂，优雅的背后

又有谁能知道我内心的无助和苦楚

汉宫秋月正皎洁吧

未央宫的风还是那么温柔吗

听不见的一声长叹

我知道今生我只能被困囚在塞外

有生之年，我从来没有一天的舒心日子

塞外桃花在空中展示过短暂而美丽的姿态

就悄然落下，来年你会更美

而我同样短暂的一生是寂寞的

绝艳惊人空换来了一生寂寥

秋水双眸终日凝视风沙尽处的茫茫蓝天

怀抱中的那一把盈泪的琵琶

拨动了多少人的心弦

冷冰冰的玉门关静默千年

孤寂在峰峦间来往流连

春花般的娇颜却要迎接塞外风霜

逝水流年好韶华，却要同大漠春秋一起苍老黯然

大漠荒凉，胡沙纷扬，朔风凛烈

埋没不了琵琶的声声幽怨

蛮夷之地，腥臭膻恶

青春在这里一天天消逝

我在风沙中老去

风沙无情，命运无情，天地无情

胡天冷月，空照离忧

和则两利，战则两伤

我愿意在苦寒塞外忍受巨大煎熬

只要和平能行于人间化春风

只要我的兄弟姐妹能详和安宁不受苦于刀兵

可是我的怨恨难消

这是一场人为给我制造的痛苦煎熬

愚昧昏庸的君王用全不负责任的态度对待三千粉黛

于是我的命运随着予夺大权

被如此轻率地交给了贪婪阴险又狠毒的画工

我的清高通不过毛延寿的画笔

阴谋的可怕在于改写了整个人生

可叹汉元帝大可不必在失去我以后痛苦

你还是回头反省一下自己的不负责任吧

是谁把我和青春流放到寂寞的塞外

是谁让一只孤鸿在大漠里煎熬无奈

啼血的杜鹃在月下徘徊

遥望故国，年复一年

青春与快乐已如烟云飘零无踪

我的琵琶已化作啼鸟、化作沙土、化作一缕风

千百年来一直奏响，和着寒笳声声

万里浮云托不住这一场红颜薄命伤痛的梦

徐惠:

兰心蕙质长安月　红袖美人桂花香

　　曾经热播的《武媚娘传奇》中，与武媚娘一同进宫的、与武媚娘情同姐妹的才女徐慧，随着剧情发展，变成了一个用尽心机、不遗余力的"武黑"，千方百计地在背后使坏，陷害武媚娘。很多观众都恨透了这个外表光鲜靓丽、内心毒如蛇蝎的徐婕妤。

　　那么，史上真实的徐惠是怎样的呢？

　　徐惠（公元627年—公元650年），湖州长城人，唐太宗李世民的妃嫔。年少时便才华出众，唐太宗听说后，将她纳为才人。后被封为婕妤，接着又升为充容。

　　贞观末年，唐太宗频起征伐、广修宫殿。徐惠上疏极谏，剖析常年征伐、大兴土木之害。唐太宗认可了她的看法并对她厚加赏赐。贞观二十三年（公元649年），唐太宗驾崩，徐惠哀慕成疾，不肯服药，又作七言诗和连珠以示爱慕。永徽元年（公元650年）病逝，年仅二十四岁，被追封为贤妃，陪葬昭陵石室。代表作品《谏太宗息兵罢役疏》《进太宗》。

🌸 一代智慧女

一千多年前照在长安的那轮明月，静看人世间沧桑变幻。朱雀大桥，大明宫，还有莲叶接天、荷花映日的太液池，丝竹弦乐声闻于全城的华清宫，都不复存在，更何况那些素有"大都好物不坚牢，彩云易散琉璃碎"之谓的红颜。长安春色谁为主，古来尽属一千多年前的唐代红颜，这样的妙人中自然少不了最终得到"贤妃"这个封号的徐惠，她是唐太宗李世民最后生涯里最宠爱的女子。能成为皇帝的宠妃，徐惠的长相一定不差，但她却是以一代智慧女的形象出现在史书中的。徐惠是当时有名的才女，比武则天还要小三岁。她聪明伶俐，很得唐太宗宠爱，不久便由才人升为了充容。

徐惠出身东海徐氏，为南朝梁慈源侯徐文整四世孙女，陈始安太守徐综之曾孙女，延州临真令徐方贵的孙女，祖母江夏黄氏，为南朝陈司空忠武公之女。

徐惠生于贞观元年（公元 627 年），是一个江南女孩，她和另一个才女李季兰，都出生在今天的浙江湖州。为唐代果州刺史徐孝德之长女。弟弟徐齐聃，侄子徐坚，史书都有传。妹妹为高宗的婕妤，也有文采。当时人们因为徐氏姐弟三人文采出众，将他们比作汉朝班氏。另有一弟徐齐庄，事迹无相关记载，唐玄宗授于他长城县子的爵位。

🌸 八岁女诗童

徐惠是有名的女神童，据说她五个月大就开始说话了，四岁就已经熟读《论语》《毛诗》。八岁时，她已经能出口成诗了，而且辞致清丽，颇有水准。

让我们通过徐惠的一首诗，来领略一下这个才女聪慧过人的风姿：

仰幽岩而流盼，抚桂枝以凝想。
将千龄兮此遇，荃何为兮独往？

——《拟小山篇》

《拟小山篇》指的这样一回事：汉武帝时，淮南王刘安（就是传说和鸡犬一起升天的那位王）的一个门客，别号淮南小山，他写过一篇赋，名叫《招隐士》。里面这"隐士"指的是屈原。节录部分内容如下：

桂树丛生兮山之幽，偃蹇连蜷兮枝相缭。山气茏葱兮石嵯峨，溪谷崭岩兮水曾波。猿狖群啸兮虎豹原，攀援桂枝兮聊淹留。王孙游兮不归，春草生兮萋萋。……攀援桂枝兮聊淹留。虎豹斗兮熊罴咆，禽兽骇兮亡其曹。王孙兮归来，山中兮不可以久留。

有一天，徐惠的父亲徐孝德想考考她，就让她仿照屈原的《离骚》作一首诗。小徐惠也不皱眉头，找来纸笔信手一挥，片刻即成《拟小山篇》一首。虽然有些比葫芦画瓢的意思，但八岁的女童能"画"成这样，也相当了不起了。这首诗被收录进了《全唐诗》，并特别注明了徐孝德的反应——大感震惊。确实，八岁孩童之作能蕴含如此感慨和豪情，确实难得。

生五月能言，四岁通《论语》《诗》，八岁自晓属文。父孝德，尝试使拟《离骚》为《小山篇》曰："仰幽岩而流盼，抚桂枝以凝想。将千龄兮此遇，荃何为兮独往？"孝德大惊，知不可掩，於是所论著遂盛传。太宗闻之，召为才人。

——《新唐书·列传第一·后妃上》

🌸 千金始一笑，一召讵能来

徐惠的才气让她的名声传播开来，一传十，十传百，最后传到了深宫中的李世民的耳朵里。李世民虽然不荒淫，但也好色，这样的好女子岂能放过？于是将一代才女揽入怀中。这时的徐惠不过十一岁，便被封为才人。

入宫对徐惠来说是一件好事，宫中的藏书超过任何一个地方的收藏。求知欲极旺的她得以有机会遍览群书，才学和见识也进步得更快了。因此徐惠的诗文更加优美，文思更加敏捷，落笔成文。

唐太宗李世民看到徐惠如此好学，更加礼待她，提升他的父亲为水部员外郎（出土的徐孝德墓志记载为礼部员外郎），对徐惠更是十分眷顾，没多久就把她由最末等的才人，一下晋升为九嫔中的第八级——充容。

朝来临镜台，妆罢暂裴回。
千金始一笑，一召讵能来。

——《进太宗》

此诗收入了《全唐诗》，诗名为《进太宗》。

有一次，唐太宗李世民下召让徐惠去见驾，结果徐惠迟迟不来。李世民等了很久，好心情变成了一肚子怒火。当徐惠姗姗到来的时候，李世民摆出了一副标准的门神脸。徐惠何等聪明，马上发现了丈夫的不快，但她只是嫣然一笑，挥笔写了一首诗给丈夫消气。李世民读完之后，哈哈大笑，怒气一下子全消了。

明《情史类略》卷十五中评此事时说，徐惠"以娇语解围"：

唐太宗尝召徐贤妃（妃名惠，湖州人，八岁曾拟《离骚》），不至，怒之。贤妃进诗曰："朝来临镜台，妆罢且徘徊。千金始一笑，一召讵能来？"以娇语解围。

对于戎马一生，从刀光剑影中走过来的太宗，徐惠的伶俐和娇媚更有一番风情。作为南国女儿，往往有些古灵精怪，正如金庸武侠中的黄蓉，能把豆腐削成圆球，当作二十四桥明月。所以徐惠在感情上也会和太宗玩点小花样、撒撒娇，这首诗就给我们描绘了这样生动的一幕：

第七卷·**徐惠**：兰心蕙质长安月 红袖美人桂花香

"朝来临镜台，妆罢暂裴回（即徘徊）"，诗中的徐惠一早起来就对镜梳妆，精心打扮。正所谓"女为悦己者容"，作为后宫的妃子，每天的工作就是妆扮自己的容貌，等待皇帝的临幸。但皇帝嫔妃众多，未必就能召见自己，正像《阿房宫赋》中说的："一肌一容，尽态极妍，缦立远视，而望幸焉；有不得见者，三十六年。"但徐惠深得太宗的喜爱，绝不像上面说得那样惨。不过太宗召见她，毕竟也是一件难得的喜事。按理说徐惠应该喜上眉梢，抓紧跑过去的。可是，聪明灵巧的徐惠偏偏在这个时候耍了一点小脾气，她说："千金始一笑，一召讵能来？"——古时对于美人有所谓的"千金买一笑"之说，现在陛下您一声招呼就想让我来吗？

上都崇圣寺有徐贤妃妆殿，太宗曾召妃，久不至，怒之，因进诗曰："朝来临镜台，妆罢暂徘徊。千金始一笑，一召讵能来？"

——出自《大唐传载》

琵琶遮面，欲迎还拒，半推半就，这正是如徐惠一样的江南女子的拿手好戏。徐惠既然和太宗这样开玩笑，可见她是多么受到太宗的特殊宠爱，不然哪敢这样撒娇？否则一召不来，就直接进冷宫了。

上疏极谏：贤妃美名符其实

徐惠在政事上也颇有眼光。李世民统治后期好大喜功，多次兴兵攻打四方少数民族，包括征伐高丽，在多处修建宫殿，劳民伤财，百姓怨声载道。

贞观末，数调兵讨定四夷，稍稍治宫室，百姓劳怨。

——《新唐书·列传第一·后妃上》

贞观二十二年（公元648年）四月，太宗驾幸玉华宫，徐惠伴驾，她呈上一篇自己写的《谏太宗息兵罢役疏》，文采斐然，甚是可观。其中道：

……是以卑宫菲食，圣王之所安；金屋瑶台，骄主之为丽。故有道之君，以逸逸人；无道之君，以乐乐身……夫珍玩伎巧，乃丧国之斧斤；珠玉锦绣，实迷心之酖毒。……是知漆器非延叛之方，桀造之而人叛；玉杯岂招亡之术，纣用之而国亡。方验侈丽之源，不可不遏。作法于俭，犹恐其奢，作法于奢，何以制后？"……

东边驻军辽海，西边讨伐昆丘，弄得军困马乏、粮草匮乏。用农民那有限的收成，去填战争这无边的沟壑；为谋取那些没有收复的部族，却丧失了这已经训练好的军队。国土宽广并不是长久安定的办法，百姓辛劳却是容易动乱的因素。

惠上疏极谏，且言："东戍辽海，西讨昆丘，士马罢耗，漕饷漂没。捐有尽之农，趋无穷之壑；图未获之众，丧已成之军。故地广者，非常安之术也；人劳者，为易乱之符也。"

——《新唐书·列传第一·后妃上》

徐惠又说："翠微宫、玉华宫等，虽然依山傍水，没有构筑方面的大工程，但人力、运输之类，也是很烦杂、劳民的。有德行的君王，以百姓安乐认为是安乐；没有德行的君王，以自己的快乐认为是快乐。"

又言："翠微、玉华等宫，虽因山藉水，无筑构之苦，而工力和僦，不谓无烦。有道之君，以逸逸人；无道之君，以乐乐身。"

——《新唐书·列传第一·后妃上》

精雕细琢的珍宝玩物是丧失国家的刀斧，光彩夺目的珠宝玉器是侵蚀人心的毒药，这些虽然看着奢华美丽，但不能不去遏止这类需求。事业安泰时志向容易骄纵，时局安定时人容易放任自己。

又言："伎巧为丧国斧斤，珠玉为荡心鸩毒，侈丽纤美，不可以不遏。志骄于业泰，体逸于时安。"

——《新唐书·列传第一·后妃上》

她所说的切中事理，明确指出"地广者，非长安之术也；人劳者，为易乱之符也"。希望唐太宗能够多加节俭、休兵罢战，还百姓以安宁。

唐太宗读完后，很赞同她的说法，对徐惠重重奖赏了一番。

> 其剀切精诣，大略如此。帝善其言，优赐之。
>
> ——《新唐书·列传第一·后妃上》

《谏太宗息兵罢役疏》是历史上一篇罕见的杰出的女性政论文章，文笔和见识实在不下于魏征给太宗写过的那篇《谏太宗十思疏》。为历代史家所重视，被收入多部重要的典籍，如《旧唐书》《新唐书》《贞观政要》《资治通鉴》等。

宋代孙之翰在《历代名贤确论》中评价说：

> 帝王于后宫恩宠过厚，非贤德者鲜不干预时事。著名于外，盖宠过厚，则言易入；言易入，则事可动。后宫于帝王可动事，则奸邪附之。著名于外，又况亲族窃恩竞为气势，内宠至此，小则破家之祸，大则为国之患，此必然之势也。太宗在位岁久，于后宫不无宠嬖，但外不闻何人尔。唯徐充容以恩顾称，绝不干预时事，复能谏争失，则贞观宫壸之政可知也。

元代戈直在《贞观政要》中说：

> 人臣进谏于君，古人拟之以之批鳞，虽士夫犹以为难，况妇人女子乎？其见之史传，则邓曼论莫敖之败，成风请须句之封，班姬辞共辇之载，刘氏救元达之刑，寥寥千载，不多见也。太宗纳谏之德，冠绝古今，外之房、杜、王、魏，内之文德皇后，亦足以交修而夹辅之矣。宫妾之中，复有如徐氏者焉。观其谏疏，有老师宿儒不能远过者。呜呼贤哉！

《青溪暇笔》记载明代朱元璋曾说：

> 乏人矣！昔唐太宗繁工役，好战斗，宫人徐充容犹上疏曰：'地广非久安之道，人劳乃易乱之源。东戍辽海，西役昆丘，诚不可也。'今所答皆顺其欲，则唐妇人过今儒者。

明代《读史四集》中，杨以任高度评价：

又一长孙皇后！（杨评价长孙皇后为'女后如此，千古共快'）

明代吕坤在《闺范》中感叹说：

贤妃非女谏官耶。世言宫妾不可近，妇言不可听，顾其人其言何如耳。如贤妃者，朝夕在侧，食息受言，非耽女宠矣。宫闱近御，孰谓无正人君子哉。

🌸 后宫的哀怨与寂寞

旧爱柏梁台，新宠昭阳殿。守分辞芳辇，含情泣团扇。
一朝歌舞荣，夙昔诗书贱。颓恩诚已矣，覆水难重荐。

——《长门怨》

译文：
柏梁台里是曾经的旧爱，昭阳殿里有新宠的美人。
我恪守本分，拒绝登上香车与君王同行；
我脉脉含泪，吟咏着凄凉的《团扇歌》。
载歌载舞的新人一旦得到恩宠，
旧人昔日的诗书都变得卑贱。
往日的恩宠果真已完全断绝，
失宠的旧人正如泼出去的水，再难重获欢心。

徐惠的诗作《长门怨》是一首五言律诗，是为班婕妤的悲苦命运鸣不平的作品。描写了昔日以才华赢得宠幸、今日失宠的班婕妤哀怨而又无可奈何的心情，抒发了其对后宫失意人的同情，以及对薄情帝王的失望和不满，表现出作者的自尊和对独立人格的追求。

"守分辞芳辇，含情泣团扇。一朝歌舞荣，夙昔诗书贱"，这几句说的是汉成帝时班婕妤的典故。妖艳放浪的赵飞燕和她的妹妹赵合德就取代了班婕妤的地位，班婕妤只好凄凄凉凉地到长信宫侍奉太后。

班婕好安分守礼反而被嫌弃，赵飞燕风骚放浪倒受宠爱，正所谓"卑鄙是卑鄙者的通行证，高尚是高尚者的墓志铭"，因此自古以来就有无数人感叹。

作者细致入微地描述了班婕好被成帝冷落遗弃后的心理状态，抒发了主人公被弃后无法言说的怨愤之情，这也是封建时代，后宫女性对自身被动命运的无奈慨叹。

绵密的典故和意象是徐惠诗作的特点之一。以此诗为例，首句中的"柏梁台"是指代汉武帝抛弃陈阿娇一事，表明女主人公已经落得和陈阿娇一般的下场。"昭阳殿"则是汉成帝宠妃赵飞燕的宫殿，这里指代新宠之人的居所。此句中"旧爱"和"新宠"的强烈对比，充满了哀怨。接下来的一句则巧用班婕好辞辇的典故和她《怨歌行》里的团扇意象，写出了女主人公德行高洁却秋扇见捐的悲剧命运。徐惠身为妃嫔，深知当年汉成帝宠爱班氏，邀其同坐一辇之上，是何等荣耀，而其以"圣贤之君皆有名臣在侧，三代末主乃有嬖女"之言推辞和劝谏，又是何等贤明。正因如此，班婕好最后落得"含情泣团扇"的结局，才更加令人扼腕叹息。

题为《长门怨》的诗歌，一般都是失宠后妃忧伤悲痛的心灵写照，但徐惠则不然。她诗中的女性，不同于以往被动望幸的嫔妃宫人，而是有思想、有感情、要求独立个性和平等人格的女性。她的《长门怨》充满了人的尊严，既"怨"也"怒"。她敢于用"一朝歌舞荣，夙昔诗书贱"，大胆地表达自己对皇帝的不满。而一旦失去感情，她又深深地绝望，"颓恩诚已矣，覆水难重荐"一句，写得斩钉截铁，以一种"决绝"的态度表达了自己的自尊和傲骨。

徐惠的诗与她的思想是相合的，她看中的是感情。班婕好的心情，又何尝不是她自己心灵的写照？在徐惠眼里，太宗不是至高无上的君王，而是和自己在感情上处于平等地位的丈夫。她在《长门怨》中表达的愤怒和幽怨，正是基于对感情的失望而产生的反抗情绪。虽然这种反抗意识还很模糊，并且她最终以"不医而卒"为唐太宗作了殉葬，但这种平等的观念和有意识的反抗，在以往的宫怨诗里是从没有过的，这昭示了宫廷题材诗作新变的方向。而徐惠不凡的才华、思想和政治见解，对当时和之后的女性思想都产生了极大的影响。

从格律上看，此诗的修辞手法对偶运用得尤其突出。如"旧爱"对"新宠"、"柏梁台"对"昭阳殿"、"守分"对"含情"、"芳荤"对"团扇"，"一朝"对"夙昔"，"歌舞荣"对"诗书贱"，"已矣"对"重荐"等，且全诗声韵和谐。这表明徐惠的创作中，偶对和律化意识的自觉，也体现了初唐宫廷诗的典型特征。

清代贺裳在《载酒园诗话》中赞叹说："'一朝歌舞荣，夙昔诗书贱'，岂徒宫闱中，士之变塞者类然也。此语殆参透人情。贤妃诗饶有气骨，殆非上官婉儿可比。"

虽然这种题材的诗在后世文人中也比较常见，但徐惠作为宫中的嫔妃，可谓身临其境，所以此诗中所包含的意思就不能泛泛而论了。应该说，这首诗也反映出了徐惠幽居宫中的感慨和心声。徐惠虽然也得到过太宗的喜爱，但是后宫美女如云，唐太宗也不会专宠徐惠一人。唐太宗虽然是一代明君，但自古英雄好色，名士风流，唐太宗后宫的佳丽也是相当多的，除了长孙皇后外，还有韦贵妃。

韦贵妃家世显赫，出身的京兆韦氏，是隋唐之际著名士族家族之一，亦是陈寅恪先生所云之"李武韦杨"联姻政治集团的四姓之一。她的曾祖父是大名鼎鼎的韦孝宽。然而，她的童年很坎坷，父亲在她很小的时候就去世了。在她成为唐太宗李世民的贵妃之前，韦珪其实还有一段婚姻。她的第一个丈夫是李珉，后因谋反被杀。韦珪的贵妃生涯，史书和墓志都惜字如金，唯一可以确定的是，韦珪深得太宗宠爱，为人很低调。韦贵妃比唐太宗李世民还要大二岁，而且以前结过婚，并生过一个女儿。按民间的偏见，只有娶不上老婆的人才要这样一个"拖油瓶"的"二婚头"。然而，唐太宗却对她很宠爱，并让她在长孙皇后死后统领后宫，成为六宫之首，可见韦贵妃是不简单的。据墓志中记载，她"天情简素，禀性矜庄。忧勤绤紘，肃事言容。春椒起咏，艳夺巫岫之莲；秋扃腾文，丽掩蜀江之锦"。虽然墓志中往往过于夸饰，但韦贵妃肯定是美貌出众的。

再有阴妃，她的父亲阴世师曾是李家的仇人，杀过唐太宗李世民的幼弟李智云，并刨了李家的祖坟。后来阴世师被唐军捉住杀死，阴妃被籍没，后罚入秦王府为婢，被唐太宗看中，成了他的后妃。

唐太宗李世民后宫的杨妃共有三个，其中一个据说是他哥哥李建成的妻妾，另一个是巢刺王妃，乃是其弟弟李元吉的妃子。因为这一点，唐太宗也颇受非议。明代贾凫西《木皮散客鼓词》中就骂道："贪恋着巢刺王的妃子容颜好，难为他兄弟的炕头怎样去扒！纵然有十大功劳遮羞脸，这件事比鳖不如还低一扎！"还有一个杨妃，是隋炀帝的女儿。

燕德妃也是家世显赫的女子，从亲属关系上讲，她是武则天的表姐。还有韦贵妃的堂妹韦昭容，及当时为才人的武则天，等等。

在这儿不妨回顾一下唐代的后宫建制。唐朝照搬了隋朝的规矩，后宫的编制为，一后、四妃、九嫔，此为高等级；婕妤、美人、才人算中级；宝林、御女、采女算低级。皇后和皇帝一样，是不讲品级的，而其他后宫佳丽都和前朝的大臣一样，有严格的品级，四妃为正一品，而且有排名，即贵妃、淑妃、德妃、贤妃；九嫔为正二品，也有排名，依次为昭仪、昭容、昭媛、修仪、修容、修媛、充仪、充容、充媛。婕妤为正三品，美人为正四品，才人为正五品，每级都是九人。宝林、御女、采女分别为六、七、八品，每级均为二十七人。

可想而知，在众多后宫佳丽围绕中的唐太宗，能有多少时间和精力来陪伴徐惠？所以心思细腻、性情敏感的徐惠，不免有和班婕妤她们一样的哀怨。虽然唐太宗并非是昏君，她也不是被打入冷宫的失意宫人。然而，她却得不到像天下平凡夫妻一样朝朝相守、夜夜相伴的幸福，这正是她所渴望的，却是无法实现的。

❀ 不以色事人

可以说，电视剧《武媚娘传奇》属于戏说，与史实有一定的出入。

史上真实的徐惠，和唐太宗的结发妻子长孙皇后一样，都是知书达理、温柔贤淑并有一定政治头脑的贤内助。太宗一朝基本上没有关于武媚娘的记载，唐太宗对她肯定是不太宠爱的。

徐惠和武媚娘同年入宫，起点都不低，一进宫便是五品才人，但徐惠入宫后一路飙升，不久后升为婕妤，后来进入九嫔之列，初为第八位的充容，后升为第二位的昭容。而武媚娘入宫十二年，始终是个五品才人，两个人差距越拉越大。贞观末年，徐惠更是上疏直谏战争太多和土木工程太多，增加了人民负担，李世民"颇善其言"。

李世民死后，他遗诏令无子女的后宫女子全部出家，但徐惠例外。徐惠在李世民死后不肯吃药治病，结果不到两年就忧伤而死。唐高宗李治感念其诚，追谥"贤妃"封号，并准其葬入昭陵。也就是说，她最终位列四妃，这是后宫女子所能达到的最高等级（皇后除外）。武才人对她，只有仰视的份儿，而且正是凭着徐惠的推荐，武才人才偶尔被李世民宠幸过几次。

据史料记载，年少却不甘沉沦的武媚娘，曾在一个春光柔和的下午，谦卑地去谒见新晋的红人徐惠。徐惠看着垂首站在自己面前的武媚娘问："论起来，你的容色犹在我之上，可知皇上为何对我眷顾？"这正是武媚娘百思不得其解的地方，于是她低下头，恭敬地请求徐惠的指点。徐惠叹道："以才事君者久，以色事君者短。"这话正如当头棒喝，武媚娘默立花荫良久，轻声告辞出去。武则天后来成为一位倾国女主，也是因为从这句话中获益良多。

"以色事人，色衰而爱弛"，女人总以为男人的眷恋深爱可以天长地久，却不知全无思想的攀附，是很容易让人厌倦的。李白作《妾薄命》，其中四句诗为红颜嗟叹："昔日芙蓉花，今成断根草。以色事他人，能得几时好？"芙蓉花与断根草、红颜与白发的转换，原不过是瞬间之事。

至于电视剧中其他的妃嫔，也多有历史原型。那个专横跋扈的韦贵妃，史上未必如此高调，而且她有子嗣，生了纪王李慎和临川公主。杨妃确实是隋炀帝之女，也确实生了吴王李恪。不过李世民还有两位杨妃，萧氏也有两个人：一个美人，一个才人，是姐妹俩。齐王李佑的母亲阴妃，在某些剧中被改成了殷妃。废太子李承乾、濮王李泰（剧中为魏王）、晋王李治（后来当了皇帝）都是长孙皇后所生。

至此可以看出，电视剧对武媚娘的描写是根据戏剧的需要而虚构的。历史研究是一回事，戏剧创作是另一回事，它们是两个完全不同维度的问题，遵从着不同的规律。

✿ 魂其有灵，得侍园寝

徐惠对太宗的感情是真挚和深切的，唐太宗虽然比徐惠大二十多岁，但是太宗英明神勇、文武全才，实在是千古难遇的奇男子。徐惠对太宗有着深深的感情，为之景仰倾慕不已。李世民无疑是一个极品男人，徐惠也是一个极品女人，情趣相投让两个人的感情超越了年龄的差距。

贞观二十三年（公元649年）唐太宗驾崩，徐惠悲痛欲绝，她不久就生了病。愁病相煎中的她不肯就医服药，决心随太宗而去，她说："吾荷顾实深，志在早殁，魂其有灵，得侍园寝，吾之志也。"意思是说，我受太宗的恩情太多，我只希望早早地死去。如果魂魄有灵的话，可以到地下继续侍奉太宗，这正是我的愿望。

在唐朝那个年代，是没有人逼她去死的，如果徐惠也像武则天一样"另辟蹊径"，也不是说没有机会。从唐高宗李治娶了徐惠的妹妹来看，徐惠对李治来说，吸引力恐怕绝不比武则天小。当然，她也可以选择另一条道路，那就是像太宗的其他嫔妃（如燕德妃等）一样，平平淡淡但衣食无忧地终老宫中。然而，深情不移的徐惠却选择了死。徐惠的死并不能完全归结为"愚忠"，她的死，与其说是殉节，不如说是殉情，在充满狡诈和贪欲的皇宫中，徐惠应该说是一个异类，正所谓："人生自是有情痴，此恨不关风与月。"

永徽元年（公元650年），就在李世民去世的第二年，徐惠得偿所愿，从容病逝，年仅二十四岁。高宗李治感慨于她的真情，追封她为贤妃，并将她葬在唐太宗的陵墓昭陵石室，这个位置在陵山主体内。应该说在墓中除了长孙皇后，徐惠就是离太宗最近的了。即使在长孙皇后去世后，一直统领后宫的韦贵妃也未能如此。徐惠的一缕香魂就此伴在太宗身边，这正符合她的心愿。

🌸 八月桂花——花神徐惠

青岩照影夜流丹，无那清风点粟盘。
自是幽香能暗度，月宫飞去不须看。

八月桂花香，桂花香时人团圆。

桂花又名木犀、丹桂，花朵细小，呈淡黄色或黄白色，香气浓郁突出。《瓶史·月表》中说，桂花为八月花之盟主，因此农历八月又称为桂月。

关于桂花花神的传说很多，广为传诵的是唐太宗的妃子徐惠。徐惠是一位才情出众的女子，自小聪慧过人，为后人留下了"仰幽岩而流盼，抚桂枝以凝想。将于龄兮此遇，荃何为兮独往"等诗篇。因为才思不凡，被唐太宗选为妃子。李世民十分欣赏徐惠的才华，常和她一起吟诗作画。唐太宗死后，徐惠哀伤成疾，最终成痴，年仅二十四岁就以身殉情，追随唐太宗而去。后人因她才情出众，而且写过咏桂花的诗篇，就封她为桂花花神。徐惠的故事令桂花香平添了一份沁心蚀骨的深情，一缕幽思自此绽开在八月的心崖。

徐惠现存的作品共计七篇，包括诗五首：《拟小山篇》《长门怨》《秋风函谷应诏》《赋得北方有佳人》和《进太宗》；文赋两篇：《奉和御制小山赋》和《谏太宗息兵罢役疏》。其中，根据学者的研究统计，现存的以《长门怨》为题的唐诗共计三十七首，涉及诗人三十三人，徐惠之作是唐代同题诗歌中唯一的嫔妃和女性作者。《秋风函谷应诏》则被编入作为教导唐朝储君和皇子们如何作诗作文，具有启蒙性质的皇室教材《初学记》。《奉和御制小山赋》应作于贞观二十一年（公元647年），徐惠陪伴唐太宗在翠微宫休养期间，此为和韵唐太宗《小山赋》之作。清朝学者王芑孙认为，这两篇作品是"和赋"文学形式的起源之作。民国梁乙真在《中国妇女文学史纲》中高度肯定她，是"唐初宫廷中一大作手"。

明代杨廉在《大学衍义节略》中赞美徐贤妃："窃谓自樊姬而下，皆主于规益其君。然樊姬不食禽兽之肉，卫姬不听郑卫之音，此以身谏也。班婕妤之稽古善讽，徐贤妃之书辞藻丽，此以言谏也。班徐颇工文词，所作多流落人间。昔程颐述其母上谷郡君之言，谓见世之妇女以文章书劄传于人者，深以为非，则文词固为妇人末事者也，若敬姜之引古制，孟母之记逸礼，此则读书传学，足为女范。彼四人者固皆贤矣，然于樊卫尤有取焉。"

明代程允升、颜之推在《幼学琼林》中说："曹大家续完汉帙，徐惠妃援笔成文，此女之才者。徐贤妃却天子召，露沁新诗；谢道韫解小郎围，风生雄辩。"

清代陆昶在《历朝名媛诗词》中说："其（徐贤妃）词风度端雅，善自矜惜，不失为宫妃体制。"

拟就离骚早负才，妆成把镜且徘徊。

美人一笑千金重，莫怪君王召不来。

——清代·史梦兰《全史宫词》

柏梁台，昭阳殿；辞芳辇，泣团扇。一梦寻君阡陌去，凄风复苦雨，月下离歌秋。黄昏炊烟，念君一曲离歌殇。弦瑟幽幽且，空惆怅。寒夜伴残霜，轩窗梦悲怆，谁念女儿柔肠？

第八卷

武则天：

我的华贵我的累

翻开大唐的历史，总有一页异常炫目，那无字碑上的泪与血，超越文字地讲述了一个纤纤弱女子的传奇人生。在风云变幻的大唐史书上，她以女儿特有的温婉融化了冰刀霜剑，她的执着与坚韧改写了政治所特有的冰冷，让大唐的历史艳丽地承载出辉煌的伊始。这个奇女子，踏着累累白骨登上了帝位，斑斑血染乾坤。功耶！过耶！是耶！非耶！君临天下，以万丈雄心破千古礼法；指点江山，任百世评是非功过。忍高处不胜之寒，成百世之伟业。闲看蜚短流长，大度可容天下之才俊；胭脂水粉与碧殿金銮同享，虽八面来风，亦独立千古；威风八面，敌四面楚歌而踽行万代。君临天下，威风凛凛，憔悴心事有谁知怜？如何一步步迈向自古以来女子就从未坐过的金殿玉座，你是如何一步步克服重重叠叠的障碍，制服形形色色的对手，最终让大唐帝国中的所有人都因你的一举一动、一喜一怒而战栗的？你没有说。登上宝座终成一代女皇是你，千秋伟业是你，雄韬大略是你，但你的心酸与落寞谁人能懂？皇宫里尔虞我诈，步步是陷阱，可是，注定青灯古佛的生活与你无缘，皇宫才是你最终的归宿。你兰心蕙质，才华不凡，一首《如意娘》让"诗仙"李白自叹不如，那些出自女皇的口中和笔下的词句，告诉世人一个活泼娇柔的武媚娘。你貌可倾城，被太宗皇帝封为"媚娘"。才貌双全又机智无比，然而人们总是看到你的心狠手辣。从母仪天下到成就大周帝业，再到你继往开来，使得大唐国势未因换朝而受到影响。纵观古今，你卓越的治世才能并不亚于古代任何一位有作为的君王，你开启了"开元盛世"的大门。你招贤纳士、不拘一格，首创殿试、武举，利于国家政权网罗优秀人才；你重视农业，轻徭薄赋，减轻人民负担，在位期间全国人口增长了一倍；你保护边境安宁，屯田边疆，使军事供给充足。这些统治政策与措施使国家国力不断增强，既承袭了贞观之治，又为后世的开元盛世奠定了雄厚的物质基础。历史公正是记住了你继往开来的功绩，当然，历史同时也记下了你心狠手辣、重用酷吏，使很多人蒙受不白之冤，你好大喜功、生活奢靡、空耗国力。

这位独一无二的女皇帝，以雍容华贵、君临天下的气势成为中国历史上的一个异数，光华闪烁，瑰丽奇葩。这一生经历了太多太多，聪明如你，为自己立了一块无字碑，功过是非就让后人来定夺吧！轻徭薄赋堪称为政清明，平定突厥复罢远征。唯才而举，劝课农桑四海新。无字碑上无一语，功过是非留与后人评。无字碑上无功过，千秋是非任评说。缘何千年有骂名，只因君临天下是个女儿身。

武则天（公元 624 年—公元 705 年），字"曌"（zhào，含义是日月当空，"曌"是武则天为自己发明的字）。武氏为唐开国功臣武士彟次女，母亲杨氏。祖籍并州文水县（今山西省文水县），唐高祖武德七年（公元 624 年 2 月 17 日酉时）生于利州（今四川省广元市），一说长安。其父武士彟家境殷实。隋炀帝大业末年，李渊任职河东和太原之时，因多次在武家留住，因而结识。李渊在太原起兵反隋以后，武家曾资助过钱粮衣物，所以唐朝建立以后，武士彟因"元从功臣"出任光禄大夫，封太原郡公，后来历任工部尚书、黄门侍郎、判六尚书事、扬州都督府长史、利州都督、荆州都督等职，贞观中，改封应国公。

武则天是中国历史上唯一一个正统的女皇帝（唐高宗时代曾出现一个民间起义的女皇帝，名陈硕真，但其并非正统），也是即位时年龄最大的皇帝（67岁即位），又是寿命最长的皇帝之一（终年82岁）。她在唐高宗时为皇后（公元655年—公元683年）、唐中宗和唐睿宗时为皇太后（公元683年—公元690年），后自立为武周皇帝（公元690年—公元705年），改国号"唐"为"周"，定都洛阳，并号其为"神都"。史称"武周"或"南周"，705年退位。武则天认为自己好像日、月一样崇高，凌挂于天空之上。于称帝后上尊号"圣神皇帝"，退位后中宗上尊号"则天大圣皇帝"。武则天也是一位女诗人和政治家。

🌀 来自田间 本非皇家根

武则天的出身与高贵无关。武家的祖籍在并州文水（今山西文水）。她的父亲武士彟虽然也算是唐朝贵族，但祖上并没有出过达官显贵。隋炀帝时代，武士彟只是个木材商，因为隋炀帝大兴土木，武士彟木材生意便越做越大，成了一名富商，他也因而与权贵们有了交集。后来，武士彟醉心仕途，就花钱买了一个下级军职。

公元617年，唐高祖李渊起兵反隋时，武士彟就在李渊的这支队伍里任军需官。打下长安后，李渊论功行赏，将武士彟列为十四名开国功臣之一，封其为光禄大夫、太原郡公。武则天的母亲是隋朝显贵杨达的女儿，她嫁给武士彟是续弦的，当时已经四十岁了。武则天的父母是半路夫妻，武士彟原配妻子叫相里氏，生有武元庆和武元爽两个儿子。武则天的母亲是四十岁时嫁入武家的，所以很多人怀疑杨氏从前也嫁过人，但史实无可查考。在那个普遍早婚的年代，很难想象会有四十岁的老处女。武则天母亲虽然年事已高，但生育能力很强，短短几年内接连生下了三个女儿。武则天是她的第二个女儿，出生于唐高祖武德七年（公元624年）的正月二十三。武则天降生时，杨氏非常失望，因为她太需要一个儿子来给自己撑腰壮势了。岂知这个女儿后来成为统治整个帝国的皇帝，虽然杨氏没有看到那一天，但杨氏生前便被封为"荣国夫人"，尽享荣华富贵。

童年时的武则天是很幸福的，虽非世代簪缨之族，但也无忧无虑。但在武士彟病逝后，武则天母女四人就备受同父异母的兄长们的残酷虐待，那是一段艰难痛苦而又屈辱的生活，给她的心灵造成了不可磨灭的伤害，为她日后的报复铺下了基石。

武士彟是在武则天十三岁那年去世的，武则天跟着母亲投奔到了亲戚家里。她有四个哥哥，分别是武元庆、武元爽、武惟良及武怀运，其中武元庆及武元爽是武则天同父异母的哥哥，而武惟良及武怀运，是她父亲的哥哥之子。这几个哥哥曾经每天变着法子摧残这个漂亮的小妹妹，致使武则天养成了暴力人格。那么这四个哥哥是如何虐待小妹的呢？从武则天后来对几个哥哥的血腥报复里似乎可以找到某种答案：武元庆流放龙州，忧虑而死；武元爽流放振州，死得不明不白；武惟良及武怀运则被武则天直接处死。

唐太宗贞观十年（公元 636 年），唐太宗的长孙皇后因病去世。第二年，唐太宗选美，十四岁的武则天应召进宫，被封为嫔妃中级别较低的才人。武则天从此开启了"花解语、玉生香"之女性情怀路，太宗还赐名"武媚"，人称"媚娘"。

临行时，武则天的母亲杨氏痛哭不已，武则天显得非常平静，对母亲说："见天子，焉知非福，何儿女悲乎？"果然，唐太宗见到武则天，立即就被她迷住了，一连临幸三夜，被封为才人。按照唐初的后宫制度，后宫诸女各有品位，共一百一十二人。武才人在宫中的地位，只是一个中等偏下的角色，大约位列第三十。虽不算高，但也不算太低，况且是"打破常规"越级升补的。少女时代痛苦生活的磨砺，使得武媚性格倔强、不温柔，更不会"媚上"，所以太宗后来并不喜欢她，因而很少临幸她。进宫十二年，她也没有生育，并且始终只是低级的才人。

🌀 武才人：城宇深，以就大事

瞻紫极，望玄穹。翘至恩，罄深衷。
听虽远，诚必通。垂厚泽，降云宫。

——《唐享昊天乐·第二》

式乾路，辟天扉。回日驭，动云衣。
登金阙，入紫微。望仙驾，仰恩徽。

——《唐享昊天乐·第十二》

武则天有很高的诗才，她所作的诗篇很多，《全唐诗》卷五虽然收录了四十六首，但是其中《唐享昊天乐》就有十二首，《唐明堂乐章》又有十一首，《唐大飨拜洛乐章》有十四首。这些诗都是朝廷典仪中的歌词，并无多少个人的情感在其中。据说《唐享昊天乐》十二首是武则天还是太宗宫里的才人时，唐太宗命她作的，所以这一组诗中有很多谦卑恭颂的词句，透着一种小心翼翼，绝没后面诗作中那种不可一世的霸气。同样是这类题材的诗，到了永昌元年，武则天大权在握，百官慑服，即将正式称帝时所写的《唐大飨拜洛乐章》就完全不一样了。"神功不测兮运阴阳，包藏万宇兮孕八荒……"踌躇满志，大有八荒六合、唯我独尊的气势。

武则天初进宫时十四岁。虽然她没有像一般性格懦弱的女子那样哭哭啼啼，反而说"见天子焉知非福"，但她也绝对不是一开始就奔着当女皇帝这个远大理想去的，她只是在很多事情上，显现出了豪迈果敢的一面。在武则天当了女皇后，亲口说了这样一段旧事："当年太宗有马名狮子骢，无人能制。朕言于太宗曰，'妾能制之，然须三物——一铁鞭、二铁楇、三匕首。铁鞭击之不服，则以楇楇其首，又不服，则以匕首断其喉。'太宗壮朕之志。"

大致的意思是，唐太宗有匹烈马，名"狮子骢"，没有人能驯服，但武则天说她制服，只需要三件东西：铁鞭、铁棍和匕首。先用铁鞭打，如果不服就用铁棍打它的头，再不服，干脆一刀割断它的喉咙！太宗当时很赞赏她。

然而，英武勇猛的唐太宗却并不宠爱野蛮女孩武媚娘。相比之下，他更喜欢体态娇柔、心性玲珑的才女徐惠。于是徐惠从才人升为正二品的充容，过程很快；而武媚娘从十四岁到二十六岁这十二年间，总是一个正五品的才人。她或许已经认识到自己刚猛有余而柔韧不足的性格缺陷，这十二年间，她可能或有意或无意地从太宗身边和徐惠那里学到了不少的东西，因为按《新唐书》的记载，她的性格后来被锤炼得"城宇深，痛柔屈不耻，以就大事"。这也为她最终登上女皇那尊霞光万丈的宝座铺垫一条石阶。

"望仙驾，仰恩徽"，这时的武媚娘和一般的嫔妃们并没有太大的不同。因极少能得到太宗的临幸，所以一直没有子嗣。她只能抓住了另一个希望，那就是储君李治，但他同时也是太宗的儿子。

在太宗时期，武媚和李治是否真心相爱，究竟爱到了什么程度，在历史典籍中没有相关记载。虽然当下的一些文艺作品都对这些方面有所描绘，但文艺创作毕竟不完全等同于史实。

据明代的詹詹外史所评辑的《情史·情秽类》记载："高宗为太子时，入侍太宗疾，见武氏，悦之，遂即东厢烝焉。"也就是说，武则天在唐高宗的太子时代，就和他好上了。说起来这里面还有一个相当精彩的故事。当时，皇子中最得太宗宠爱的是魏王李泰，宫中不少的妃嫔都巴结他，和他暗结私情，但武则天可谓别具慧眼，她选中的目标是性格懦弱、忠厚老实的晋王李治。一天，李治如厕，武则天跟进去，用金盆盛水捧给李治洗手，颔首半跪，娇滴滴地风情万种。李治按捺不住，情不自禁以手蘸水向武则天脸上弹去，并戏吟道："乍忆巫山梦里魂，阳台路隔恨无门。"武则天马上回应道："未曾锦帐风云会，先沐金盆雨露恩。"两个人一拍即合，遂即做了男女之事。据说武则天还怀了李治的孩子，所以《情史》中说李治"聚麀"，同母辈发生性关系。

武则天摸透了太宗的脾性，在她的调教下，李治极力投太宗所好，终于被立为太子。唐太宗驾崩后，李治继位当皇帝，即唐高宗。

🌀 长下泪：憔悴支离为忆君

贞观二十三年（公元 649 年）五月二十六日，唐太宗驾崩。按旧制，无子女的嫔妃们要出家为尼，在青灯黄卷的古寺度一生；生有子女者则要入寒雨秋窗的冷宫为先帝守节。

武媚当然也不能例外，既无高贵的名分又无子女的她，被送到长安感业寺水仙庵出家为尼，在那里一待就是五年。当时她二十五六岁，正是青春勃发的年龄。

一生与青灯古佛相伴，还是重入红尘？武则天选择后者，在太宗忌日那天，武则天知道高宗李治要到感业寺上香，就紧紧把握住了这次机会，与李治鸳梦重温。

看朱成碧思纷纷，憔悴支离为忆君。

不信比来长下泪，开箱验取石榴裙。

——《如意娘》

这首题名为《如意娘》的诗，是武则天被迫在感业寺中出家时写的。有些学者考证，武则天并未真正落发出家，而是以出家为名，被李治另置别所，好方便两个人偷欢幽会。然而，无论是身在佛寺，或是幽居别院，这也是武则天一生中最痛苦最焦虑的时期。

徐惠的妹妹同样以美貌和智慧而著称，而且被成为高宗的李治收入后宫，百般宠爱，封为婕妤。李治不太喜欢王皇后，也没有和她生育过子女；反倒是萧淑妃为李治生下了两女一男。那个叫李素节的男孩子，长得相貌清秀，又聪明过人，李治非常喜欢他，将来的太子位十有八九会是他的。在这种情况下，无名无分、身份尴尬的武则天，岂能不忧虑而绝望？

这时候的武则天已经二十六岁了，这在十四五岁就成婚生子的古代，已经算很老了。后世那句"晓镜但愁云鬓改"颇能代表武则天此时的心情，她担忧自己已没有多少青春岁月可以把握，便把全部希望寄托在那个曾和他缠绵缱绻过的男人身上，她的命运只在他的一念之间。

琢磨《如意娘》的诗句会发现，有种倾诉在里面。应当是武则天终于盼到李治兑现诺言，如其所愿之后，在李治的怀里几句真情实意、亦娇亦嗔之言："妾这些天来，恍恍惚惚的，红的都看成绿的，成天总是流泪……为什么呢？都是想陛下想的。陛下不信？那就打开那只皮箱，取出这些天妾穿的石榴裙验验吧。"若不然，那条沾满泪痕的石榴裙为什么会锁到箱里呢？因为如意了，当然就不穿了。但是，即使如意了，还要锁好，留下证据，当需要时就开箱，让李治验取，好记得她为他天天流泪的日子。

这首缠绵凄婉的诗写得非常出色，让日后杀人如麻、凌驾于万众之上的武则天惊艳出这样一段柔情。在武则天的诗里，这首诗写得似乎最为出色。因为诗中最贵有真情，正是因为当时的武媚娘有着和普通女子一样的愁绪离情，所以这首诗最为动人心扉。诗仙李白曾写有《长相思》一诗，其中写道："昔日横波目，今成流泪泉。不信妾肠断，归来看取明镜前。"李白的夫人看了说："君不闻武后诗乎？'不信比来常下泪，开箱验取石榴裙'。"李白听了后"爽然若失"，因为他的诗和武则天的诗立意很相似，艺术手法上也并没有超过武则天这首，所以心下很不爽。后来有"剗目鉥心、捆擢胃肾"之称的孟郊又写出了"试妾与君泪，两处滴池水。看取芙蓉花，今年为谁死"这样语出惊人的句子。但溯其本源，还是承袭了武则天的创意。

然而，旧时文人囿于陈腐偏见，对武则天这首诗中的真情却不能理解。钟惺《名媛诗归》中，虽然也对此诗称好，但随即就骂武则天是"老狐媚甚，不媚不恶"，另一个腐儒周明杰也说："恐可忆者不少，那得许多憔悴！"讥笑武则天一生中男人太多。其实当时的武则天，心思只放在李治一人身上，那是她唯一的希望。还有相当多的人，诬说这首颇有情意的诗不是写给李治的，而是写给男宠的。明代杨慎在《升庵诗话》中曾引宋代张君房《脞说》中的话说："千金公主进洛阳男子，淫毒异常，武后爱幸之，改明年为如意元年。是年，淫毒男子亦以情殚疾死，后思之作此曲，被于管弦。呜呼，武后之淫虐极矣！杀唐子孙殆尽。……使其不入宫闱，恣其情欲於北里教坊，岂不为才色一名妓，与刘采春薛洪度相辉映乎？"

姓杨姓张的这俩人，满脑子的迂腐思想。他们虽然也不得不承认武则天这首诗中表现出来的才情（岂不为才色一名妓），但诬蔑为写给男宠（应是薛怀义）。并觉得武则天淫荡至极，情欲旺盛，去当妓女倒是得其所哉。所以需要辩明的是，这首《如意娘》绝对不是武则天写给男宠的，且不说薛怀义是武则天在厌憎之后，派太平公主活活将他打死的，就算是死于其他原因，那诗中"不信比来长下泪，开箱验取石榴裙"作何解？这个"淫毒男子"都死了，鬼魂来"验取石榴裙"吗？所以，这首诗必然是青年时代的武则天所写，诗中透着前途莫测、怅惘无依之感，分明就是个幽怨女子，哪里像后来傲视天下的圣神皇帝？

然而，被命运青睐的武则天，并没有和历史上众多的后宫女子一样，成为终老宫中的"上阳白发人"。仁厚的高宗终于没有忘记她，同时，一贯柔弱的高宗希望有一个坚强、果敢如武则天的知心人，而她恰好就可以这样和他形成性格互补，于是她终于爬出这个泥泞难行的人生泥潭，她终于起飞了，直冲九天云霄！

🌀 第二次入宫

鸳梦重温以后，李治对武则天朝思暮想，只是苦于礼教束缚，无法把她接到身边。

没想到，王皇后却成全了他们。王皇后这样做并不是出于贤惠，而是因为萧淑妃。《情史·情秽类》记载："王后疾萧淑妃之宠，阴令武氏长发，纳之后宫，欲以间淑妃。"当王皇后得知了武媚娘与李治的暧昧事后，她便做主，暗中派人把她重又接进宫里，蓄发换装，悄悄送入唐高宗的怀抱，图谋借她的力量来使萧淑妃失宠。原来李治即位后，专宠萧淑妃，使得王皇后将其视为眼中钉，必欲拔除而后快。王皇后与萧淑妃之间一直明争暗斗，怎奈王皇后太过方正，而萧淑妃能变换各种手段与皇帝打情骂俏，给皇帝刺激且新鲜的感觉。再加上萧淑妃会吹箫，会做美食，皇后自然争宠不过，于是便想利用武则天来对付萧淑妃。

武则天确实打败了萧淑妃！进宫之后，她就得到了高宗的专宠。在高宗的十二个子女中，排行在后面的四个皇子、两个皇女，都是武则天所生。这是当初主张让她蓄发进宫的王皇后始料未及的。

再次入宫，武则天已经二十八岁，不再是当年纯真得不会讨好皇帝的少女了。她深知，自己无论如何也不能再走错一步！于是，她不仅利用自己的美貌和曾经的感情基础紧紧地抓住高宗的心，还故意摆出一副感恩戴德、愿为奴为婢的姿态，哄得王皇后心花怒放。

武则天在这一阶段对王皇后表现得非常尊敬，服侍得也很贴心，王皇后不住地对高宗夸奖武则天。得到了皇帝和皇后的双重认可，武则天的地位自然也就升得很快，第二年便成了正二品的昭仪，为九嫔之首，在她的上面，只有皇后和四妃了。

然而，封昭仪、获专宠，却并不代表武则天可以高枕无忧了。起初，她本打算与整个皇宫和平相处，然而，她容得了别人，别人容得了她吗？她周身散发着耀眼的光芒，加上高宗皇帝对她的无限宠爱，王皇后与萧淑妃一齐视她为眼中钉、肉中刺，除不掉她，誓不罢休。少女时代的艰难和屈辱，感业寺水仙庵的清苦日子，加上争强好胜的性格，决定了她再不肯让自己受制于人！她先与王皇后联手算计萧淑妃，致使高宗决定将萧淑妃废成庶人。然后，武则天就把矛头指向了王皇后。她不惜广散财物，结交宫中的内监、女官，让他们刺探王皇后的言行，有什么风吹草动立即报告，但是迟迟找不到下手的机会。

🌸 废王立武

武则天三十岁时产下了伶俐可爱的长女，高宗疼爱无比。王皇后从没有生过子女，按宫中规矩，她应该前去探望。她逗弄这个才一个月大的小女婴时，听说高宗要来，便先走了。

王皇后刚走，武则天就把手伸进襁褓，将亲生女儿掐死，然后又把襁褓包好，便如没事人儿似的去迎驾了。

高宗兴冲冲地来看女儿，没想到女儿已经死去！看着悲痛得几近昏厥的武则天，他又惊又怒。当得知王皇后刚刚离开时，他断定是王皇后因妒杀婴，立即决定废后。

　　在封建社会，皇后是要母仪天下的，所以皇后的废立都必须由朝臣们共同拿主意。关于"废王立武"这个议题，朝臣们分成了两派。重臣李义府、许敬宗等人投的是支持票；而国舅长孙无忌和宰相褚遂良等人认为，王皇后出身高贵、忠厚贤惠，没有什么大过失，不当废。而武则天不仅出身微贱，还是先帝的才人，入宫为妃已经不妥，怎么能再立为皇后呢？

　　有一次，高宗召集长孙无忌等反对废王立武的大臣，一起商量废立之事。武则天坐在珠帘后面，只听长孙无忌和褚遂良极力反对，连头都磕出血了，褚遂良甚至以辞官回家来要挟皇上。武则天顿时火冒三丈，怒喝武士把褚遂良拉出去打死。其他臣子见状，赶忙求情，虽保住了褚遂良的一条命，但他被革去了丞相一职，贬到了外地任都督。

　　就在双方争执不下的时候，开国功臣李勣说了一句话："此陛下家事也，何必问外人！"这句话说到了武则天和高宗的心坎上。高宗永徽五年（公元654年）十月十三日，王皇后和萧淑妃正式被废为庶人；六天后，武则天成为皇后。从此，武则天参预朝政，自称天后，与高宗并称"二圣"。

　　到处是危险的气息，皇帝保护不了她，皇宫容不下她，她保护不了自己，更保护不了孩子，该怎么办？现实的残酷把她逼到了绝路，要想在皇宫中生存下去，就必须强大起来。她亲手杀死了自己的第一个女儿，通过嫁祸于王皇后，最终登上了皇后的宝座。世人都道她的残忍，可是谁又知道，杀死孩子的那一刻，她的心已经碎了一地。虎毒尚且不食子，那一刻，她都鄙视自己，瞧不起自己！

　　昭仪生女，后就顾弄，去，昭仪潜毙儿衾下，伺帝至，阳为欢言，发衾视儿，死矣。又惊问左右，皆曰："后适来。"昭仪即悲涕，帝不能察，怒曰："后杀吾女，往与妃相谗媚，今又尔邪！"由是昭仪得入其訾，后无以自解，而帝愈信爱，始有废后意。

❀ 报复

称后的武则天听说高宗又想念王皇后和萧淑妃，还去冷宫看了她们，顿时决定报复王皇后和萧淑妃。她令人将这二人各打了一百杖，并残忍地斩断她们的手脚，泡在酒坛里，还逼着高宗下诏赐死了二人。

武则天要报复的人还有长孙无忌，因为他阻止高宗立武为后，并说她出身贫寒。她指使许敬宗等人构陷长孙无忌，制造了朋党案，流放了长孙无忌，后来又逼得长孙无忌自杀。随即，将与长孙无忌关系密切的人要么杀掉，要么流放，总之，武则天搬掉了这块最大的绊脚石。

之所以如此，是因为虽然做了皇后，但她面临的苦难远没有结束，许多大臣都弹劾她，说她是妖后，迷惑皇上，想法设法要把她从皇后的宝座拉下来。失去了亲生骨肉才得来的后位，她绝不愿意轻易放弃，于是她开始不择手段地铲除阻碍她前进的绊脚石。

这时，武则天要提高武姓宗族的地位了。唐太宗在位时，长孙皇后的亲舅舅高士廉，曾修订了一本《氏族志》。由于受到门第风气的影响，这本《氏族志》是按太宗的意思"取今日官爵高下作等级"修订的，以皇族为首，外戚次之。同时，有些官职很低但曾经门第显赫的人的姓氏也排在里面，但并没有"武"姓。

武则天对此一直非常不满，许敬宗当然揣摩出了武则天的心意，在长孙无忌被赶出京城后不到两个月，他就上疏要修订一本《姓氏录》。修成之后的《姓氏录》将武姓列为第一等，其他的姓氏则按照官职品位的高低顺序来排列。

此时，高宗对武则天的专断已经开始不满，他和宰相上官仪商量，要第二次废后，上官仪便开始着手起草废后的诏书。武则天得知这一消息后，对高宗软硬兼施，终于使得高宗打消了这个念头。武则天私下里授意许敬宗，说上官仪勾结废太子李忠图谋不轨，上官仪父子因此被杀死。

由此事可以看出，高宗的耳根软，没有主张，行事过于软弱，这是武则天最终掌权的重要原因。同时，武则天也颇有才干，她的"建言十二事"在历史上非常有名，里面涵盖了"发展农业、减轻赋税、广开言路"等，深受高宗赞赏，下发诏书在全国推行。

武则天能够在朝里大展才华，和她重用庶族出身的官员有关。她通过科举制度，选拔了一批批出身微寒的文人学士，将他们提拔成官员后，这些人怀着感恩之心，成为武则天的左膀右臂。武则天利用他们的忠诚和才华，狠狠地打击旧贵族，巩固自己的地位。

🌀 杀外戚

当上皇后之后，武则天便把自己的四个兄长一一提拔起来。不想四个哥哥并不认同她的做法，还是责怪武则天搞乱了朝政。武则天大怒，于是把他们发配边地，并在途中逼迫两个同父异母的哥哥自杀，另两个叔伯哥哥也险遭毒害。

武士彟死得比较早，他前妻的两个儿子武元庆、武元爽当时早已长大成人，对杨氏继母和武则天等姐妹十分凶恶。但武则天当上了皇后，这哥俩按礼制也沾了光，一个官至司卫少卿，一个官至宗正少卿，都是四品官。不久，杨老太太摆了酒宴和这哥俩聚一聚，扬眉吐气的杨老太太想起旧事，忍不住语含讥讽地说："颇忆畴昔之事乎？今日之荣贵复何如？"（还记得原来那些事吗？当然指这哥俩欺负她们母女的事。如今你们却当上官，享上了荣华富贵，这又怎么看呢？）

其实，这样的话，当年苏秦功成名就后也问过他的嫂子："何前倨而后恭也？"（为什么当初那么横，现在对我又这样恭敬？）他嫂子趴在地上，脸贴着地，说得倒是老实话："见季子位高金多也。"（现在见小叔子您权位高又有钱了。）

然而，武则天的两个哥哥全然不知道自己几斤几两，居然大言不惭地说："我们哥儿几个当官，是靠功臣子弟的恩荫（武士彟当年算是和李渊有交情的功臣），哪里是皇后（指武则天）的关系？"杨老太太听了很生气，后果很严重，她立马进宫告诉了武则天。

所谓"一饭之恩必偿，睚眦之怨必报"，武则天很快就让这不知"死"

字怎么写的哥俩领教了一下她的铁腕。一封诏书颁出，这哥俩立马就倒大霉了，武则天和她妈终于彻底出了十多年来埋在心头的恶气。而且，武则天还在高宗面前赢得了信任，因为皇后乱政，往往从任命自己的娘家人开始，别人不知其中恩怨，都觉得武后"大义灭亲"是公正贤良的表现，于是她也更得高宗宠爱。

武则天的姐姐被封为韩国夫人，早年嫁给贺兰越石，生有一子一女，儿子是贺兰敏之，女儿封为魏国夫人。韩国夫人早早地死了老公，成了一个俏寡妇。武则天感业寺出家时就二十六岁了，到了公元667年时，已经四十三岁左右了。武则天的亲姐姐韩国夫人这个拥有成熟风韵的寡妇领着嫩花一般的女儿经常出入于宫闱。高宗见到美貌的母女俩，将她们一并收入后宫，就有点冷淡武则天了。卧榻之侧，岂容他人酣睡？武则天好不容易登上皇后宝座，独占恩宠，怎容别人与她分享？就算是自己的亲姐姐，武则天也不能容忍。过了一个月，韩国夫人忽然莫名其妙地死了。高宗怀疑是武则天干的，但又找不到证据，只好小心翼翼地保护好韩国夫人的女儿——魏国夫人。

不久，武则天那两个幸免于难的叔伯家的哥哥进宫朝圣，武则天在后宫设宴招待，在座的还有高宗和魏国夫人。武则天亲自下厨，在哥哥送来的鱼里下了毒，结果魏国夫人吃后，当场七窍流血而死。武则天拍案而起，嫁祸于两个叔伯哥哥——武怀良和武怀运，诬赖他们送来的鱼有毒，立刻命侍卫把他们拖出去斩了，可真谓是一箭双雕。

毒食亲子

武则天生了四个儿子，但当时的太子却不是她亲生的。作为皇后，她怎么能容忍皇太子不是自己的儿子呢？公元656年，太子李忠被废后，按封建社会"立嫡立长"的说法，武则天的长子李弘被立为皇太子。

李弘是个忠厚谦忍的君子，他的才学、能力与性格都十分出众，在参与朝政的过程中表现出色，高宗和众文武百官都对这个太子很满意。后来，高宗患了头疼病，难受至极，便有了禅位给李弘的想法。

但却遭到了武则天的反对，此时的武则天已经习惯了权摄朝政。为了不让儿子夺走自己干政的权力，上元二年（公元675年），武则天竟然给年仅二十四岁的儿子李弘下了毒药，毒死了自己的亲儿子。

武则天不是不爱儿子，但儿子并不理解她。别人可以说武则天是妖后，但是她的丈夫、她的儿子绝对不可以，她做的这一切是为了他们，为了整个江山社稷。从最开始，大唐女皇并不是她想要的，她只是个柔弱的女子，她只想要一个安稳的家，一个守护自己的丈夫，几个孝顺的孩子，尽享天伦之乐，但是这样简单的事却是她不敢奢望的。当她成为女皇高高在上之时，呼风唤雨、荣华富贵，要什么有什么，在世人眼里，她是最幸福的，可是只有她自己知道，简简单单的幸福是多么的不可求呀！

爱子突然死去，高宗受到了很大的精神刺激，头疼病发作得更频繁了，无法再处理朝政，就提出让位给武后。武则天当然很高兴，但大臣们的反应可想而知。武则天最终没能如愿。但这件事的提出让武则天眼前一亮，她仿佛看到了终将如愿的未来。

不久，高宗立武则天的次子李贤为皇太子，并令李贤监国。李贤是一个同前太子一样聪明能干的皇子，处理政务能力超强，在宰相们的辅佐下，把朝政处理得很好。

武则天从高宗和大臣的赞许声中，又感到了危机，她指使手下人上疏说太子贪酒恋色，觊觎皇位。于是，在调露二年（公元680年）八月，太子李贤被废，并被贬为庶人，随后又被迫迁到巴州。

李贤被废的第二天，高宗立了三儿子李显为太子。三年后，高宗病死，太子李显即位，他就是唐中宗，尊母亲武则天为皇太后。同时，武则天临朝称制，李显在朝政事务上还要以武则天的意见为主。这段时间的干政，为武则天专权甚至称帝奠定了极为重要的基础。

这里面有个问题，就是为什么武则天不肯让前两个儿子即位，想方设法把他们拉下去，却允许中宗李显即位呢？那是因为李显比他的两个哥哥软弱，更容易被武则天摆布。但即使这样，武则天也没等中宗把皇位坐稳，就把他给废了。这件事其实也怪中宗，是他自己轻视了武后的力量，没摆正自己的位置。即位没多久，中宗便想提拔岳父

第八卷·武则天：我的华贵我的累

韦玄贞为宰相，但高宗临终时安排的顾命宰相裴炎却认为不妥。中宗便在暴怒中脱口而出："我就是把天下都给了他，又能怎么样？"裴炎一听，马上到武则天那里打了小报告，于是，中宗的帝位也就不保了。

中宗李显被废除后的第三天，武则天派人到巴州杀死了二儿子李贤。

根据史书记载，单是至亲，武则天前后共杀死了一个女儿、两个儿子、四个哥哥、一个姐姐、一个亲外甥女。

其人虽然险毒至极，但她当上皇帝以后，确实也采取了一些进步的改革措施，包括广开科举、知人善任，抑制豪门垄断等。她奖励农桑，兴修水利，使得社会稳定、经济发展，为后来的"开元盛世"打下了良好基础。史家本着"不没其实"的记史原则，《旧唐书·本纪第六》对她的一生作出了客观评价："掩鼻之谗……人彘之酷………夺嫡之谋，振喉绝襁褓之儿，菹醢（将人剁成肉酱，是古代的一种酷刑）碎椒涂之骨，其不道也甚矣。然犹泛延谠议，时礼正人，遵时宪而抑幸臣，听忠言而诛酷吏。有旨哉！有旨哉！"

泣血追思母亲

陪銮游禁苑，侍赏出兰闱。云偃攒峰盖，霞低插浪旂。
日宫疏涧户，月殿启岩扉。金轮转金地，香阁曳香衣。
铎吟轻吹发，幡摇薄雾霏。昔遇焚芝火，山红连野飞。
花台无半影，莲塔有全辉。实赖能仁力，攸资善世威。
慈缘兴福绪，于此罄归依。风枝不可静，泣血竟何追。

——《从驾幸少林寺》

武则天的这首诗，并非一般的游记诗，前前后后藏着不少的故事。《全唐诗》集中，此诗的前面有一篇序："睹先妃营建之所，倍切茕衿，愈凄远慕。聊题即事，用书悲怀。"这里说的"先妃"并不是隋朝或唐朝宫中的妃子，如果是她们，武则天犯不着"倍切茕衿"地感伤。

这个"先妃",指的是武则天的母亲杨氏。杨氏死后,武则天让皇帝追封其父武士彟为太原王,所以她妈就成了太原王妃。

大女儿韩国夫人和外孙女魏国夫人被害,让杨老太太心中很痛苦。所以,这时候她同武则天的母女关系也不像以前那样融洽了。

此时,杨老太太的亲人中,除了武则天这一脉外,就剩下了韩国夫人留下的那个儿子——贺兰敏之。贺兰敏之作为杨老太太的外孙,自然是倍受宠爱。当然,从道理上来说,杨老太太的外孙不仅仅有贺兰敏之,武则天生的李弘、李贤、李显、李旦都是她的外孙。然而,这四个外孙是龙子皇孙,生活在深宫之中,老太太想疼也难得见着面。加上贺兰敏之父亲早亡,所以杨老太太对他的宠爱是无以复加的。

贺兰敏之继承了武家的美貌基因,长得"风情外朗,神采内融",是个眉目如画的翩翩美少年。武则天看在母亲的面子上,一开始并没有为难他,让他改姓武,袭位周国公,入弘文馆修史,俨然是武家的唯一继承人。但是他朽木不可当大梁,早年丧父失教,加上杨老太太过于溺爱,他性情狂妄乖张,胡作非为。

贺兰敏之的母亲和妹妹都死在了武则天的手下,他不可能不明白这一切。《资治通鉴》中曾记载过,高宗曾提起过魏国夫人暴死的事情,贺兰敏之当时伏地大哭,虽然没有明说是武则天所为,但武则天却早有了警惕之心,说道:"此儿疑我。"贺兰敏之心中满怀怨恨,但他毕竟年幼,他采取的一系列报复行为,虽然令武则天很生气,但也不过类似于顽童的恶作剧。

武则天的长子李弘已经和杨思俭的女儿订了婚,杨思俭的女儿出身高贵,又美貌出众,是京城中有名的大美人。正在她即将成为太子妃时,贺兰敏之却找机会将她强奸了。虽是未过门的妻子,但李弘也大丢面子,不得不另选裴氏女为妃。这还不算,贺兰敏之居然又将手伸向武则天的心肝宝贝——她最宠爱的小女儿太平公主。虽然事后,武则天公布他的罪状时,只说他"逼淫太平公主随从宫人",但稍有头脑的人都明白,这只不过是一种委婉的说法。如果只是强奸了太平公主的随从宫女,在那个时代也算不上什么大事,所以贺兰敏之做得最要命的一件事,就是奸污了当时只有八岁的太平公主。这与武则天幼年的悲惨经历，异曲而同工，因此武则天狂怒了，她宣布了贺兰敏之的五条大罪。除了上述那两件事外，还有三件事：一、武则天曾从宫里拿出锦缎（当时锦缎一样可以当钱），让贺兰敏之用来造佛像为杨老太太追福，贺兰敏之却自己挥霍了。二、在杨老太太丧事期间，贺兰敏之不穿孝服，狎妓听乐。三、和外祖母杨老太太有苟且之事。我们现在来看，前两条似乎并没有什么大罪，不过在最重丧仪的时代，也是相当"违法"的。当然，最为骇人听闻的就是和自己的姥姥有"奸情"的那条罪状，这几乎是匪夷所思的事情，实在有点难以置信。杨老太太去世时已九十有二，以八十多岁的高龄还能和自己粉嫩嫩的小外孙乱伦，也太老当益壮了吧。但武则天也是七八十岁时依旧和二张这两个如花似玉美少年左拥右抱床上缠绵，不免让人有点相信武则天和她妈在这方面确然天赋神禀，不可以常人之理度之。而且此事是从武则天的口中说出来的，如果这件事不存在，武则天恐怕不会编造这种事情。这事说来对她母亲甚至她自己的声誉都是影响很不好的。之所以将这些丑事全抖出来，只有一个解释，就是武则天当时太气愤了，一定要将贺兰敏之这个无行浪子置于死地而后快。贺兰敏之是她姐姐韩国夫人唯一的儿子，韩国夫人又和高宗暧昧，如果罪行不够分量，说不定高宗要念着旧情，对贺兰敏之网开一面，因此，武则天不惜将这个无行浪子的所有丑事都抖出来。

武则天既然下了如此大的决心，那贺兰敏之的下场就没有什么悬念了。他很快被贬到了广东，到了韶州，被早已得到密旨的人用马缰勒死了。此时是咸亨二年（公元671年）六月份，距杨老太太逝世后还不到一周年。

咸亨三年（公元672年），唐高宗和武则天驾临少林寺。正像诗中写的那样，武则天来此处不单单是游玩，对她来说，更重要的是来看一看，为亡母杨氏在此建的一座塔。这塔计划建十层，称为下生弥勒佛塔。有句俗语叫"救人一命，胜造七级浮屠（塔）"，这也说明在佛家中造塔也是非常有功德的事情。武则天来了之后，见塔依然没有建好，思及母亲生前的种种好处，不免心中悲伤。诗中最后那句"风枝不可静，泣血竟何追"，用的是这样一个典故："树欲静而风不止，子欲养而亲不待也。往而不可追者，年也；去而不可得见者，亲也。"
（汉·韩婴《韩诗外传》）

或许在生前，武则天和母亲杨氏因为种种事情也有不愉快，但是现在杨氏死了，她生前最疼爱的外孙贺兰敏之也被武则天杀死了，虽然贺兰敏之恶贯满盈，但武则天想起来，肯定对死去的母亲有所愧疚。武则天一向心如铁石，但是对于自己的母亲，她的心却也像普天下的女儿家一样柔软。

❀ 女主天下

中宗被废掉后，武则天把最后一个儿子李旦立为了皇帝，是为睿宗。中宗和睿宗先后都只象征性地分别当了五十五天皇帝和半年的皇帝，便被武则天废掉了，然后她革唐为周，自己当上了女皇帝。

当时睿宗虽然继承了皇位，但武则天不让他接触朝政，朝野内外军国大事都由武则天来决断。这一阶段的为所欲为，使武则天做女皇的愿望更强烈了。

在这一时期，武则天为将来称皇帝做了许多准备。她先把洛阳命名为神都，还改变了文武百官的称谓：尚书省改成文昌台，左、右仆射改为左、右丞相，门下省改为鸾台，侍中改为纳言，中书省改为凤阁。这些名称都带有显著的女性特征，如"同凤阁鸾台三品"即原来的"同中书门下平章事"。尚书省下属的六部中：吏部改称"天官"，户部改称"地官"，礼部称"春官"，兵部称"夏官"，刑部称"秋官"，工部称"冬官"。御史台分成了"左肃政"和"右肃政"两台，左台负责监察朝廷，右台负责纠察地方郡县。

武则天的居心被大臣们洞察，大臣们马上强烈反对。唐初名将李勣的孙子徐敬业在扬州起兵，仅十余天，徐敬业旗下就聚集了十万兵马。

徐敬业的僚属、"初唐四杰"之一——诗人骆宾王曾写过一篇《为徐敬业讨武曌檄》，笔锋犀利，文采飞扬，历数了武则天的多项罪状。檄文中称："伪临朝武氏者……昔充太宗下陈，曾以更衣入侍。洎乎晚节，秽乱春宫。潜隐元帝之私，阴图后房之嬖。入门见嫉，蛾眉不肯让人；掩袖工谗，狐媚偏能惑主。践元后于翚，陷吾君于聚。加以虺蜴为心，豺狼成性。近狎邪僻，残害忠良。杀姊屠兄，弑君鸩母……"

据说武则天接到这篇将她骂得狗血喷头的檄文以后，看了又看，感叹道："这是人才啊，可惜没有为我所用！"可见，武则天还是颇有政治家的胸怀的。

随后，武则天就集中了三十万兵马，由李孝逸率领前去平叛。只用了一个多月的时间，徐敬业兵败身亡，骆宾王不知所踪。武则天平稳地度过了这次大危机。

叛乱平定之后，武则天又把目光对准了朝廷内部。在徐敬业叛乱期间，宰相裴炎的表现让武则天很不满意，他不仅不帮助武则天对付叛军，还乘人之危，要求武则天还政给皇帝，武则天一气之下将他处死。然后，武则天罢免了另外几个宰相，将韦方质、武承嗣、韦思谦等三人任命为宰相。在之后的两年时间里，武则天频繁地调整宰相人选，逐步建立了完全效忠于自己的执政班子。

与此同时，武则天还没忘在舆论方面给自己称帝造势。她暗中指使侄子武承嗣制造了"洛河献碑"的好戏，百姓还真的以为"圣母临人，永昌帝业"的白石碑，是洛神从洛水河底送上来的，便认为武则天临朝是天意。武则天趁机改年号为"永昌"。睿宗和文武大臣们为了讨武则天的欢心，给武则天上了尊号"圣母神皇"。武则天欣然接受，打破了皇帝只有在死后才有尊号的旧制。

这时，又有人对武则天做女皇表示不满了。这个不识时务的人，是唐高祖李渊的第十一子李元嘉。但李元嘉的反抗很快就被武则天平定了。从此，再没有人对武则天的做法提出过异议。

公元690年十月十六日，六十七岁的武则天宣布建立武周王朝，公然改唐国号为周，自称"圣神皇帝"，改元天授。同时，将睿宗李旦降为皇嗣，皇太子李成器也降为皇太孙。武则天尊周文王姬发为始祖文皇帝，尊父亲为孝明高皇帝，侄子武承嗣等人也有封赏。

她专门造了一个字，给自己取名为"曌"，意思是日月当空，目无一切。

🌀 豪气干云天

武则天是中国历史上唯一的女皇帝，她的工谗善媚手段无人可比，而她宰制天下的气概和能力也是前无古人，后无来者。抛开政治因素，抛开唐代特殊的历史背景，武则天一介女流能登上天子之位，她过人的智慧、机敏的头脑和娴熟的政治手腕，绝非常人所能比的。政治是血腥的，权力是无情的，当血肉之躯与政治权力相遇，一切都为政治与权力服务，人只是一副空壳而已。

十四岁入宫，六十七岁登上天子之座，一位叫媚娘的女人用五十二年的时间打磨出了一条通往极权的道路。其中，她为了击败一个又一个女人，亲手掐死了自己的女儿，并且将自己最欣赏的儿子们送上了西天，还制住了身居要职的大臣。此时，武则天已不是正常的人，更不是女人，她只是权力的代名词。一个女人要想在男权社会中生存发展，并且最终踏着男人的血登上天子之座，除了女人的本色之外，更多的还是靠她的头脑与智慧。可惜，这一点无人承认与喝彩。

一个武姓女人当上了皇帝，无数个叫男人的奴才们高呼万岁。这不是女人的胜利，更不是男人的失败，这是历史的必然。尽管历史犯过许多错误，但这一次历史是正确的，因为历史选择了一位贤能的君主，让历史有了一次大周盛朝的震荡。

武则天的胜利不代表女人，代表的是智慧的胜利，代表着皇权斗争的胜利，而且是"前不见古人，后不见来者"式的胜利，可发"念天地之悠悠，独怆然而涕下"的感慨，感慨从此以后翻遍阅尽历史或现实的书籍，一本本寻找答案，但最终一无所获。历史就是历史，中国历史上只有这一位正统意义上的女皇帝。

武则天称帝以后，先是定纪元为"天授"，后来又用"天册万岁""万岁登封""万岁通天"等帝号，在中国古代历史上，还没有一位皇帝如此豪气干云天。

🌸 天下光宅，海内雍熙

　　武则天不仅在政治上豪奢专断，而且在私生活中也显露出惊人的一面，她像男性皇帝一样纳妾封宫，成天与面首混在一起，让男侍陪寝，过着荒靡淫荡的生活。据文字记载，当时先后有薛怀义、沈南璆、张易之、张昌宗、柳良宾、侯祥、僧惠范等人，因"阳道壮伟"而成为她的男侍。她还专门设置"控鹤监"，搜罗天下美男，对外号称专门研究儒、佛、道三教，实际上就是供其放纵情欲、淫乱享乐的"后宫面首院"。

　　薛怀义，原名冯小宝，是今陕西零县人。他身体强健，相貌英俊，本是个市井卖药郎，能说会道。据《旧唐书·薛怀义传》载，他先是与高宗的幺女千金公主勾搭成奸，后被武则天横刀夺爱。武则天从冯小宝身上尝到了未曾有过的闺房欢乐，脸上重现光泽，焕发出青春的朝气，整个人充满生机活力，连宫女们都能感受到她那久违的令人轻松的温和及体贴。当时宫中经常举行佛事活动，为了掩人耳目，让冯小宝方便出入宫中，武则天命他剃度为僧，任命他为白马寺主，并改名换姓，"令与太平公主婿薛绍合族，令绍以季父事之"，让薛绍称薛怀义为叔父，冒充大族，朝廷上下则呼为"薛师"。

　　薛怀义成为和尚后，与其他僧人合写了一部《大云经》，称武则天为转世弥勒，天意使其代唐朝称帝，在佛教理论方面提供了依据。

　　義农首出，轩昊膺期。唐虞继踵，汤禹乘时。
　　天下光宅，海内雍熙。上玄降鉴，方建隆基。

——《曳鼎歌》

　　这首《曳鼎歌》在《全唐诗》里，是武则天名下诗歌的第一篇。有些人不明就里，以为第一篇肯定就是武则天早年写的，于是写小说编故事时将此诗安排成武则天当才人时写的，其实大谬也。

　　武则天写这首诗的时间，是史有明载的。《全唐诗》说此诗写于万岁通天年间（公元696年），但《资治通鉴》说此诗写于神功元年（公元697年），似乎《资治通鉴》中所说更准确一些。这首诗是说这样一件事：这位大周朝穆穆重光中的女帝武则天，在破天荒地当上了女皇后，大兴土木，用钱靡费万亿，先是让男宠薛怀义来造明堂。这个宏大的宫殿装饰华丽、金碧辉煌，据说高九十一米多。周边长九十三米。相比之下，我们现在能见到的北京故宫的太和殿仅高三十五点五米，和唐代的明堂相比，简直就相当于武大和武松。

这还不算，武则天又让薛男宠在明堂北面造了一座名为"天堂"的宫室。这个"天堂"比明堂更高，据说登到第三层就可以俯视明堂，而"天堂"共有五层。这样算来，"天堂"差不多要有一百五十多米高，里面供了一尊大佛，佛的小指头就能容下十几人。造这两个巨大的形象工程，劳民伤财，"日役数万人"，武则天却毫不在乎。遥想唐太宗当年，一贯地约束自己，营造宫室时也是慎之又慎，刻意节俭。《资治通鉴》中曾说，"上（李世民）营玉华宫，务令俭约，惟所居殿覆以瓦，馀皆茅茨"。堂堂大唐皇帝造的宫殿居然连瓦都舍不得用，用茅草来盖顶，实在俭朴到了极点。到了武则天手里，尽情挥霍享受，太宗若得知，怕要气得吐血。

更可惜的是，这些恢宏壮观的建筑没过几年，就被怒火中烧的薛男宠一把火给点了。当时薛怀义仗着武则天的宠幸，无法无天，大行不法之事，因武则天宠幸御医沈南璆，他便气急败坏地将明堂一把火焚毁了。这把火烧得整个洛阳城内如同白昼一样亮，大火中心形成低气压，卷成旋风，把一个用血画成的大佛像（薛男宠自称自己刺血画像，其实用的是牛血）撕成了无数截——"火照城中如昼，比明皆尽，暴风裂血像为数百段。"

然而，武则天明知是薛怀义干的，虽也自觉难堪，却没有追究，反而命薛怀义主持重修明堂，烧了再造嘛。女皇的意志之下，何事办不成？天册万岁元年（公元696年）三月，明堂重建完工，改名为通天宫。宫顶最高处安置了一个昂首而立的金凤，想后来慈禧太后只不过是将"龙在上，凤在下"的传统小小地改动了一下而已，而堂堂正正地坐在女皇宝座上的武则天，当然比她要大气得多，恐怕只有这只上触云霄、俯视四垠的金凤才能象征她的风采。

四月，由武则天亲自主持祭祀之礼，大赦天下，改年号为万岁通天元年。和原来的明堂相比，又多了几件物饰，那就是用铜铸造了九个大鼎，象征着九州之地。最大的是神都鼎，因为这是"首都"所在地，故高一丈八尺，比其他的鼎要高四尺，别的鼎都是一丈四尺高。名称如下：冀州鼎名武兴，雍州鼎名长安，兖州鼎名日观，青州鼎名少阳，徐州鼎名东原，扬州鼎名江都，荆州鼎名江陵，梁州鼎名成都。共用铜五十六万零七百一十二斤。每个鼎上都画着本地的山川名胜，地方特产的图形。武则天为了好上加好，还想用一千两黄金镀在外面，使之更加金光灿灿。但大臣姚璹说"鼎者神器，贵于质朴"，弄得太华丽反倒不好，武则天这才作罢。

九鼎铸成后，武则天命陈列在通天宫前。当时的情景非常壮观，宰相和诸王亲自率军兵十余万人，加上南蛮国进贡的大白象、大黄牛一齐用力，将这九个大家伙从玄武门拉进宫内，武则天心花怒放之余，不禁写下了这首《曳鼎歌》。当然，从诗歌艺术的角度来看，这首诗全是套话，并无多少精彩之处。但耐人寻味的是，这首诗中有"上玄降鉴，方建隆基"的字样。颇有讽刺意味的是，日后毁掉武则天造的这些东西的人，正是她的孙子唐玄宗李隆基——这难道也是一诗成谶？开元中，李隆基大概是嫌这些带有大周朝痕迹的东西太碍眼，于是下诏将之统统毁掉，重新熔化后铸钱。被称为通天宫的明堂本也想拆，但为了爱惜民力，只是毁去了上面的金凤，并拆去一层，以降低其威严。到了唐代宗年间，回纥乱兵于宝应元年（公元762年）十一月入东都洛阳，他们四处烧杀抢掠，火势延及明堂，将其化为灰烬，于是华丽壮观的明堂就永远消失了。

男宠

薛怀义纵火烧毁明堂却不被追究，他便越发骄纵嚣张，树敌益多。一天，薛怀义擅自闯入只有宰相可以出入的南衙，宰相苏良嗣瞧不惯他的嚣张气焰，喝令左右结结实实地扇了他几十个耳光。薛怀义捧着红肿的脸向武则天哭诉，不料武则天反而告诫他："这老儿，朕也怕他，阿师以后当于北门出入，南衙乃宰相往来之路，不可去侵犯他。"

　　为了这事，武则天的女儿太平公主曾当面说过她母亲："为什么不选择姿禀秾粹的人来帮助游赏圣情，排遣烦虑，何必去宠幸那些市井无赖之徒，为千秋万世所讥笑呢？"武则天颇为感慨地答道："你讲得确实不错，前些时候苏丞相打薛怀义的嘴巴，就是欺侮他是市井小人啊！假如是公卿子弟通晓文墨的，南衙又岂敢随便侮辱他？！"于是太平公主就趁机把自己的情人，也是贵族出身的太宗时凤阁侍郎（相当于宰相）张九成的儿子张昌宗推荐给了武则天。她先是夸赞张昌宗年近弱冠、玉貌雪肤、眉目如画，身体是通体雪艳，瘦不露骨，丰不垂腴，接着悄悄地描述床笫之间的旖旎风光，说得武则天心花怒放，便把"面如莲花"的张昌宗纳为男侍。

　　张昌宗又引荐了其兄张易之，一同入宫侍奉武则天。张氏兄弟"俱侍宫中，皆傅粉施朱，衣锦绣服，俱承辟阳之宠……每因宴集，则令嘲戏公卿以为笑乐。若内殿曲宴，则二张诸武侍坐，樗蒲笑谑，赐与无算"。这就是骆宾王檄文中所指的"泊乎晚节，秽乱春宫"之事，这在《旧唐书·外篇列传》中也有记述，当时武则天已经是七十多岁的老太婆了。武则天不光自己与张氏兄弟昏天黑地胡搞，还替二张的母亲牵线搭桥找情人。而此时的薛怀义，因到处张扬武则天的私事，在武则天的授意下，终被太平公主率人缢杀。

　　武则天以为张氏兄弟是公卿之后、世家子弟，大臣们该没人说闲话了，但忠心耿耿的内史狄仁杰偏偏不买账。狄仁杰先前就曾力谏武则天撤除秽乱深宫的"控鹤监"，现在又梗着脖子对武则天说："昔臣请撤'控鹤监'，不在虚名而在实际，今'控鹤监'之名虽已除去，但二张仍在陛下左右，实在有累皇上的盛名。皇上志在千秋，留此污点，殊为可惜，愿罢去二张，离他们越远越好。"右补阙朱敬则劝谏武则天："志不可满，乐不可极。嗜欲之情，愚智皆同，贤者能节之，不使过度，则前贤格言也……"

　　武则天煞有介事地解释道："我嬖幸二张，实乃为了休养身体。

我过去躬奉先帝，生育过繁，血气衰耗已竭，因而病魔时相缠绕，虽然经常服食参茸之类的补剂，但效果不大。沈南璆告诉我，'血气之衰，非药石所能为力，只有采取元阳，以培根本，才能阴阳合而血气充足。'我原也以为这话虚妄，试行了一下，不久血气渐旺，精神渐充，这绝不是骗你的，我有两个牙齿重新长出来就是证明。"狄仁杰一时无话可说，只得顺着台阶就势而下："游养圣躬，也宜调节适度，恣情纵欲，适足贻害，希望陛下到此为止，以后不能再加添男侍了。"朝堂之上，君臣之间竟讨论起男侍的事情，真是千古少见。不过，武则天晚年因保养得法，年高而不衰，却也是事实，她还为此专门下诏改元为"长寿"。

清朝著名史学家赵翼在《廿二史札记》中说："人主富有四海，妃嫔动千百，后既为女王，而所宠幸不过数人，固亦未足深怪，故后初不以为讳，而且不必讳也。"意即历代皇帝都可以嫔妃成群，而武则天身为女皇，宠幸的男侍前后不过数人，即使与历史上不荒淫的皇帝相比，也是少之义少，没什么好指责的。应该说，这算是比较公正的评论。

武则天具有治国才能，统治了数百万臣民，成为中国历史上空前绝后的女皇帝，当然有足够的理由去追求奢华生活，她要的是和男性皇帝平等的情爱。另一方面，这也和当时的社会风气开放有很大关系。唐代时理学尚未盛行，封建礼教还没有完全建立，两性关系并不像后世那么禁锢与封闭。有些后人认为荒淫无耻的事情，当时的人可能并不以为耻。例如，当时像韦后和太平、高阳、襄阳、安乐、郜国、永嘉等公主以及上官婉儿等人，在私生活方面都非常放纵，均蓄养着一群男宠。因此，我们在谈论武则天宠幸男侍时，应该更加客观地将她放在当时的环境中来评判。

❀ 酷吏

在临朝称制期间，为了巩固手中的权力，打击反对派，也为了要调查民意，了解全社会的动向，武则天在朝堂上设置了四个铜匦。青匦名为"招恩"，放在朝堂东面；丹匦名为"招谏"，放在朝堂南面；素匦名为"神匦"，放在朝堂西面；玄匦叫作"通玄"，放在北边。四个匦接受的投诉内容是不一样的，每天晚上，武则天派专人打开，拿出来自全国的投诉文书，进行处理。

为了让"民意直达天听"，武则天诏令全国：凡有进京告密之人，沿途各地官府要像接待五品官那样予以接待。对于进京告密者，不分身份等级，全部接见。如果所说是实情，还有奖励，即使所告密的内容不是真的，也不追究。

这样一来，武则天接了"地气"，在民生、民意方面是得到了许多好的建议，也为百姓解决了不少问题。与此同时，武则天也发现了一大批潜在的政治敌人。为此，武则天提拔了一批酷吏。

最有名的酷吏是周兴、来俊臣等二十七人。这些人心狠手辣、手段残忍，为了打击李氏皇族等武则天的政治敌人，他们发明了很多的酷刑。

武则天的酷吏政治长达十多年，这十多年里，将反对她的李姓宗室和旧有的贵族势力基本扫荡干净了。但武则天并不是疯狂地嗜好杀戮，更不是毫无节制地屠杀。酷吏政治只是她在称帝之初这一非常时期采取的统治手段而已。

武则天利用酷吏，却并不完全信任他们。在时局平稳后，武则天便利用民愤，将酷吏们先后处死，成语"请君入瓮"就是发生在来俊臣和周兴两个酷吏身上的事。

通过酷吏政治，武则天实现了巩固了权势和皇位的目的。

❀ 长驻东都洛阳

洛阳是唐帝国的两都之一。武则天执政时期，洛阳取代长安的政治地位，成为名副其实的都城。作为一位具有独特魅力的政治家，武则天这样做自有她的道理。

　　唐朝都城在长安，长安从唐高祖起一直是第一政治中心。此外，唐朝还有一个陪都，那就是东都洛阳。从唐高祖至高宗，主要政府机构和办公地点均在长安。武则天登上帝位之后，除了长安元年（公元701年）十月到长安三年（公元703年）十月这段时间住在长安以外，其余时间一直在洛阳。《新唐书》《旧唐书》皆记载，武则天于公元684年九月改嗣圣元年为光宅元年，并且"改东都为神都，宫名太初"。改东都为神都，看来是想抬高洛阳的地位，而"太初"则意味着一切重新开始。与此同时，武则天又在洛阳立武氏七庙。公元688年二月，她还在洛阳建立了明堂。七庙是古代帝王权力的象征，明堂是帝王举行祭祀、朝会、庆祝各种大典的场所。武则天把七庙和明堂建在洛阳，无疑是想以洛阳代替长安了。此外，691年七月，也就是武则天登上皇位还不到一年的时候，她就把关内十万户居民迁到了洛阳，至此，武则天要以洛阳为全国新的政治中心的用意已显露无遗了。那么，究竟是什么原因促使她长驻洛阳，并以洛阳代替长安的呢？

　　来自传统史书的记录，一般来说是比较原始可信的，关于这件事却有着一种独特的说法。《资治通鉴》和《新唐书》《旧唐书》等史书上都记载，武则天曾与王皇后和萧淑妃争宠，王、萧失势被囚，高宗恻然伤之，对二人表示即将重新处置。武则天知道后，令人杖二人各一百，截去手足，投于酒瓮之中，还骂道："令此二妪骨碎。"二人数日后死去。此后，武则天便经常在梦中见到她们"被发沥血如死时状"。为了摆脱噩梦的困扰，她先是移居蓬莱宫，但面前还是经常出现二人的身影，不得已，就直接迁居到了洛阳。这种说法自司马光开始已流传了很久，但看似顺理成章，却有许多漏洞，引起了不少怀疑。

　　首先，武则天长驻洛阳并把洛阳作为政治中心，是高宗死后的事，距离王、萧二人之死有二十多年了，把二者联系起来成为因果关系，不免有些牵强。其次，就武则天一贯的行为和性格来看，她不像是那种惧怕厉鬼报复的人。移居洛阳之后，她也没少杀人，有学者甚至认为她杀人杀得"手滑"。因此，史书的说法难以成立。

　　另一种说法认为，武则天之所以长期住在洛阳，"无非为其曾在长安出家，避洛阳可以纵情荒淫享乐起见"。这种说法也有待商榷。

因为武则天先后任皇后、皇太后和皇帝，她的一举一动均受人瞩目。她要享乐也好，要掩盖曾在长安出家为尼之事也好，简单地靠迁居洛阳的方式并不能掩盖过去。更何况徐敬业起兵时，骆宾王起草的檄文中就有"洎乎晚节，秽乱春宫"的词句，可见她的过去早已为天下人所共知，再怎么迁都也于事无补。至于她要享乐，就更不用避人耳目了。且不说薛怀义、张易之、张昌宗为其面首一事是否属实，光看武氏的作风，她在平定叛乱和治理朝政上，手段之强硬与任何一位男性帝王相比，都是有过之而无不及的。如果她要贪图享乐，还会惧怕舆论的制约吗？

有人认为武则天长驻洛阳，主要是经济上的原因。早在隋炀帝时，皇帝留在东都的时间便比在长安的时间要多。入唐后，唐太宗曾三幸洛阳。其时关中屡遇天灾，农产品供应不足，所以帝王往往移居洛阳，等到关中农产丰收，再回到长安。唐高宗曾七次到洛阳，也主要是这个原因。至武则天，干脆就长住洛阳了。长安的运输远不及洛阳来得方便，而洛阳地处南北运河的中点，交通漕运便利，因此，洛阳得到武则天的看重，固然不排除有政治及帝王私欲上的原因，但主要是因其经济地位决定的。

还有一种说法，较前面几种而言更为新颖，即认为武则天迁居洛阳是出于政治的需要。她的目的在于改朝换代，以周朝代唐朝。在封建社会以男子为中心的传统继承制度的局限下，一个女人要夺取王位，做真正意义上的皇帝实属不易，而武则天先后作为皇后、皇太后、皇帝，这一路走来更是比别人多了几分尴尬。虽然她最后成了一国之君，拥有至高无上的权力，但是作为李氏之妇，其子为李氏之后，她和李氏之间始终存在着千丝万缕的关系，她无法改变"男尊女卑""夫为妻纲"的传统思想和以男子为中心的帝位继承制度。她不能与李唐皇朝彻底决裂，不论是贬低或是抬高李氏王朝，对她都是极为不利的，在这种进退两难的情况下，她只能选择另起炉灶，建立新的政治中心。这样一来，既不会侵犯李氏在长安的原有地位，也显示了武氏在洛阳的另一番至高无上。无疑，这一举动对于协调李氏和武氏的矛盾是有利的，同时也显示了武则天的政治才能和智慧。

　　更有一种观点认为，武则天长居洛阳的原因是高宗时期开始的独特的军事和政治原因造成的。高宗和武周时期，周边地区军事形势较初唐时有很大变化，唐朝与东北方、西方、北方的战事不断。唐高宗为了便于指挥与高丽的战争，多次来到洛阳。与吐蕃发生战争后，唐朝面临着东西两条战线，高宗就在两京之间来回奔走。从当时的实际情况来看，洛阳正好位于全国几何中心的战略位置，较之长安更加便于应付各方的种种战事。武则天上台后，在制度上标新立异，别立系统，政治原因遂成为与军事原因并行不悖的长驻洛阳的又一因素。她想抛弃长安，摆脱李唐王朝的大本营和政治、礼仪氛围。当高宗死后，她连高宗西葬都不愿回长安一趟。

　　那么，武则天要另外建立一个政治中心，她为什么不选别的地方，而是偏偏对洛阳情有独钟呢？有一种观点认为，这是由洛阳自身的各方面条件所决定的。

　　长安处于关中平原的中部，虽然土地肥沃，农业生产比较发达，但是由于它屡屡为各朝代的都城，城市人口日益增多，所以随着时间的推移，这里已很难满足城内的粮食需求。为了解决这一问题，早在西汉年间，政府就大力发展漕运事业，然而由于路途的遥远，加上三门峡一段的黄河河道狭窄，多暗礁，所以发展漕运要付出很大代价，往往得不偿失。而位于三河交汇中心的洛阳却与长安截然不同，洛阳尉杨齐哲曾在给武则天的奏章中称洛阳"帑藏储粟，积年充实，淮海漕运，日夕流行，地当六合之中，人悦四方之会"。可见，当时洛阳在经济发展方面的条件的确优于长安。

　　自古至今，洛阳的地理环境决定了它具有经济和军事两大方面的优势，历代帝王都对它非常重视。汉高祖称道："吾行天下多矣，唯见洛阳。"隋炀帝也说洛阳是"天地之所合，阴阳之所和"。这一切都说明洛阳在帝王心目中的地位，实际它也具备了作为一个都城的条件。到了武则天时期，她特别青睐洛阳，把洛阳作为新的政治中心，应该说是不足为奇的。

　　武则天之后的中宗、玄宗等，又将神都改成东都，重新回到了长安，洛阳的重要性之后渐渐失去。从这点上看，我认为武则天长驻洛阳可能是特殊环境下的特殊人物的特殊举动，洛阳本身的地位没有变化，只不过因为武则天的原因才发生了变化。

🌀 号令百花，叱咤山河

明朝游上苑，火急报春知。
花须连夜发，莫待晓风吹。

——《腊日宣诏幸上苑》

对此诗，《全唐诗》中有篇小序说："天授二年腊，卿相欲诈称花发，请幸上苑，有所谋也。许之，寻疑有异图，乃遣使宣诏……"于是，凌晨名花布苑。群臣咸服其异。后托术以移唐祚。此皆妖妄，不足信也。"意思是说，大臣们密谋对武则天采取行动，于是谎称冬天里御花园里开满了鲜花，想把武则天骗去，在那里发动政变。说得倒像后来的"甘露之变"时的情况一样，但武则天识破了这一点，让人借此诗宣诏（其实是暗中布置）。第二天，大臣们同去后花园，只见真的百花争艳，以为武则天能役使天地鬼神，于是尽皆拜服，再无异心。此说实属无稽之谈，从历史上看，武则天称帝后，政权一直非常稳固。除了晚年时张柬之策划了"中宗复辟"外，朝野中并无真实的"谋反"活动。

相比之下，另一个版本的故事更可信些。武则天称帝后，一次偶游宫苑，恰逢几枝腊梅盛开，一时兴起，就趁着酒意写下此诗，下诏让百花一齐开放。此事看来荒唐，但作为一呼百应的皇帝，武则天此时霸气十足，早已自认为是无所不能的。可参看《镜花缘》一书所写的，"武后道：'各花都是一样草木，腊梅既不畏寒，与朕陶情，别的花卉，自然也都讨朕欢喜。古人云：'圣天子百灵相助。'我以妇人而登大宝，自古能有几人……这些花卉小事，安有不遂朕心所欲？即便朕要挽回造化，命他百花齐放，他又焉能违拗！"结果第二天果然百花齐放，唯有牡丹未开。武则天大怒，使出周兴、来俊臣他们惯玩的酷刑，用炭火烧烤牡丹花枝，牡丹受不了，只好纷纷开放，但武则天余怒未消，将牡丹贬去洛阳。

所以品味一下这首小诗，我们会感觉和《如意娘》那首诗中的情调天差地别，因为此时的武则天，再不是感业寺中那个忐忑不安的缁衣女尼，她现在是女皇，她可以让山河变色、万众蚁服。纵使皇子皇孙、文武大臣，谁敢惹她不高兴，自有周兴、来俊臣等一班酷吏将之拿到大狱里，让他尝尝"定百脉""失魂胆"等听起来就让人毛骨悚然的酷刑滋味，再不然就让其直接人头落地，从世界上消失。所以当年扯块红布扎头上就奋勇投军、让吐蕃闻之胆寒的好汉娄师德，也不得不缩起头来大讲"唾面自干"的好处。（娄师德劝其弟遇事要忍耐，他弟弟说"人有唾面，洁之而已"——人家唾我一脸，我自己擦擦就算了。但娄师德说，这样也不行，你一擦，还是表明了自己的不满，你应该连擦也不能擦，让它自己干。）

读这首诗，我们能充分理解到武则天当年的霸悍之气，大有"喝令三山五岳开道"的气势。就这首诗来说，武则天充分表现了她作为帝王一言九鼎般的气势，从诗的格调来说是不同凡俗、气度超常的，但这却实非苍生万民之福。但凡最高统治者狂放无忌，自以为能呵神骂鬼、压倒天地万物之时，危机也就悄悄地来临了，这危机就是唐太宗当年辛辛苦苦建立起来的良好道德风尚和吏治被破坏了。

唐太宗当年，非常注重社会道德风范和吏治的建设，对于残忍暴虐的行为是严厉禁止的。大将丘行恭有一次为了表现自己的忠心，亲手挖出反贼的心肝生吃，结果唐太宗不但没有表扬他，反而痛斥他说："典刑自有常科，何至于此！"（处罚罪人自然有国家的法律，你这样做干什么？）在唐太宗的治下，真是制度好了，坏人也能办好事，像裴矩、封德彝等在隋朝时是大奸臣，到了唐太宗这儿便成了良臣，真有隋朝"把人变成鬼"，唐太宗又把"鬼变成人"的感觉。不过到了武则天的时代，武则天又把人变成了鬼。一时间酷吏横行，小人当政，亲人朋友统统都可以出卖。

《资治通鉴》中曾记载过这样一件事：大臣崔宣礼犯了罪，武后想赦免他，而崔宣礼的外甥霍献可却坚决要求判处崔宣礼死刑，头触殿阶流血，以表示他不私其亲。霍献可这人非常无耻，还煞有介事地用绿纱布厚厚地裹了伤口，每次上朝时还特意将官帽向上推，露出一截来给武则天和群臣看，以表现他的"忠心"。这种残忍奸伪的做法大大毒化了当时的政治空气，如果是太宗在位，肯定也要呵斥，但武则天却提倡这样的做法。一时间朝堂上乌烟瘴气，流氓无赖之辈纷纷登上天子之堂。

当时就有人写诗形容武周时官员任用之滥："补缺连车载，拾遗平斗量，把推侍御史，碗脱校书郎。糊心巡抚使，眯目圣神皇。"意思是说，武则天乱封的官车载斗量，"侍御史"类的用耙子都推不过来，"校书郎"一类的多得如拿碗当模子扣出来的一样泛滥。现在的说法就是，飞来一板砖，就能砸着三四个官。这样的做法，破坏了李世民当时的良好制度，也给唐中宗时的"斜封官"等弊端开了先河。治国首先在于治吏，小人当官，危害极大。对此，唐太宗李世民早有明言："为官择人，不可造次。用一君子，则君子皆至；用一小人，则小人竞进矣。"而与此同时，忠直之士或杀或贬，像大将程务挺、黑齿常之等人都被杀掉，以致于边患不断，给后来的唐朝造成无穷的隐患。

所以，在读李太白的"我且为君捶碎黄鹤楼，君亦为吾倒却鹦鹉洲"之类的诗句时，我们完全可以会心一笑。因为像太白这样的醉汉，什么"捶碎黄鹤楼"之类的狂言，说多少也没有什么，大不了摔碎几个酒壶酒碗罢了，我们也不妨一起高歌畅饮，疯狂一把。但是武则天的这首小诗淡淡语句的背后，却是女皇帝金口一开，便号令百花齐放，叱咤山河的女皇威仪，这其中带着从酷吏们的黑狱中吹出来的缕缕寒气，让人脊背生凉。

❁ 还政于李唐

政权稳定了，武则天本应该安下心来，但她又遇到了犯难的问题，那就是皇位谁来继承。武周王朝建立后，武则天封侄子们为宰相、将军等要职，他们掌握了朝政大权。对有功之臣也赐给"武"姓，还免掉了"武"姓的田赋，把自己的出生地文水县改为武兴县……这些迹象表明，武则天最初是想传皇位给武姓子侄的。

尤其是公元693年的祭典大礼，这一迹象更为明显。武则天居然

让侄子武承嗣为亚献，武三思为终献，而正牌皇储李旦却无事可做，场面尴尬极了。武则天的这些做法无疑是传递了要立武姓为嗣的信号，因而，变相鼓励了她的侄子们公开觊觎李旦的皇储地位。

然而，宰相狄仁杰等对武则天的这一意图强烈反对。武则天自身也很矛盾：如果立武氏子侄为皇嗣，虽然大周政权可以延续，但她作为武氏家族中嫁出去的女人，属于"外人"，是没有资格享受武氏宗庙的供奉的。而想要享受子孙供奉，就得让自己的儿子做皇储并继承皇位。但是，那样又要以高宗皇后的名义，回到已经被她打破的旧轨中去，等于还政于李唐！

幸好，她的大臣中有聪明的狄仁杰，帮她解决这个重重矛盾。

有一次，武则天做了一个怪梦，梦见一只断了两个翅膀的大鹦鹉。醒来后，她百思不得其解，便让狄仁杰给她解梦。狄仁杰马上对武则天说："'武'是陛下的姓氏，那鹦鹉自然是指陛下您。两个翅膀就是陛下的两个皇子。如果陛下重新起用两位皇子，鹦鹉的两个翅膀就会好起来的。"

这时候，宰相吉顼也在为皇储的事想办法。当时，张易之和张昌宗兄弟非常受宠。因此，吉顼对他们说："你们兄弟因为受皇帝的宠爱，群臣已经很忌恨你们了！你们想要保住性命的话，就劝皇帝立庐陵王李显为太子，将来新皇登基，你们有拥戴之功，不仅能保命，还能保住富贵。"

张氏兄弟正当盛，武则天已古稀之人，他们当然要为自己想想以后的路。所以，他们听从吉顼的指点，对李显重新成为太子起了很重要的作用。

多方的劝导及多种利益的权衡下，武则天终于清醒了。她派人将李显秘密接回了京城洛阳，太子李旦马上请求自废太子位，由哥哥为皇太子。武则天由此封李显为太子，封李旦为相王。武承嗣一见继续大统的机会没有了，不久便气闷而死。

为了避免在百年之后，自己的侄子与儿子们相互残杀，武则天特意把太子李显、相王李旦、太平公主、武姓的侄子们召集到明堂，祭告天地，立下"永不相犯，同存共荣"的誓文铁券。从这时到武则天去世，武氏子侄倒还真安分了一段时间，没有找太子的麻烦。

这一段时间，在武则天的宠爱下，张昌宗兄弟俩的权力欲望急剧膨胀，连武氏兄弟也得巴结他们。后来，他们又在武则天的默许下，开始干预朝政，这使得大臣们惶恐不安起来。

🍂 神龙政变

公元 704 年年末，武则天一病不起，连宰相都见不到她的面。张氏兄弟俩侍奉在病榻前，并趁机干涉朝政。大臣们本就对他们非常不满，此时，不满情绪更加强烈。经过周密部署，神龙元年（公元 705 年）正月发生了兵变，宰相张柬之等五位大臣趁武则天病重，在玄武门发难，迎太子李显斩关而入，斩杀张易之、张昌宗兄弟，逼令武则天退位。

病中的武则天被迫让位给李显，即唐中宗，天下重新成为李唐的天下。

被赶下皇帝宝座的武则天住进了上阳宫。中宗给她上了尊号"则天大圣皇帝"。但没有了帝位的武则天，也没有了精神支柱，身体迅速垮掉了。

公元 705 年正月二十五日，太子李显即位，标志着武则天政治生涯的结束。同年十一月二十六日，武则天的人生走到了尽头。八十二岁的武则天死于上阳宫的仙居殿。那年冬天，凛冽的北风烈烈劲吹，为一代女皇送行。

临终时，她头脑清醒地立了遗嘱："袝庙、归陵，去帝号，称则天大圣皇后。其王、萧二族及褚遂良、韩瑗等子孙亲属当时缘累者，咸令复业。"

去掉帝号，谥号"大圣则天皇后"，归葬乾陵。就是说，武则天最终还是自认为是李家的媳妇，而且去掉了自己的皇帝号，打算永远地陪伴自己的丈夫。人之将死，其言也善，她对曾经和自己在皇宫中斗得你死我活的王、萧二人不再计较，对高宗时期拼命反对她的褚遂良也不计前嫌，将他们受累及的家属一并解放。

只许立碑，不许立传。中宗满足了母亲的这一遗愿，将武则天以高宗皇后的身份葬在乾陵，和高宗合葬，并在陵前留下无字碑。

这在当时也引来了反对之声。给事中严善思上疏说，开乾陵合葬，恐怕会惊扰了高宗。不如在乾陵旁边再找一块风水宝地，另建一块陵墓作为武则天大圣皇后墓地。这样既能显示葬礼的威仪，又能稳固风水。一番激烈的争执后，中宗不打算与死去的母亲计较，决定"准遗诏从葬之"。反对之人是想让武则天连唐朝的皇后都不能做，更多的人却同意武则天回归唐朝。这说明在多数人心里，武则天还是够得上皇后资格的。

武则天以皇后身份参政二十四年，以太后身份临朝称制七年，称帝十五年，前后共掌政四十六年。

一代女皇的生命戛然而止，而关于她的种种传说却从未终止过。

万事万物，有兴必有衰，有生必有亡，武则天的大周朝毕竟在历史上辉煌过。尽管她的大周朝远不像《曳鼎歌》中说的那样，是什么"唐虞继踵，汤禹乘时"，她的千秋功过，众说纷纷，但有一点是任何人也无法否认的，那就是武则天做了很多女人甚至男性帝王都没有做过的事情，这些事情从古到今，她是第一人，而且此后也难有继承。

❀ 无字碑：千秋功过，任人评说

中国帝后陵寝向来没有立碑的传统。高宗死后，武则天命人在乾陵的朱雀门外，司马道西侧破例立了一座高大的石碑，碑文开头就写着"述圣记"。"述圣记"碑顶部是庑殿式，四角由四个力擎承檐椽。碑体由五块方石隼卯套接而成，连同顶座共七块，是取七曜照耀之意，当地老百姓称其为七节碑。中宗李显书写的《述圣记》全文就镌刻在碑的南面（正面），全文46行，共5600余字。武则天死后，李显为她在"述圣记"的对面立了一块由完整的巨石雕成、绕有八条螭龙的巨碑。然而这块雄浑庄重、巍峨壮观的石碑上却一字不写，因此称为"无字碑"。虽然武则天只树其碑，不书其颂，但对于她的一生，后人众说纷纭，文字又何止千万！

武则天死后，她的谥号多次改变，但李氏儿孙们一直很尊敬她。李显即位五年后被韦氏毒死，韦后还没享受几天女皇般的生活便被太平公主和李隆基联手除掉。之后，相王李旦继位，称睿宗。睿宗在位期间把"武则天大圣皇后"改称"天后"，"天后"是与"天皇"对应的称号，显然要比"皇后"尊贵。

公元712年八月，李旦传位给太子李隆基，在传位前一个多月时，又改"大圣天后"为"天后圣帝"。这个名号是"后"又是"帝"，从语法上来看，还是尊为"帝"的。但李隆基称帝后没几天，又把"圣帝"改为"圣后"，以免太平公主存有称帝幻想。公元716年十二月又把"圣"字去掉，改成"天后"。直到睿宗李旦死后，李隆基才追尊武则天为"武则天顺圣皇后"，武则天的身份也最终有了定论。

李隆基为武则天定位后，史臣们遵循皇帝的意思，为她在历史上定位。在大唐正史里给她特立了"本纪"。这"本纪"没有列为皇帝本纪，而是称为《武则天皇后本纪》或《武则天顺圣武皇后本纪》。也就是说，历史上不承认这位女皇帝，只承认这位武皇后。这是可以理解的，男权社会对女性主政还是极端排斥的。他们觉得这不是正统的统治，不能算作一个朝代，只能算作历史的一个变数。李家皇室自然也不愿意承认自己家的江山被外姓篡夺过，所以，武则天是无法被史书称为皇帝的。

虽然李隆基只愿意承认她是顺圣皇后，史臣们也把她当作皇后来看待，但终究难以抹杀她在历史上走过的足迹。武则天做了十五年的皇帝，加上称制的七年，实际上做了二十多年的皇帝。再加上高宗在位时期武则天参政的时间。武则天摄政四十年左右。

唐朝前期有高祖、太宗、高宗、武则天、中宗、睿宗、玄宗七个皇帝，从高祖建大唐到安史之乱，共有一百三十几年的历史，这其中五分之二的时间都是武则天在执政。从贞观之治到开元盛世，被后世称为封建社会的鼎盛时期，很多人把唐代的兴盛归功于唐太宗的"贞观之治"和唐玄宗的"开元盛世"。而事实上，"贞观之治"的很长一段时间里是在收拾隋朝留下的烂摊子，武则天之后才是"开元盛世"。也就是说，唐太宗、武则天、唐玄宗分别代表了唐代前期的恢复、发

展和鼎盛三个阶段。如果只承认唐太宗的"贞观之治"和唐玄宗的"开元盛世"，就把武则天的历史给割裂开了，那么"贞观"和"开元"还用什么来连接呢？事实上武则天是位杰出的女政治家，她以一个"男人"的姿态，端端正正地做了多年的皇帝。不管李家人承不承认，也不管史官们怎么评价，她还是不折不扣地与皇帝的头衔连在了一起。做这些，她不仅要冲破传统观念的阻挠，还要面对来自各方的打压。她凭着非凡的毅力和政治才干，在凶险的政坛上奋勇拼搏，终于让男权社会向她低头。她可以毫无愧色地向历史宣布，女人也可以做皇帝，而且能做一个好皇帝。

高高的无字碑，你在述说着什么？千秋功过，任人评说。

至今中国有两块著名的无字碑，一块是汉武帝在泰山立的，他到泰山封禅，登上山顶，认为泰山太伟大了，置于齐鲁平原中，是"蔑矣！尽矣！无以加矣"都无法形容了，于是立了一块无字碑。另一块就是武则天陵前立的，是一块完整的高达七米的大石头，关于她立这碑的目的她自己没有说明。后人猜测，一种说法认为是她觉得自己功劳太大，难以表达；一种认为是她知道自己死后一定会引起沸沸扬扬的议论，她任由世人评说。

千年前的盛世大唐，有夜夜笙歌的华清池，有美轮美奂的大明宫，有万国朝拜的含元殿，更有传奇女子武则天。她是两代皇帝的妃子，两代皇帝的母亲，而她最大的传奇则是，作为一名女皇，她是历经人世的腥风血雨，才站到了世间最高点。一边笙歌迷醉，金碧辉煌，一边却是庭院满腥风。倾城一笑风花雪月，同时也在上演着无数杀戮。

从秦始皇统一六国称帝，直至辛亥革命清宣统皇帝退位，漫漫两千多年时间里，中国历史上前后出现了两百多位皇帝，却只有一位女性名字豁然在列，她就是一代女皇武则天。

武则天的工谗善媚手段罕有其匹，诚如骆宾王在《讨武曌之檄文》中所说："入门见妒，蛾眉不肯让人；掩袖工谗，孤媚偏能惑主。"而她宰治天下的魄力和气概更是前无古人，后无来者。史家本着"不没其实"的原则，为她撰写只有皇帝才能享受的本纪，对她的一生作出客观的评价："坐制群生之命，肆行不义之威，振喉绝襁褓之儿，菹醢醉椒涂之骨，其不道也盛矣！然犹泛延谠论，时礼正人，遵时宪而抑幸臣，听忠言而诛酷吏，有旨哉！有旨哉！"

武则天为维护自己的权势和地位，不惜杀害一代忠臣长孙无忌，用毒酒杀死长子李弘；贬黜著名书法家褚遂良以及自己的次子李贤、三子李显、四子李旦等。对于胆敢违抗自己的朝中重臣来济、韩瑗、柳奭等，武则天一概严惩不贷；对于王皇后、萧淑妃等后宫妃子，先是扣上许多罪名，再让她们受尽非人的折磨，最后置之于死地，连萧淑妃的女儿也不放过。武则天重用了各种各样的人才，在称帝伊始，她提倡告密，提升索元礼、周兴、来俊臣等酷吏。滥杀了许多无辜之人，导致群情激愤。血腥而恐怖的杀戮，让她成为受世人诟病的暴君。不过史上对她贬斥最多的是她曾拥有几个男宠，这便成为她千古难泯的丑闻，以致于连同她创造的卓著政治业绩也随之淹没了。

武则天虽犯过诸多错误，但我们不得不承认，武则天在统治期间做过许多符合民众利益的事。上承贞观之治，下启开元盛世，把历史向前推进了一大步，对唐朝中兴做出了巨大贡献。

从国力上来看，唐朝在高宗、武则天时期，版图达到最大，且武则天在处理民族关系上也卓有成效。中国自秦汉以来，就是一个统一的、多民族的国家。统一是历史的主流，各民族的共同愿望。因此，衡量和评价任何一个帝王的好坏、是非功过，都要看其如何处理各民族的关系，能否维护国家的版图和主权。武则天执政时代，继承了唐太宗的民族怀柔政策和"降则抚之，叛则讨之"的策略，对吐蕃、契丹、突厥等族的侵扰和叛乱，采取了坚决抵抗、讨伐的态度，并且取得了巨大的成功。主要表现在，公元 692 年，武则天批准西州都督唐休璟收复安西四镇的请求，并慧眼识英雄，在众多的将领中擢拔王孝杰为全军主帅、武威军总管，率军大破吐蕃，一举收复安西四镇（龟兹、于阗、疏勒、碎叶），置安西都护府于龟兹，派兵镇守，加强了对西域的统治。公元 702 年十二月，武则天又在庭州设置北庭大都护府，与安西大都护府分别管辖天山南北两路，维护了国家主权和版图完整，促进了中外经济、文化的交流，增进了与中亚人民的友谊。

从经济发展方面来看，武则天促进了唐朝农业、手工业的发展，

为开元盛世奠定了物质基础。武则天重视农业生产，认为"建国之本，必在于农""家足人足，则国自安"。她命人撰成农书《兆人本业记》，颁行天下。她继续推行均田制，兴修水利，成效显著。在独掌政权的二十几年里，地方水利工程有十九项。她还把所治境内农田的好坏作为奖惩地方官吏的标准。这些措施促进了农业生产的发展。与此同时，手工业也在日渐生辉，主要表现在采矿业、铸造业和纺织业上。农业、手工业的发展，又促进了商业的繁荣，主要表现在"市"的增加或城市贸易的发达。

武则天统治时期，政治较清明。武则天提倡科学，破格录用人才。在她统治时期，进一步发展了科举制，创立了殿试和武举，并下令九品以上官吏及百姓可以自举。武则天通过科举、自举和别人推荐，选拔出来一批杰出的人才，这些人后来成为武周政权的中流砥柱，如狄仁杰、姚崇、宋璟等人。姚崇、宋璟后来还成为开元时期的贤相。连唐中期的宰相都赞扬武则天善于用人，赏罚分明。北宋史学家司马光也这么认为，武则天"政由己出，明察善断"。虽然武则天后期也曾犯过任用酷吏、重用外戚和男宠等错误，但这并不能抵消她前、中期的政绩。

而且，文化发展也取得了辉煌的成绩。武则天在位时，光耀文史，重视古建筑的修建。较著名的有长安大雁塔、嵩山少林寺、洛阳龙门石窟和乾陵。还兼容三教，使其发展。武则天本人遵儒、宠道、信佛，她派人把三教之精华汇编为一本《三教诸英》。

在那个男尊女卑的时代，一个毫无背景的女子，依靠自己超人的聪慧和过人的胆识，从一个普通的后宫女子，一步步走到了皇帝宝座，她的确创造了一段传奇和神话。皇宫禁地，有的是富贵和权威，没有的是宁静与安全，钩心斗角，利欲充斥，她是如何纵横捭阖，不但把握了自己的命运，还把江山握于掌中的呢？

对于武则天，后人评说不一，功过是非众说纷坛。比较公平的论断还是这样的话："然则区区帷薄不修，固其末节。而知人善任，权不下移。不可谓非女中英主也。"

发号施令，运筹帷幄，一个小女子引领着盛唐继续繁荣。当她站在权力的最高峰时，承受着高处不胜寒之累，回首看斑斑血泪与无数的红颜枯骨，谁人知她心？又有谁是她知音？谁濒临绝境，心中会不吃惊？谁临困苦里，身边会不冷清？无援助没照应，那一着敢说必胜。谁人到黑夜，不望能照明？谁能做我公正，静静听她心声？谁能再假定，知她无情有情？

有日月当空照，引得后人论古今。入宫是才人，她不是皇家根，一步一叩首，指点江山几时春。从来就是女作卑，从来就是男当尊，男尊女卑了几千年，小女子抖回精神。武则天让小女子抖回了精神，武则天留给史书一页新。

世界上有几个女人敢这样，把脆弱当成了坚强。那一夜疾来的风和雨，吹落了满园的芬芳。世界上有几个女人敢这样，将血泪还给世间的儿郎。繁华一梦化作长河岸，"千红一窟，万艳同悲"的绝唱。

寸心炼成了钢，百媚千娇下火场。她也曾一枝山花笑烂漫，转身间叱咤九天上。谁说女子不如儿郎，是谁说柔胜不了刚？看千古风流，人物，还有谁独秀一枝万年长。

日月凌空，六宫粉黛无颜色，艳如桃杏动君王。独权三朝，揽尽皇纲，冷若冰霜诛贪臣，减负恤民劝农桑。前承贞观，后启开元，求贤治国师尧舜，评判拓疆治盛唐。千秋功过一抔土，无字碑头一坤皇。

轰轰烈烈，君临天下唯我独尊，舍我其谁？泽惠黎民，功罪毁誉终无悔。

身后寂寞，我要的不多，只要一块无字碑。

　　我的妩媚我的泪，我的华贵我的累

　　我更愿意被叫作媚娘，武媚娘

　　而不是武则天，或者说则天女皇

　　世人只看到了我的如日辉煌

　　却不知我的感受，是那样凄凉与悲怆

　　假如人生可以重新来过

　　那么请允许我做一个小女人

　　一个娇滴滴的幸福小女人

　　如果生活可以随我心愿来选择

那么我只想要一份风花雪月的生活

我其实只愿意温柔得如水一样

风花雪月地生活着

看朱成碧思纷纷，憔悴支离为忆君

不信比来常下泪，开箱验取石榴裙

这七言绝句《如意娘》里洋溢的情意缠绵和柔情若水

正是我的衷肠

可我事实上却只能威严地立于万千苍生之上

仰天遥望，无字碑留下的是慨叹和悲伤

悲泪两行，唯有吞噬亲情和人性的代价

才能在这个充满血腥的皇权斗争中生存

满脑子风花雪月的我，无法相信无法接受

天色墨黑，高高宫墙上爬满了藤

根根长须纠缠，迷蒙里阴谋闪烁

灾难随时会降临，神经时刻高度紧张

昏暗浸润了每一个空间

在这里，人人都崩溃

多少的诗情画意也只能抽身退出

美好的追忆在花香四溢中疼痛不已

是的，我身陷权力被异化，失去了爱的功能

提前疏忽了人生的快乐

冷冷的月，凄凄的风

感业寺里孤寂着青灯黄卷的凄凉

钩心斗角的深宫内院

尔虞我诈的官场权争

我一个人如何抵挡

呐喊、诅咒，渴望燃起一把火烧掉这殿堂

一支金步摇精美

刺痛了我破碎的心

我在长夜哭泣，脑子里一片空白

不知道为什么哭泣

一切都发生了异化

月亮不再是当年的那个月亮，桂花树被拦腰砍断

吴刚的美酒也打翻了一地，只有香醇烈烈随风飘散

嫦娥保不住玉洁冰清

玉兔被活剥皮做成好菜一锅

老实、木讷的吴刚被凌迟了千百刀，刑未用完就已咽了气

我眸子迟钝，眼神发直

我声声长嘶

嗓子里发出疯子一样的尖利叫喊

严重的语言障碍让梦呓也说不清悲凉

美好的回忆化作一片片碎瓷

伤在心上，尖锐的痛越来越大

直到这伤害刺穿了我的天空

所有的柔情、温软、娇媚都在背我而远去

我只能背离了人生初衷

泪水汹涌，我的无辜在危机四伏中

碰撞出满地落英与一天的苍茫

温馨不再，和暖不再

一个敏感女人的内心深处只有悲哀

忧虑、紧张、不安、小心翼翼和绝望

点点滴滴，让我把残酷和无情的现实澄清

只有骨子里的那浓缩成汁的热血才让我呜咽

人生之初，篱笆院里的绿叶和花朵

那时的土地自由奔放，我的欢乐也辽阔无垠

可现在我只有彻夜难眠的酸楚

今生只有此岸，没有彼岸

心灵已是一片荒漠
覆盖着我下不来也输不起的青春

朱窗总有一抹秋霜
那是光晕投影留下的一层绛紫色
抓紧一个个绝境里的机遇
收获的总是作痛的致命伤
旧的伤痕一道道呈现
而新伤密集射来让我千疮百孔
尊严早被摔得粉身碎骨
我的悲痛从云端倾泻而下
我再也不能快乐，异化的环境拒绝快乐
让我快乐其实很简单
只要一朵花的开、一片叶的绿、一朵云的飘过
无法逃离这座无情无义危险而绝望的华丽牢狱
恐怖和孤独以及永恒的痛感让我把一切看清晰
我不再是一个娇滴滴的小女人了
尽管我仍然艳若桃李千娇百媚

面对我的无字墓碑
他们在虔诚膜拜千古女皇
在亘古不变的男权王国里
一个小女子傲视群雄，君临天下
那个时代的禁区全部突破
以叱咤风云的勇气，勇敢面对世俗的疯狂

我活在尘世里
可我的心凋谢了
我一直在看着倒下了许多人又倒下了许多人
他们再也醒不过来

他们的笑声、足迹和身影

都一起保存起来，装进了档案

我化作飞蛾，永远地扑向了火焰

这是天注定的轨迹，我无法选择无力回避

而在内心，我将自己捆绑

凭借泪水，一遍遍触碰情感机关

又将它弃为摆设，我早已无法流出一滴泪

有谁知道我为什么越来越痛苦

又为什么越来越停不下来

如白茫茫的雪地上被劲吹狂舞的一片枯叶

命运抛弃了我

身为女子，只能开成一朵带刺的玫瑰

我光彩夺目

迎接着一次次的灭顶之灾

我已病入膏肓已无药可救

我的一生传奇得不能再传奇

不管崇拜还是唾弃

而我只留下无字碑一座

在那片空白的碑体上

书写什么样的文字，留待后人

以品味我的英雄，我的成功，我的悲凄，我的无奈

我不再说我爱过什么人

也不再说我恨过什么人

不再含蓄也不再直抒胸臆

一切都交与时光密封，不愿再开启

其实那都是刺啊

有刺就会蛰痛五彩缤纷的梦境

所有的爱与恨我都不敢回首

我已经脆弱到了不堪一击

绚烂的星火在午夜时陨落

粉碎的我是被抛弃的形状

随着风的摆动，完全不知道将飘向何方

无论我怎么样努力，都是必然通向死亡

我已然痼疾缠身

春天不远而我怎能抵达

万丈阳光从厚厚的云层射出

逼退三万尺的霜寒

那个小女子袍袖一甩

抖露出一座锦绣江山

一步一步走进了那座到充满硝烟的宫殿

人上人了所有人的奢望

在奸诈与阴险，在争斗的夹缝

一次又一次成为牺牲品

然后又一次又一次地复出

这一个媚娘、这一个尼姑、这一位才人、这一位贵妃

直到那一个皇后、那一个大明皇帝

此刻，我就在快乐里面

质地像绸缎一样柔软

颜色像新叶一样娇艳

灿若桃花，我的花瓣半开半闭

时间不会怜香惜玉

像刀锋一样快，是为我准备的

不等天明就斩断我的利器

高处不胜寒，只留下被抽空的痛感

腥风血雨里我永不醒来

让我睡去吧，整个春天都为我在沉默
偌大的世界给我的只有冷彻骨髓的恐惧
我老了，时间让我老了

做一个身心疲惫的女王
满目苍凉满目伤
没有人知道生命的航程会不会突然断裂
就像死亡不期然而降
我心里发紧，呜呜地哭泣着
病越来越重
寂静无边无际，绝望在弥漫在浸润
冷酷和无情正是宫廷生涯的惯成色
我感受到了穿越时空的危险裹胁
面对着背叛和杀伐，我总是无语
这些年我被一次次放倒
一刀一刀地剔除着我骨子里那些不被接受的东西
我血液沸腾，冒出滚滚浓烟
之后凝固成冰
而这时春天还很遥远
我不得不将皮肤划开
朝向天空，让里面的痛苦更加迷人
我从刀锋上走过，我在沧桑里穿行
狂风大作成就了我做一个英明的王
没有人比我更华贵绚丽

承担多大的责任
就能遭遇多大的阻力
这是无可扭变的趋势
力啸千钧，长歌当哭
不屈的生命里，总是有铿锵的曲谱

那是英雄的隐喻

我放弃了风花雪月
与粗砺、心悸、冷酷、霸道相结合
危险时，我目光坚定、稳如泰山
动荡时，我操控强大、壁立千仞
魑魅魍魉，鬼蜮伎俩，都不曾含糊
我是它们一成不变的劲敌

不堪回首的往昔
无可修改的错误
生活还得继续
而我还要继续受折磨
我愿意为此守口如瓶
隐忍在心，和着血泪，一个人泣鸣
飞扬跋扈的现实
与凄美而动人，隔着一片暮色
在猝然惊醒的时候
我闻到桂花香，飘过了重重宫门
我听到马蹄声，踏过了满地落花

锦绣山河是炙热的，只能成全一个人的梦想
随着时间起伏，我看到了悲剧的价值
我拿出了丰沛的内心热情，又成全了谁
我感受到了难言的啼笑皆非

我最完美的娇媚
依然是我内心的渴求，是我最真实的本质
而武则天，我，仍是女人中的女人
请叫我武媚娘吧

第九卷

长孙皇后:

上苑桃花朝日明,兰闺艳妾动春情

东方女性是水做的,那么柔,那么媚,那么清,那么纯。那一种柔,柔得让人不能不心生爱怜;那一种媚,媚得让人不能不怦然心动;那一种清,清得优雅,清得飘逸;那一种纯,纯得高贵,纯得亮丽。

唐太宗的长孙皇后就是这样一位东方女性。

水做的东方女性长孙皇后,温婉可人、美丽不凡,她展示给世人的浅笑盈盈和宁静优雅,让人心醉,那明眸皓齿间有一抹顾盼,还有一丝娇羞,更有着一缕淡淡伤感。一启齿,一回眸,她的一笑便风情万种百媚生。

水做的东方女性长孙皇后,衣袂飘飘、秀发轻扬,那一种美是飘逸的,是玲珑剔透的,从不需要雕琢,一举手,一投足,一种由内而外散发出来的洒脱,便会展现得酣畅淋漓。

水做的东方女性长孙皇后,柔情万种、千娇百媚,展一墨书香,吟一首风花雪月;抚一曲天上人间,唱一段缠绵悱恻。那一种美,集天地之灵气与骨子里的清雅,还有女性特有的温柔。于是东方女性美

如山间之溪流，清澈明亮；洁如高空之明月，丰润妩媚。

东方女性长孙皇后的美，是那种潇洒的气质，和文文雅雅的神韵；这一种美，有着浓墨重彩画不出东方女性的曼妙，和万千语言写不出东方女性高洁名贵的魂。

> 文德皇后长孙氏（公元601年3月15日—公元636年7月28日），小字观音婢，河南洛阳人，隋朝右骁卫将军长孙晟之女，母亲高氏是北齐乐安王高劢之女，唐朝宰相长孙无忌同母妹，唐太宗李世民的皇后。
>
> 长孙氏十三岁嫁李世民，先后为皇帝诞下三子四女。武德末年，她竭力争取李渊后宫对李世民的支持，玄武门之变当天，她亲自勉慰诸将士。之后拜太子妃。李世民即位后册封为皇后。在后位时，善于借古喻今，匡正李世民为政的失误，并保护忠正得力的大臣。她一生主要成就是辅佐唐太宗开创"贞观之治"留下"千古贤后"的美名。贞观十年（公元636年）六月，长孙氏在立政殿去世，葬于唐昭陵，谥号文德皇后。咸亨五年（公元674年），加谥号为文德圣皇后。天宝八载（公元749年），加尊号为文德顺圣皇后。李世民誉之为"嘉偶"、"良佐"并筑层观望陵怀念。尝著有《女则》十卷，尚有翰墨存世，今均佚。仅存《春游曲》一首。

❀ 功助贞观

长孙这个姓氏起源于北魏皇族拓跋氏，长孙一族因是北魏宗室之长，故在孝文帝改革时，赐姓长孙。长孙家族作为皇族宗室，从北魏至隋以来能人辈出，可谓"门传钟鼎，家世山河"。

隋朝大业年间，右骁卫将军长孙晟擅长骑射，有一箭双雕的美誉，且在军事，外交上也颇有建树。

长孙晟长期处理隋与突厥的关系，曾使计分化突厥，对突厥分裂有极大贡献。突厥人对长孙晟非常敬畏，听闻他的弓声，认为是霹雳；

见到他骑马，认为是闪电。因此，长孙晟家得到霹雳堂的称呼。长孙氏就出生在这样一个贵族世家的，从小博览群书，博闻强记。她知书达理、见识广博、贤淑温柔，典型的大家闺秀风范。可以说，长孙皇后是唐太宗成就光辉的巨大助推力。长孙皇后凭借她的智慧和处世哲学，使李世民在打天下、坐天下的斗争中如虎添翼。长孙皇后克己奉公，默默地影响着太宗，发挥着她不可低估的作用。她遵循法度，从不超越界限，从长治久安出发，处处为太宗着想，功助贞观。

后世对长孙皇后的评价颇高，如唐代宋璟曾言：

文德皇后奏降中使致谢于征。此则乾坤辅佐之间，绰有余裕。岂若韦庶人父追加王位，擅作酆陵，祸不旋踵，为天下笑。则犯颜逆耳，阿意顺旨，不可同日而言也。

而刘昫在《旧唐书》则赞曰：

坤德既轨，彤管有炜。韦、武丧邦，毒侔蛇虺。阴教斯僻，嫔风浸毁。贤哉长孙，母仪何伟。

周召也在《双桥随笔》中说：

三代以来，皇后之有贤德者，唐长孙氏为最。……其贤德节节如此，又非宋高、曹、向、孟诸皇后之所能及。

天作之合

长孙皇后是长孙晟的幼女，对于这个小女儿的婚事，长孙家族非常上心。封建社会中，人们非常看重婚姻的作用。正因为看得太重，婚姻的决定权并不掌握在青年人手里，而在于父母、长辈。在古代社会，通婚作为一种政治手段，用以拉拢关系，扩大势力范围是常有的事。伯父长孙炽十分欣赏当时的唐国公李渊睿智大气的妻子窦氏，窦氏年幼时曾劝说舅父周武帝宇文邕，为了北周大局优待突厥皇后。长孙炽

认为窦氏这样一个优秀的女子必然会教出优秀的子女，因此劝说长孙晟为年幼的长孙氏与唐国公家结下姻亲。

然而，在婚约定下后不久，长孙晟便于大业五年（公元 609 年）去世了，随后长孙兄妹与母亲被同父异母的长兄打发到了舅舅家。幸运的是，长孙氏的舅父高士廉对待妹妹及其一双儿女非常仁厚。高士廉素有才望，颇涉文史，曾为隋朝显官。

长孙氏爱读史书，以古人的善恶来规范言行举止，待人彬彬有礼，赢得人们的一致赞颂。请注意，这又是一个名字不全的女子，史书只记载了她姓长孙，故而名不详。长孙氏喜文的原因与其兄长长孙无忌的教导不无关系，长孙无忌"好学、涉博文史"。

长孙氏的哥哥长孙无忌和李世民是少时好友，高士廉见李世民非常人可比，又知晓长孙氏幼年时的婚约，便在长孙氏父丧期满后，就开始促成此事，将长孙氏许配给了李世民。

在封建时代里，婚姻的成功，将左右每个人的命运。李世民出身于陇西贵族世家，他的八世祖李暠曾在今甘肃、酒泉一带建立西凉国。李世民的曾祖父李虎，是西魏宇文泰的开国功臣，死后追封唐国公。李世民的祖父曾任安州总管，祖母独孤伽罗与隋文帝杨坚的独孤皇后是亲姐妹。李渊在隋朝历任谯州、陇州、岐州等州刺史。大业初年，隋炀帝任命李渊为荥阳、楼烦两郡太守，并任殿内少监、卫尉少卿等职。

对侯门将子的李世民来说，近两百年的贵族积累，不仅令他在财富上有了积累，在思想上和政治上也很有见地。他从小住在李渊的军营中，奔波于陇州、岐州、娄烦等少数民族地区，熟悉军事。由于长期生活在中原和关陇地区，统治这一地区的北魏、西魏、北周等政权，又都是鲜卑族建立的，因而李氏家族同以鲜卑族为首的北方少数民族的接触十分频繁。李世民的祖辈多与鲜卑族通婚，可见当时民族之间的差异在逐渐消失，文化基本融为一体。

大业九年（公元 613 年），十三岁的长孙氏在豆蔻之年与时年十六岁的李世民完婚，从此开始了与李世民互爱互信、相知相伴的一生。他们共同生活了二十三年，生育了七个子女，分别是长子恒山王李承乾；次子濮恭王李泰；幼子唐高宗李治；女儿长乐公主李丽质，嫁长孙无忌之子长孙冲；城阳公主，初嫁杜如晦之子杜荷，后改嫁薛瓘；晋阳公主李明达，未成年；新城公主，嫁长孙诠。

婚后，长孙氏曾归宁于永兴里。归宁后不久，隋炀帝发动第二次征辽战争。李世民的母亲窦氏随担任督粮官的丈夫李渊出征，在涿郡意外病倒。随军的李世民衣不解带地照顾母亲，可是窦氏夫人仍不幸于大业九年（公元 613 年）五月过世。六月，杨玄感谋反，同谋兵部侍郎斛思政逃亡辽东，与其交好的高士廉被贬外放。一方面是生身母亲，另一方面是情同慈父的舅父，正值新婚燕尔的小夫妻遭到了极大的打击。二人在逆境中互相安慰，彼此扶持激励，恩爱之情非同寻常。

大业十二年（公元 616 年），唐国公李渊迁右骁卫将军，同年四月奉诏为太原道安抚大使。次年（公元 617 年），皇帝杨广敕李渊为太原留守。

李世民和长孙氏夫妻二人也随父亲就任而居太原。既没有婆婆的指导，也不见妯娌的帮衬，年仅十七岁左右的长孙氏自然而然地承担起唐国公府的当家主妇一职。在公公的信任支持和丈夫的爱护包容下，长孙氏度过了幸福的太原时光。当时长孙氏在太原附近出资修建了玄中寺，并于寺中铸造了大钟，李唐家的声望和长孙氏的仁德也随着仁寺钟声传扬，平和地在太原郡百姓心中扎下了根。

❀ 贤内助

隋朝也有过繁荣，从文帝时期开始，由于提倡节俭，储积了大量的粮食、布帛。但在这种繁荣的背后却掩盖着农民大量破产的事实，文帝的储积政策是建立在重征赋税、不赈济灾民的基础之上的。炀帝即位时，计天下储积，供得了五六十年。于是炀帝奢华无道、徭役无时、东征西讨。此举严重地破坏了社会生产力，致使万户城郭空虚，千里无人烟。其时，山东、河南、河北、宁夏等地出现了二十多支农民军反抗隋朝暴政。炀帝派大军围剿，却越剿越多。可是，"民不畏死，夺何以死惧之"！在镇压农民军的战争中，李渊立下功劳。公元 617 年，

李渊晋升太原留守。

许多地方势力乘机招兵马买，豪强武装遍布全国。公元617年，李渊起兵反隋。六月，李世民和大哥李建成奉命出击西河，这是起兵的第一战。李建成、李世民在战斗中，冲在最前面，与士兵共同作战。唐军从不扰民，赢得了民心。李世民为起兵做了很多事情，使他在政治上快速成熟起来。他在军事上也掌握了许多知识，并结交了大批英雄。

老百姓在隋朝的残酷统治下，对唐军的这种行为举手称庆，广大士兵士气旺盛。唐军来到西河城下，李建成、李世民仔细观察地形。第二天，唐军大举攻城，由于有内应放唐军进城，这一战打得很快，竟没有一人受伤便攻下了西河。

公元617年七月，李渊亲率三万唐军从太原起程，遍放檄文到各郡县，声称唐军尊立代王为隋恭帝。然后，唐军踏上了攻打长安、夺取天下的征途。

进军途中，部队不伤害百姓，由于遇到大雨，耽误了一段时间。十月，唐军源源不断地逼近长安，驻扎在长安城外的西北角。这时唐军已有二十多万人，激战十二天后占领长安。于大业十三年（公元617年）十一月入主长安，果然奉代王杨侑为隋帝，改当年年号为义宁。隋炀帝被尊为太上皇。李渊父子都得到封赏，同月二十二日，李世民被封为秦国公，次年（公元618年）三月初九改封赵国公。长孙氏随丈夫李世民先后被封为秦国夫人和赵国夫人。

义宁二年（公元618年）五月二十日，李渊受禅登基为帝，国号唐，改元武德。六月初七，李世民受封秦王，长孙氏亦随之受册为秦王妃。

建唐之初，天下未平，李唐势力范围仍很小。作为主帅，李世民常常出征在外，这期间子女的诞生给夫妻俩带来了不少喜悦。长孙氏在牵挂夫君之余，也尽力为夫君免除后顾之忧。作为秦王妃，长孙氏依旧孝顺李渊，深得皇帝公公的认可。李渊的嫡出三子李玄霸早夭，让他一直很伤痛，这时，他给李玄霸过继了一个儿子，于是将长孙氏亲生儿子李泰直接晋封为卫王、上柱国。

秦王李世民征伐四方，先后讨平了薛举父子、刘武周、宋金刚、窦建德和王世充。于武德四年（公元621年）受封天策上将，位在王公之上。

此时的秦王李世民身兼数职，威望势力直逼太子李建成，功高震主难免被猜忌。

秦王在府中招纳了房玄龄、杜如晦等大批杰士来辅佐自己。由于秦王势力的逐渐壮大，李世民夺帝位的欲望也越来越强。李建成见李世民日益强大，遂焦躁不安。于是，李建成处处贬低和打击李世民，经常在高祖面前进谗言。

平定洛阳后，李世民拒绝了前来相邀的贵妃等人，秦王部属又多次与后宫亲属产生摩擦。

就这样，秦王府上下对后宫已多有得罪。反之，太子、齐王与后宫妃嫔时常往来，极力讨好尹德妃、张婕妤，她们便给高祖吹"枕边风"，谗害李世民。

眼见长期在外浴血征战的丈夫与皇帝公公疏远，又为太子、齐王所妒，秦王妃长孙氏直接出面缓和矛盾。她常常出入皇宫，对高祖十分孝顺，连细微的方面都考虑周到；她对嫔妃们极其友好，处处忍让，总是赞扬她们的恩德，从而赢得她们的好感；她极力解除丈夫与皇帝的嫌隙，在后宫中为丈夫存留助力。

她在李世民和太子李建成之间极力劝和。在姒娌之间，她不怕吃亏，凡事忍让几分，顺从她们，从不顶撞，尽量让她们挑不出刺儿，以消除猜忌。

在尚书右仆射萧瑀和太子少保李纲等人的鼎力支持下，高祖李渊最终没忍心对李世民下死手。秦王妃长孙氏等人同心协助，为秦王李世民的绝地反击赢得了宝贵的备战时间。

正如历史上无数次的皇权斗争一样，兄弟阋墙终于发生。

🌸 手足相残玄武变

武德二年（公元619年）末刘文静事件，高祖已冰封了秦王。只因内外战事不断，唐廷必须仰仗秦王武功，不得不在每次战事吃紧时，一次复一次地启用李世民，而事平之后对战功越发显赫的李世民猜忌

更重。

武德末期，皇帝猜忌日重，太子、齐王日渐紧逼，李世民的处境更加艰难。在武德七年（公元624年）六月杨文干事件，秦府与太子齐王两败俱伤之后，双方争斗进入白热化。

同年七月突厥再度寇边，情势危急，太子、齐王与多数大臣纷纷赞同迁都。唯独李世民直谏，认为夷狄之患不足为惧，请求出征讨伐突厥。高祖听从了他的请求，但是太子与后宫妃嫔却乘机进谗言，诬陷李世民谋掌兵权以篡位。高祖再起疑心。

之后，高祖在城南狩猎，太子将一烈性胡马交给秦王，让他驯练，太子的目的是要借驯马之机摔死秦王。不想，秦王驯马后，完好无伤。他泰然自若地对太子说："不是想害我死，就能行得通的，死生有命。"太子却借机将这句话改了，然后让后宫与他关系好的妃嫔，在高祖面前妄言为"天命"，如此诬陷秦王有不臣之心，让高祖大怒。但碍于边境不宁，缺不了李世民这位军事奇才，不得不按下此事。

一计不成再生一计，太子于东宫设宴，欲用毒酒加害李世民，结果也没成功。他便又和齐王策划在昆明池暗杀李世民，并乘机逼宫。幸得率更丞王晊得知阴谋并将此事告知李世民。经过一系列的事件，持续加剧着秦王府与东宫之间的矛盾。秦王妃长孙氏没有放弃弥补的努力。面对丈夫及其部署遭遇的不公和打击，长孙氏越发警醒地意识到摆脱困境的紧迫感。形势越来越严峻，此时的秦王妃长孙氏没有退缩，她义无反顾地站在丈夫身后，和胞兄长孙无忌及房玄龄等秦王府僚共同给予丈夫毫无保留的支持。

对秦王势力的壮大感到如坐针毡的高祖，于武德九年（公元626年）六月三日，当李建成借征讨匈奴之机，向他提出调用李世民的部将时，为了抑制李世民，高祖欣然同意了。李世民派人去请房玄龄、杜如晦。房玄龄、杜如晦推辞说："陛下有旨，令我等不准结交秦王。若再去秦王府，死路一条呀！"

李世民对右骁将军尉迟敬德说："你去一趟，若他们不来，就杀了他们！"长孙氏转头瞪了李世民一眼。李世民知道事情办得太绝了，但碍于面子不便收回此令，便转身背对着妻子。

"尉迟将军，请留步。"长孙氏喊道。

"夫人有何吩咐？"尉迟敬德知道她有更好的办法，便停了下来。

长孙氏来到兄长长孙无忌面前，耳语了一番，对尉迟敬德说："将军，你们一起去吧。一旦有事，也好互相照应。"

长孙无忌和尉迟敬德走后，李世民深情地看着长孙氏，赞扬之意溢于言表。看到房、杜二人后，长孙无忌诚恳地说："来时，王妃明言相告，说殿下已决心效仿周公杀管、蔡，请二位从速入府共谋。否则，大王真生气了。王妃吩咐，我四人不要一同回府。"

房玄龄、杜如晦笑了，佩服长孙氏的机警。他们打扮成道士，夜里偷偷地潜入秦王府。

长孙氏站在天井院中，见房、杜二人来到，她连忙迎上前去问候，对二人说："有劳二位先生了，如今局势危急，这其中的奇谋还需仰仗二位，大王久候多时了，快去相见吧！"

公元 626 年六月四日凌晨，秦王府的将士们戎装待发，准备到玄武门伏击太子李建成。突然，通常站在丈夫身后的长孙氏，此时竟出人意料地出现在了丈夫身旁。长孙氏穿着礼服，头戴珠髻，手握酒杯，缓缓而来。她从容地依次从每一位将士身上掠过。大院中安静下来。

"诸位将士，"长孙氏一反温柔顺从的性格，大气凛然地勉励将士，说，"成败在此一举，我在这里给大家饯行，愿同生共死，誓为秦王效忠。"众将士听了，皆把手中的酒杯高高举起，一饮而尽。

妻子无所畏惧地生死相随、不离不弃，更激励着李世民和将士们。在李世民的率领下，秦王府八百将士在玄武门设伏。

玄武门之变以秦王的完胜而告终，李世民杀死了太子李建成、齐王李元吉。

李渊迫于无奈，三天后的六月七日，册立李世民为皇太子，长孙氏随之成为太子妃。八月八日，李世民登基为帝，即唐太宗。在他登基后十三天，册封长孙氏为皇后，从此明君贤后，交相辉映。

长孙皇后与唐太宗李世民之间是否有爱情，这个问题曾经纠结了很多人。有的人认为，这两个人在一起就是政治联姻；有的人则认为，这两个人本就是青梅竹马。

　　我倾向于青梅竹马说，因为史书里说长孙皇后的伯父长孙炽十分折服于李渊之妻窦夫人的见解。想必两家人属于世交，世交就意味着双方的家长与小孩都是非常熟悉的，那么长孙姑娘和李世民基本就是一起长大的哥哥和妹妹。由于双方家长认可，郎情妾意，两厢情愿，两位新人拜天地入洞房，彼时，长孙十三岁，李世民十六岁。

　　长孙皇后应当是位美丽的女子，她美目盼兮，巧笑倩兮；她明眸皓齿，青丝若瀑。在温暖的阳光之下，在繁盛的花木丛中，她嫣然一笑，美不胜收。

　　李世民爱上这样一个一起长大的可人儿有什么悬念呢？若是没有那样的爱与不舍，李世民断然不会外出征战讨伐，也把长孙姑娘带在身边。而金戈铁马、刀光剑影的沙场，若不是因为爱与牵挂，养尊处优的长孙姑娘如果不是自愿，也不会有谁强迫她随夫远征。

❀ 出众风流旧有名

　　登基后，长孙皇后和唐太宗颇有闲情逸趣。有一日春景正盛，长孙皇后在内苑游玩，见桃花灿烂，嫩柳抽芽，一片欣欣向荣之景，便乘兴赋诗，名曰《春游曲》。太宗听闻后，"见而诵之，啧啧称美"。

> 上苑桃花朝日明，兰闺艳妾动春情。
> 井上新桃偷面色，檐边嫩柳学身轻。
> 花中来去看舞蝶，树上长短听啼莺。
> 林下何须远借问，出众风流旧有名。

　　贞观初年，长孙皇后创作了一首活泼浪漫的诗，名曰《春游曲》，这是长孙皇后留下来的唯一的一首诗，诗中体现出长孙皇后鲜为人知的另一面。

　　诗中描写的是，后宫佳人在桃花芳菲烂漫之际，翩然穿梭于漫天锦绣之中，观蝶聆莺。桃花因偷得她的面色而娇艳，嫩柳因习得她的腰身而身轻。她自负地认为，自己的出众风流之名早已远播于世间，又勿须借问。

此诗被某些迂腐的老学者究斥为"艳诗"。但这首诗事实上描绘的是一位幸福张扬而自信的一面。

如果这首诗不写明作者，恐怕很多人不会想到是长孙皇后所作。在传统印象中，作为贤后榜样的长孙皇后，应该是正襟危坐，手拿《女则》，和庙堂中的泥菩萨一般不食人间烟火，无情无欲，没有半点"人味"才对。而这首诗中的长孙皇后，居然像个活泼可爱的寻常少妇一般，而且还挺"开放"的，什么"兰闺艳妾动春情"之类的话，既直白又大胆，不免让旧时的一干老儒看得不时摇头，尴尬万分。

明朝钟惺的《名媛诗归》卷九中就这样说："开国圣母，亦作情艳，恐伤盛德。诗中连用井上、檐边、花中、树上、林下，一气读去，不觉其复。可见诗到入妙处，亦足掩其微疵。休文四声八病之说，至此却用不著。"钟惺虽然也夸长孙皇后这首诗作得不错，但还是觉得长孙皇后作为"开国圣母"有失"庄重"，说什么"恐伤盛德"。

就算是今人，也有持这种看法的。并且有人以此来否认这首诗是长孙皇后所作的。这个人的名字叫郭绍林，他最主要的理由就是，此诗和长孙皇后的身份不符。有人曾这样说："该诗通篇充斥着'动春情''新桃偷面色''嫩柳学身轻''舞蝶''风流'等词句，显得轻佻、放纵。这种口气和情调不但与长孙皇后的履历、身份不符，也与她的性格不符。"看来现在还有相当多的人以为，长孙皇后就该是那种呆守礼制的木偶人，殊不知个性张扬的大唐美女和后世裹了脚的病小姐是大不一样的。

有人觉得长孙皇后这首诗是伪作的另一个理由就是，七律在唐初尚未成熟，且不多见。这一点说得有点道理，但也不能就此断定此诗是伪作。我们看长孙皇后这首诗，表面上好像是像模像样的七律，中间两联从词句上看也对仗工整，但仔细用七律的平仄来套的话，就会发现有好多"失粘""失对"等出律之处。其实，这正表明了应该是长孙皇后所作的。因为当时格律并未成熟，才会有这样的现象。隋唐初期，七律少见，但并非没有，且不说庾信的《乌夜啼》，隋炀帝就有一首《江都宫乐歌》："扬州旧处可淹留，台榭高明复好游。风亭

芳树迎早夏，长皋麦陇送馀秋。渌潭桂楫浮青雀，果下金鞍跃紫骝。绿觞素蚁流霞饮，长袖清歌乐戏州。"另外，和长孙皇后同时代的上官仪、许敬宗都写有这种风格的七律诗。因此，伪作之说，不能成立。

通过这首诗，我们了解到长孙皇后作为一个女人，也是有娇艳妩媚的一面的，她同样是有笑、有歌、有情、有欲的女人。大唐的风气本就是如此，长孙皇后作为鲜卑女子，而唐朝本来也是胡汉交融、风气开放的时代。其实这样真挚坦诚的感情，比后世那种迂腐虚伪的风气要健康多了。

中国的历史上，经常喜欢将人，尤其是他们所认为的贤人圣人，木偶化、泥塑化，抽离了真实的血肉，按自己希望的形象用泥糊起来，放在香烟缭绕的殿堂里供奉。然而，幸好有这样一首诗，能将我们带回贞观年间，充分了解到长孙皇后真实而又可爱可亲的一面。

历来对中国女子有一种误解，贤惠的女人定是那不苟言笑的女人，更何况是长孙氏这样没有任何瑕疵的女人，一定如庙里的菩萨。长孙氏仅存的这首诗，恰恰让我们看到历史上一个不一样的皇后。大唐女子应有的风采，出众风流旧有名。让我想到了"数风流人物，还看今朝"这句诗，这是一个多么自信的情怀，甚至有点骄傲和自满，这是一个完美的女子。很难相信被卓越不凡的李世民宠爱了二十余年的女子会是一个呆板无趣之人。

🌀 母仪天下

长孙皇后生性简约，以谦俭为德，不喜欢浪费，所需用品，够用就可以。她对于皇子的要求也很严格。她经常训戒诸位皇子，要求他们以谦恭节俭为先，即便对于自己的亲生子女也不例外。

太宗初登大宝，政局动荡。经过多年的战争，国家满目疮痍，百废待兴。长孙皇后虽住在深宫，但她知道国贫民困，平常的穿着打扮端庄朴素，从不讲排场。她的节俭并未随着国家经济的好转而改变。

一天，她看到太宗上完早朝，便请他到御花园散步。太宗心想，她一定又有什么事要告诫他了。长孙皇后一边陪太宗赏花，一边劝道："陛下，你没有发现宫女太多了吗？我想放还一部分宫女。"

太宗问道："多一些宫女听你调遣不好吗？"

长孙皇后说："放还宫女能大大减少财政开支。尽管国家已经有钱了，但我们仍应该节俭。这部分宫女是多余的，放还后于国于民都有好处。"

太宗是个明主，立刻点头同意。从此，长孙皇后放还了一批又一批宫女，最多一次放还了三千多人。

长孙皇后经常对诸子说："那些珍奇的玩物和浮华的技艺，是亡国的斧子；珠宝玉器，实在是迷乱人心的毒药；穿着和玩赏的东西纤巧华丽、巧夺天工，贡献的珍奇之物，像神仙制造的一样，其实是在败坏淳朴敦厚的风尚；漆器本身并非引起叛逆之方，而夏桀造之遭到众人反叛；玉杯岂是招亡之术，商纣用之而国亡。正由于了解了奢侈靡乱之源，才不能不遏止它们。做事处处效法节俭，还担忧流于奢侈？如果效法奢侈，又靠什么约束后人？千王理乱之踪，百代安危之迹，兴亡衰乱之运，得失成败之机，本来就包含在心胸之中，往返在眼前。然而，知之非难，行之不易，功业显著时容易骄傲自满，天下太平时容易放纵自己。应抑制心态，像开始时一样谨慎，坚守当初的志向，改正轻微的过失，用来发扬高尚的道德，选今天的正确代替昨天的错误。这样，便事业可成了。"

长孙皇后的长子李承乾，自幼便被立为太子，由他的乳母遂安夫人总管东宫的日常用度。遂安夫人对于太子十分上心，觉得东宫之内器物还不够，于是在长孙皇后面前屡次要求增加费用。长孙皇后虽然爱护儿子，但并不想助长东宫的奢侈之风。她对遂安夫人说："身为储君，所患者德不立而名不扬，何患器物之短缺与用度之不足啊！"于是驳回了遂安夫人的请求。

贞观的风气从此处也有所体现。

太宗与长孙皇后还常常奉养高祖，诚心尽孝。贞观六年（公元632年）十月，太宗和长孙皇后回到京师，侍奉太上皇宴于大安宫。"帝与皇后更献饮膳及服御之物，夜久乃罢"。

贞观八年（公元634年）三月，高祖在两仪殿摆宴，宴请西突厥使者。因贞观以来，功业极盛，四夷臣服，高祖十分高兴。太宗与长孙皇后互进御膳，又献服御衣物。长孙皇后执栉为高祖理发戴冠，看到高祖发已花白，心中感怀，与太宗皆不禁流泪，如同家人常礼。

长孙皇后善待每位嫔妃宫人，真诚和气。嫔妃病了，她要亲自去探视，询问病情，派人尽心照料。为了不破坏后宫的制度，她把自己的药停了，省下钱来给生病的妃子买药。她的仁爱赢得了妃子们的敬重。豫章公主刚出生，她的生母就身染重病。临终时，这位妃子已说不出话来，只是把手覆在长孙皇后的手上，以泪洗面。长孙皇后见她不停地看着小公主，顿时明白了。她说："你安心吧，我会照顾好小公主的。"这位妃子听了，才微笑着闭上了眼。长孙皇后视小公主如己出，加倍疼爱，其程度超过了亲生子女。此事传为朝野的佳话，大家对母仪天下的长孙皇后极为赞美。

长孙皇后御下平和，从不要威风，从不无故令人有冤。太宗长年行军打仗，脾气难免急躁。后廷之人常因小事触怒太宗。长孙皇后深谙太宗脾性，总能让在气头上的丈夫熄灭雷霆之怒。

有一次，唐太宗一匹心爱的骏马突然无故死掉了，唐太宗迁怒于养马的宫人，"将杀之"。长孙皇后并没有直接为宫人求情，而是对丈夫谈起了二人曾经共同读过的一个故事："过去齐景公因为马死了要杀人，晏子就请求列举养马人的罪过。他说，'你养的马死了，这是你的第一条罪；让国君因马死而杀人，老百姓知道了，必定埋怨我们的国君，这是你的第二条罪；诸侯听到这个消息，必定轻视我们的国家，这是你的第三条罪。'齐景公听后便赦免了养马人的罪。陛下曾经在读书时看到过这件事，难道忘了吗？"唐太宗听了妻子的这番话后自然会意，养马宫人也因此得以免罪。

唐太宗对房玄龄说："皇后在各种政务政事上都能启发影响我，对我极其有好处。养马人这样的宫人只是皇宫内苑里极其卑微的人物，但长孙皇后仍然以她的仁慈、智慧照拂着他们，不因他们地位卑微而轻视他们的安危和性命。正是因为有这样一个宽和明理的女主人，才能使得宫内没有任何冤屈。"

长孙皇后懂得见机行事。太宗有时因为一些小事对宫人发怒,长孙皇后便帮着太宗指责宫人,向太宗提出把宫人关起来,由她处理。随后她再寻找时机劝解太宗,让太宗放了关押的宫人。

长孙皇后喜爱看书籍图传,即便是梳妆打扮时也手不释卷,成为皇后后依然如此。她经常与丈夫共执书卷,谈古论今,从容以对,发表独特见解,对丈夫与朝政大有裨益。唐太宗对长孙皇后一向爱重,正因为爱且尊重长孙皇后,所以即使朝政大事他也毫不避讳,经常向长孙皇后询问朝中赏罚之事。长孙皇后不想回答时,就以"牝鸡司晨,惟家之索"为由拒绝干涉朝政。李世民却一定要和她讨论,再三询问,长孙皇后无奈之下决定不理睬丈夫,以沉默应对,对此李世民对妻子也毫无办法。熟读史书的长孙皇后崇尚礼法,决不肯超越礼法的规范。她经常告诫公主皇子们,不可做伤大体之事。

🌸 关雎美后德

唐太宗和长孙皇后情义深重,对于妻子的家族也十分恩宠。登基之后,对长孙家族常常恩遇逾制。

长孙无忌与唐太宗为布衣之交,又是皇后胞兄,还是辅佐元勋,李世民视为心腹,让他自由出入皇宫内室,对他的待遇,群臣无人堪比。唐太宗几度想要任命他为尚书右仆射,却遭到长孙皇后的反对。她觉得自己身为皇后,家族的贵宠已极,不愿意家族子弟遍布朝廷。于是再三阻挠丈夫授予哥哥大权。太宗认为长孙无忌才兼文武,故没有听从长孙皇后。但长孙皇后异常坚定,在无法说服丈夫的情况下,转而私下命令哥哥坚决辞职,长孙皇后深以盈满为诫,说服了胞兄让位。

拗不过妻子的坚持,李世民只得解除长孙无忌尚书右仆射的官职,却将他升为从一品的开府仪同三司,让长孙无忌享受高官厚禄但不管事,长孙无忌得以闲职高薪退避宰执之位。

长孙皇后这才满意地喜见颜间。

长孙皇后坚持抑制外戚,她对外戚之事一直以前代为鉴,长孙皇

后对于家族的看法再联系日后之事，足见她非凡的远见和智慧。

长孙皇后还利用自身对丈夫的影响力来护慰朝廷贤良，匡正丈夫的过失。长孙皇后一方面欣赏"庇护"着魏征那些敢于直言的忠臣，另一方面也在不断地提醒李世民要行仁政。她以女性特有的力量，在男权至上的封建社会发挥着独特的作用，辅佐皇帝丈夫，使得初唐出现了有利的政治局面。君明、后贤、臣直，文治武功，春风和睦，亲切包容。大唐初期迎来了它令后世魂萦梦绕的理想境界——贞观之治。

长孙皇后对于丈夫的事业一直以来都是全力支持的，作为皇后，她在内宫治理上的优秀自不必多提。护庇忠良，赞成帝治更是十分出色。长孙皇后对于太宗是十分了解的，她知道丈夫为君不易，虽然李世民在纳谏方面做得已经非常出色，但总有疏忽不及的地方，况且善始善终对于任何人而言都不是易事。于是她常常劝说丈夫，要始终记得容纳良言。

长孙皇后和唐太宗生有不少儿女，太宗对他们都宠爱有加，关爱之心与寻常父亲并无区别。长乐公主李丽质因是长孙皇后所生，太宗对她特别钟爱，并将她许配给了长孙无忌之子长孙冲。

贞观五年（公元631年），开始准备嫁妆，唐太宗对众臣说："长乐公主，皇后所生，朕及皇后并所钟爱。今将出降，礼数欲有所加。"大臣纷纷表示"陛下所爱，欲少加之"，于是进言请求双倍于永嘉长公主，太宗欣然同意。然而魏征对此表示反对。因为永嘉公主乃是长乐公主的姑姑，此举逾越了礼制。

太宗回宫把此事告诉了长孙皇后。长孙皇后得知此事后感叹魏征能"引礼义抑人主之情"，对他大加赞赏，还特地派人前去赏赐给魏征绢四百匹、钱四百缗，并传口谕说："听闻你正直，现在见识到了，希望你一直保持，不要改变。"在太宗并未有所表示的时候，长孙皇后直接对魏征加以赏赐，并暗示自己会给予支持，可谓给魏征注入了强心剂。也正是因为有长孙皇后这样的靠山，魏征的正义直谏才会这般顺利。

长孙皇后曾借长乐公主李丽质嫁妆一事谏言，她认为，"韩非谓之说难，东方朔称其不易"，忠言逆耳利于行。肩负国家社稷之人最要紧的就是容纳忠言。"纳之则世治，杜之则政乱"。如果太宗能深刻了解，那么就是天下之幸。甚至临终之时，她仍不忘嘱咐丈夫，要亲信君子，远离小人，要容纳忠臣良言，不可听信谗言，停止游猎劳役。

诗经有曰："夙夜匪懈，以事一人。"果然是这样，唐太宗得贤后作配，对其良多助益。唐朝有这样敢于谏言、远见卓识的皇后，贞观之治的出现就是必然的了。

长孙皇后虽然不主动出面干涉朝政，但她对于贤良一直都很看重。唐太宗是一个性情中人，手下谏臣众多，尽管太宗善于调整心态，听取意见，但难免有被冲撞的时候。盛怒之下，也会出现过失。这个时候，身为妻子的长孙皇后就会发挥她的柔性力量，安抚丈夫，护佑贤良。

最著名的莫过于"朝服进谏"。一次，李世民下朝回宫后，十分气愤地对妻子说："我以后找机会一定要杀了那个乡巴佬！"长孙皇后问道："是谁惹怒了陛下？"李世民回答说："魏征经常在朝堂上羞辱我。"长孙皇后面对盛怒中的丈夫，既没有顺水推舟出言煽动，也没有唯唯诺诺，而是默不敢言。然后，她做了一个奇特的举动，暂时不理会丈夫，她退到里间，换上了正式的朝服，然后走到丈夫面前表示祝贺。李世民十分惊奇，询问妻子的用意。长孙皇后则笑着答道："我听说君主开明则臣下正直，如今魏征正直敢言，是因为陛下的开明，我怎能不祝贺呢？"太宗听了转怒为喜，之后更加重视魏征。

同样受惠于长孙皇后的还有房玄龄。

详观上面两件事情，长孙皇后对于太宗的影响自是不用多说。自古国家将兴，必有明君临朝，而又有贤后作配。关雎美后德，长孙皇后维护中正之臣，实不负关雎之美。

❀ 情深怎奈无常到

九成宫作为避暑度假佳地，深得唐太宗的青睐。贞观六年（公元632 年），他和长孙皇后一起去九成宫避暑，兴之所至便拉着妻子在九成宫中散步，历览台观。帝后二人走到西城背阴处时，突然发现所处

位置的泥土异常湿润。太宗放开妻子之手，拿起手杖朝地上深杵，不多久，便冒出了泉水，帝后二人十分欣喜。太宗特地让魏征撰文，欧阳询书刻《九成宫礼泉铭》，以作纪念。

长孙皇后在国事上操劳，在生活中是太宗的贤妻，与太宗互敬互爱。有一段时期，太宗病了，一直未见好转，长孙皇后日夜不离左右，衣不宽带，耐心地安慰病中的太宗，劝他与太医配合。为此，她在腰上系了一小袋毒药，发誓：一旦皇上百年，她便服毒自尽。

太宗大病初愈，长孙皇后却病倒了。

贞观八年（公元634年），帝后生死相依的情景再度出现。在九成宫的深夜，驸马柴绍突来报告，说外面发生政变，太宗立刻穿上盔甲。同房就寝的长孙皇后，见丈夫全副武装准备，不顾自己病体虚弱，立即紧跟太宗而出。左右竭力劝说她应以身体为重，然而长孙皇后只顾念着丈夫，不惜自身病情加重，执意随从丈夫。长孙皇后说："外边出了事，皇上已经去了，我怎能独享安逸呢？"左右听了，只能扶起重病的她出去了。

无须誓言表白，多少次危难中的生死相随，增进了李世民与长孙氏在相知相守的岁月中的浓情深意。无论夫妻俩身份如何改变，情意始终不渝。

由于日夜操劳，长孙皇后的身体逐渐衰弱。贞观八年（公元634年）秋，长孙皇后陪同太宗在九成宫避暑，旅途劳顿，受了风凉，到达九成宫后就病了。虽经太医精心治疗，但病情依然不见好转，这可愁坏了太宗。

一天，太子李承乾前来探望。他对长孙皇后说："母后，请向父皇启奏，大赦天下，度人入寺为僧，可能得到福助，病会好的。"长孙皇后说："生死有命，富贵在天，岂能随便大赦天下。释佛之教，来自异域外国，兴盛反祸于国民。怎能因为我一妇人而乱了天下之法。真要是那样，还不如我死了的好。"说完，长孙皇后咳个不停。

太子把皇后的话告诉了房玄龄，房玄龄则在早朝上告诉了太宗。太宗听后十分感动，群臣纷纷要求举行大赦，太宗准奏。然长孙皇后坚决反对，再三要求不能乱了天下之法。

"陛下，请把那道赦免令撤了。这样做，是以国家的礼法徇私，这是天理难容的。妾的病不会因大赦而减轻，妾会于心不安的，陛下！"她在太宗面前极力地阻拦着，太宗只好取消了大赦令。

后来，长孙皇后病愈了。整个后宫充满了欢声笑语，宫内上下都在一种温暖和谐的气氛中生活着，使唐太宗可以把整个身心投入到管理国家大事中。

贞观九年（公元635年），皇太子李承乾纳苏氏为妃，然而喜悦之后却连接着悲伤，接踵而来的太上皇李渊的驾崩，给长孙皇后和李世民这对夫妻又一次沉重打击。丧期的哀痛诱发了长孙皇后早年罹患并时常发作的气疾。次年，病势加重，药石皆不见效。

贞观十年（公元636年）六月，天气特别闷热。太阳烤着长安的大街小巷，树上的蝉不停地叫着，皇宫也酷热异常。

立政殿中，长孙皇后躺在床上，双眼紧闭着，瘦削的脸无比苍白，连双唇都泛起了青紫色。太医们进去出来，无可奈何的神情告诉太宗：皇后已无药可治了，就算华佗再世也无能为力。太宗每天上朝回来都坐在床前，无言地看着她，满脸的愁容。

一天，皇后悠悠转醒，脸部泛起红晕，双眼特别有神。她望着床边的太宗，说："妾不放心本家兄弟，为了保全他们的子孙，请陛下看在夫妻一场的分儿上，别让他们处高位，只要让他们平平安安就是大幸了。陛下不要负了妾呀！"长孙皇后喘息着，继续说："自古圣贤都崇尚节俭，妾无益于人，死后也不要留害于人，但求入土为安。请陛下不必起坟，无须棺椁，俭薄送终，就是陛下对妾的一片爱意。不要让儿女来奔丧，这会让妾心里不舒坦。"说完，她哭了，眼中充满了对人世的留恋。突然，她用力呼吸着，用力说："妾愿陛下能保重身体，使大唐江山长治久安。"

早年，太宗驾幸太原，长孙皇后生病，他曾亲自到石壁寺礼谒禅师，并解众宝名珍，为妻子供养启愿。于是太宗决定再次求助于佛家。贞观十年（公元636年）四月，李世民下诏修复天下名胜古寺392座为皇后祈福，著名的善寂寺、修定寺便在此列。

虽然太宗期待佛家的福祉能够又一次给妻子带来好运，但是，幸运没有再次眷顾。

贞观十年（公元 636 年）六月，长孙皇后崩逝于太极宫立政殿，终年三十六岁。太宗悲伤不已，遵从皇后遗愿。十一月，太宗把皇后葬在醴泉县的九峻山上，营山为陵，是为昭陵。太宗亲书祭文，刻在石碑上，立于昭陵前。

纵观长孙皇后的一生，她与太宗从少年结发，一起互相扶持，走过了二十三载。于爱伉俪情深，于政相辅相成。"一与之齐，终身不改"。二十三年的一路相随，二十三年的相濡以沫，只是时间太少，才二十三年而已。

从打天下、拼江山到玄武门之变、再到开创贞观盛世，长孙姑娘和她的爱人同生共死，一起经历大风大浪的惊险，也终于迎来大唐盛世的繁华。

长孙皇后逝世后，太宗经常流连于书房、花园、亭台，寻找她的踪影。皇宫后苑中的一座亭台上，中年太宗昂首独立，他的神色迷离。他就这样痴痴地站着，凝视着天空，仿佛能穿越时空，见到死去的皇后。太宗说："我建这座亭台，是为了能在这里见到她！"

长孙皇后才艺超群。唐朝皇室历来擅长书法丹青，长孙皇后的儿子李泰与李治亦善书法，只不过李泰工于草书、隶书，李治除了工于草、行、隶书外，还与父亲一样，工于飞白体。李世民亲自抚养长大的晋阳公主李明达也是写得一手好飞白，临摹父亲的手书甚至到了周围人都分辨不出哪个才是真迹。

长乐公主李丽质墓志记载其"（公主）散玉轴于缥帙，悬镜惭明；耀银书于彩笺，春葩掩丽"。翻译成白话文就是，展开公主所作的画卷，悬挂的明镜就显得黯淡无光；展示公主所写的书法，就连春天的花朵也被掩去丽色。

尽管长孙皇后的书法墨宝年久失传，但看过长孙皇后墨宝的古人，都将其与吴采鸾、胡惠斋、张妙净、朱淑真、管道升等诸位女书法家相提并论，甚至称赞说"皆具有俊才，出其柔翰，俱各精妍"，可见长孙皇后的书法水平亦是不容小觑。

一直以来，很多人认为，长孙皇后所编的《女则》，内容与明朝仁孝皇后徐氏的《女诫》等倡导三从四德的书籍相同，事实则不然。

"以教宫壶"的《内训》白底黑字地提到："有所谓《女宪》《女则》，皆徒有其名耳。"

所谓《女则》徒有虚名，言下之意就是说《女则》名不符实，"女则"不是"女"之"则"。

《旧唐书》很清楚地定义了长孙皇后所著《女则》的内容："撰古妇人善事，勒成十卷，自为之序。"显然，长孙皇后的《女则》不是女性的行为规范。

长孙皇后所著的《女则》，至少在永乐年间还有存留，只是不符合当时的女性价值观而已。《女则要录》有十卷、二十卷、三十卷等多种说法。

此外，长孙皇后还有《史论》一作，此文全文已失传，从史书中提到的一段内容来看，此文批判的是东汉明德皇后马氏不能抑制外戚"贵盛"而开启祸端一事。

长孙皇后去世那年，李世民读着亡妻所编的《女则》而怆然泪下。侍从们纷纷劝他节哀，龙体要紧。但悲痛欲绝的李世民却对侍臣说出了"我岂不知道皇后之崩是天命而不能割情？只是想到失去贤妻良佐，仍然克制不住悲伤"这样的话。当是时，太宗和长孙皇后夫妻二人的情深意笃已然昭显，侍从们听了，都感动得哭了。

也是从那一年开始，李世民把他和长孙皇后所生的女儿晋阳公主和儿子李治带在身边亲自抚养。当李世民批阅奏章的时候，晋阳公主就在父皇的膝上好奇地睁大双眼，看那些可能她并不认识的字；而李治就坐在父皇身边乖巧地看书。一个日理万机的皇帝亲自带两个孩子，若不是对妻子的深情与挂念，是断断不会这样做的。

🏵 哀不能禁

长孙皇后出殡，李世民"亲临宵载，义追深远"，更亲自为长孙皇后撰写碑文。之后太宗又做了件前所未有之事。他认为仅是在寝宫陵殿安奉皇后并不够，于是命人在元宫外的栈道上修建了宅舍，令宫

人居住其中，如侍奉活人一般侍奉皇后。

贞观二十三年（公元 649 年），唐太宗入葬元宫，高宗李治希望继续保留栈道宅舍，却被大臣谏止，理由是，按照旧例，"只有寝宫安养供奉之法，而无陵上侍卫之仪"。可见这种在寝宫陵殿之外再修宅舍对已逝之人供养的方式，为李世民首创。在李世民心里，长孙皇后一直活着，永远活着。

长孙皇后入葬昭陵后，太宗对她的思念无法停止，为了缓解思忆之苦，便在宫中建起了层观，终日眺望妻子的陵墓，还让大臣陪同悼念。

一次太宗让魏征陪同，并指着昭陵的方向问魏征是否看清了。魏征装作没看见，太宗顿时着急，问："怎么会没看见，那是昭陵啊！"魏征闻言回答说："以为陛下望的是献陵，原来是昭陵啊！"

太宗听后明白魏征是在提醒他，不要只顾及思念亡妻而忘了父亲，于是他痛哭着下令拆掉了层观。在那个以孝为先、"夫不祭妻"的时代里，李世民如此张扬地思妻念妻，被人嘲弄讥讽也是理所当然的。尽管太宗这样追思妻子的行为是违背礼教传统的，却也是一个天子的真情流露。太宗作为封建帝王，对此礼制不会不知，却还是毫不避讳地建层观，望昭陵，甚至还拉着大臣一起怀念。只能是用情太深，情难自已了。层观虽然拆除了，但李世民对爱妻的思念却并没有因此而停止，反而越发汹涌难以自控，以致于他在一次回诏中，公然向大臣倾诉自己在丧偶之后，心神恍惚、当食忘味、中宵废寝的悲苦情境。

再后来，李世民又活了很久。可以说，李世民作为一个盛世帝王，身边围绕众多女子是必然的，他再对其他女子动心也是情有可原的，但终究没有谁可以替代长孙皇后在他心里的位置。所以此后再没有哪位女子做了唐太宗李世民的皇后。他的皇后从来只有一位，就是那位姓长孙的女子。

长孙氏死了以后，太宗身边缺乏了贤内助，逐渐骄傲自满，纳谏之风日益枯竭，太宗治国再也不像从前那样谨慎周全了。旧时的人们，往往有红颜祸水之说。历代昏君的罪过，似乎也要有一多半算在后妃的身上。然而，史册中也有被赞为"坤厚载物，德合无疆"足以母仪天下的贤后。这其中，长孙皇后当仁不让地要占第一名。当然，长孙皇后能成为天下首屈一指的贤后，和李世民是千古罕见的明君是有相当大的关系的。雍容典雅、光照百代的长孙皇后，一生几乎找不出任何瑕疵，堪称千古贤后第一。

❀ 恩及屋上乌

太宗对长孙皇后的宠爱，同样惠及长孙皇后的亲族。太宗对长孙无忌的宠遇众所周知，自太宗登基开始便一再加恩，委以腹心，群臣莫及。

长孙皇后父亲早丧，后来由舅舅高士廉抚养，她与李世民的婚事也是由高士廉促成的。因此，太宗一生对高士廉都非常感激，极其敬重。

贞观二十年（公元 646 年），高士廉病重，太宗亲临其家探望，并和他述说生平往事，感慨流涕。

贞观二十一年（公元 647 年），高士廉去世，太宗因"故旧情深，姻戚义重"，不顾自身病体和大臣劝谏，执意要去临丧。后来在陪葬诏中太宗又不忘强调"朕爰在弱龄，早敦姻戚，绸缪眷遇，多历年所"，可见其对高士廉的感念。

类似"地兼贤戚""地兼姻戚""椒掖之亲"的词语，在下达给长孙无忌和高士廉的诏书中比比皆是。当然，长孙无忌和高士廉的受宠除了长孙皇后的原因之外，还因为自身的才干，可是其他人却是实实在在地"以后亲"了。

长孙皇后的族子长孙祥，他的父亲长孙安世曾经是王世充部署，但因为长孙皇后的缘故，长孙祥得以在唐廷做官，并最终做到刑部尚书。

长孙敞因受贿被免官后，太宗却因为他是皇后的亲叔叔，常常赏赐给他大量丝绢，不久后便重新任命，还升他宗正卿。

长孙皇后临终前之所以要说"妾之本宗，慎勿处之权要，但以外戚奉朝请，则为幸矣"。当一个皇后不去忧虑人走茶凉，反而担心皇帝莫要赏赐太多时，必然是因为皇帝已经对她的家族太好了。

其实唐太宗对长孙皇后亲族的好，也就是和普天下所有爱妻子的

丈夫一样，爱她所爱，亲其所亲。身为帝王，在自己力所能及又无伤大雅的范围里给予妻子最好的。

母爱者子抱

唐太宗宠爱的儿女皆为长孙皇后所出或收养。即便是冰冷客观的史书里，也依然能感受到那一腔热烈的、由对妻子的热切挚情所演化而来的拳拳父爱。翻开史书，唐太宗对长孙皇后所育儿女的宠爱比比皆是。

长孙皇后的长子李承乾，性聪敏，太宗"甚爱之"。对于长子，太宗夫妇寄予了厚望。在李承乾年幼时，长孙皇后、李世民就给他找了侍读，又让魏德明，孔颖达教授承乾儒家典籍。太宗登基后，便立李承乾为太子。他十二岁时，太宗就开始有意识地锻炼他身为储君的政治能力了，下诏令承乾"宜令听讼"，还说"自今以后，诉人惟尚书省有不伏者，于东宫上启，令承乾断决"。后来又为他开设学馆，并先后派遣房玄龄、魏征等重臣加以辅佐。

李承乾身体不好，太宗舍不得让他多读书，但李承乾并不因此放纵，反而在太宗问他治国策略时显示了其才能。对此太宗非常高兴，特地向群臣炫耀了一把。

贞观年间，李承乾两次生病，太宗先后请道士、高僧入宫为太子祈福。李承乾病愈后，太宗又度了三千人出家，为他建造普光寺、西华观，并赦囚徒。长孙皇后去世后，李承乾渐渐长大，开始不修德业，行为叛逆，太宗却依然对他宠爱纵容，直到李承乾谋反事败。

然而太宗却不忍心依律将他处死，最终只是将李承乾废黜。在废太子诏中，太宗感叹"况乎冢嫡，宁不钟心"。虽然李承乾的作为伤了唐太宗的心，但在后来重新选立太子时，太宗仍然念着他的安危，竭力保全。

长孙皇后的次子李泰，聪敏绝伦，"宠冠诸王"。太宗登基后改封越王，李泰所获封地多达二十二州，其他同时受封者却只有八州。

后又加封其雍州牧，左武侯大将军，余官如故。雍州即长安的京畿之地。因为太宗宠爱，李泰迟迟没有出宫就藩，连带李泰的儿子也被带入宫中抚养，长孙皇后亲自给其赐名"欣"。

除了王府之外，太宗还将芙蓉园和东都洛阳一个坊及此坊所在之地，一并赐予了李泰。李泰喜好文学，太宗便为他设文学馆。李泰编写《括地志》成，太宗多次赏赐，以至用度超过了太子。因李泰体胖，为了免却儿子上朝辛苦，太宗特意赐给他小辇。类似这种私爱不胜枚举，以至史官感叹"其宠异如此"。

后来李泰夺嫡被贬，太宗却仍然认为"朕之爱子，实所钟心"，还对大臣表示自己"钟心念泰"，只是为了社稷，不能不忍痛割爱。没过多久，太宗又重新晋封了李泰。

长孙皇后的幼子李治，太宗对他十分钟爱。为庆贺李治出生，太宗下令赐天下是日生者粟。贞观二年（公元628年），幼子李治诞生，洗儿礼时，长孙皇后赠给幼子一个吉祥之物——玉龙子。这本来是李世民于晋阳宫所得，看它"虽广不数寸，而温润精巧，非人间所有"，便作为礼物送给了妻子。长孙皇后一直将它放在衣箱里，趁着这次幼子诞育，才又转赠。后来李唐皇帝"以为国瑞，帝帝相传"。李治封号晋王，为并州都督，之后又加封右武侯大将军。

长孙皇后去世时，李治年幼，在母亲的葬礼上，哀慕甚深。太宗见状，对他更是怜爱，后来便亲自抚养李治，在长孙皇后去世后多年，仍然舍不得他出宫，于是李治一直没有出宫到晋王府居住，直到被立为太子。

虽然住在宫中，但李治在宫外却有一座占一坊之地的王府。贞观十七年（公元643年），李承乾被废，太宗开始想立李泰为太子，但大臣认为要先安置晋王，不然难以保全。李世民听后涕泪交下，说"我不能"，于是便找来大臣定计立了李治。

李治成为太子后，太宗对他的宠爱丝毫不减，即便李治已经纳妃生子，也不愿和爱子远离。导致大臣多次上疏要求太宗让太子回东宫，不要总是留在身边过分溺爱，然而收效甚微。

征辽期间，因为李治担心前线战事，太宗为他创飞表奏事。因为

李治担忧太宗打仗不爱惜身体，太宗便不再身先士卒。一次李治久久没有回信，太宗在终于接到信后非常激动，回信写道"忆奴欲死""少顷忽得手书，忧惶一时顿解"，足见其爱子之深。

太宗和长孙皇后另有四个女儿，长女长乐公主李丽质，美丽聪慧，太宗和长孙皇后"并所钟爱"，并在她出嫁时嫁妆逾制。长乐公主还曾协助长孙无忌等劝说太宗打消了分封功臣的想法。

长乐公主因病去世，太宗非常悲痛，将她葬在了离元宫很近的地方。并打破皇子、妃嫔、公主只设一道石门的制度，设了三道石门，昭陵已发掘的陪葬墓中仅此一例。

城阳公主是长孙皇后所生，太宗对她也非常喜爱，将她嫁给了杜如晦的嫡子杜荷。因为尚公主，杜荷得封郡公。后来因参与李承乾谋反案被赐死。太宗再次为城阳公主指婚，由于前段婚姻不顺，太宗特命人为婚事占卜，欲破黄昏行吉礼的婚制，而改由白天行吉礼，以期女儿有一段良缘。

晋阳公主李明达是唐太宗极其喜爱的女儿，长孙后去世后，太宗"亲加鞠养"。年仅五岁的晋阳公主很思念母亲。唐太宗外出巡幸都会带上晋阳公主，每次经过妻子生前到过的所游之地，都会告诉女儿，孝顺的晋阳公主便控制不住自己的悲伤，哀哀地痛哭起来。

晋阳公主和李治感情亲厚。李治上朝之前，晋阳公主哭着不舍哥哥离开。唐太宗见此情景也泪流满面。晋阳公主常常在太宗发怒时为大臣求情，在宫中还常常临摹父亲的飞白体，久而久之写字时便有了太宗的风格。将太宗和晋阳公主的字出示大臣，大家都无法辨别。然而晋阳公主未及出嫁就去世了，太宗万分悲痛，连续一个月没法进食，身形消瘦，大臣见状纷纷进谏，但唐太宗却对来劝勉的臣子叹道："你们说的那些道理，其实我都明白。我也知道人死不能复生，再怎样的悲伤都与事无补，但是不知道为什么，我就是控制不住这种悲伤啊。"最后太宗下令用晋阳公主汤沐之资，在公主墓旁修建佛寺，给早夭的女儿追福。

新城公主初封衡山公主，打破了名山大川不得作为封号的规定。公主墓志记载其册封后便"汤沐增赋"，可知新城公主和姐姐晋阳公主一样小小年纪就有了实封。新城公主先是许婚魏征之子魏叔玉，后来因事婚约被解除，太宗又在妻子生日那天宣布，将女儿许配给皇后的侄子。贞观二十三年（公元649年），太宗感到自己大限将至，担心耽误女儿的婚事，便开始张罗新城公主出嫁事宜。由于程序烦琐，最终还是没来得及，还是留下了遗憾。

除却嫡出儿女，长孙皇后还收养了庶女豫章公主。因为是被长孙皇后收养，太宗对豫章公主的感情也十分不同。豫章公主死后，太宗非常悲伤，很长一段时间里都穿着素服，以至群臣惊恐，纷纷上疏劝谏，要求皇帝克制悲伤。

唐太宗对长孙皇后所生子女的溺爱事迹还有很多，古人云"母爱者子抱"，太宗对于长孙皇后子女的宠爱，即便在她过世后也丝毫不变，反而更加浓重，怜子而思母。男人总会爱他所爱之人生的孩子，这一点，即使帝王明主也不例外。

❀ 追福建庙

贞观十年（公元636年），因哀痛妻子逝去，唐太宗搜访道林，度人出家，为长孙皇后祈福。

贞观十四年（公元640年），长孙皇后和祖考们（皇祖弘农府君李耳、宣简公李熙、懿王李天赐、太祖景皇帝李虎、世祖元皇帝李昞、高祖大武皇帝李渊六人）同享天子七庙乐，七庙登歌，每室别奏。文德皇后庙乐，奏《光大》之舞。

贞观十五年（公元641年），太宗又命高僧道宣为长孙皇后造供养经，此经卷至今尚存。同年，长孙皇后的次子李泰在洛阳大兴土木，于龙门山开凿佛窟，为母亲追福。等到佛像即将完工，十月，唐太宗亲自前往龙门检验，看到一切满意后，命令中书侍郎岑文本撰文，起居郎褚遂良书写，刻发愿文《三龛记》于石碑之上。这就是著名的《伊阙佛龛碑》，立于贞观十五年十一月，是龙门石窟形制最大的摩崖碑刻。碑文中述写了李泰在母亲去世后，思念母亲恩德，于是在龙门造佛像

的经过。

不可否认，李泰此次造佛像的确有讨好父亲，与长兄李承乾竞争之意，但除此之外，追思母恩也是不必怀疑的。此时长孙皇后已然过世五年多了，李泰谋嫡时扔抬出母亲来讨好父亲，说明在李世民心中，对妻子一直没有忘怀，足见其痴心情长。

贞观十六年（公元 642 年），太宗命人在太平观内为长孙皇后造原始天尊像，"二真夹侍，拟香园之妙，写空歌之仪"，以此为爱妻追福。

李治一直知道父亲对母亲的深深思念，自己也经常回忆起母亲生前的种种慈爱。贞观二十二年（公元 648 年），皇太子李治一心"思报昊天，追崇福业"，于是在唐太宗的支持下，建造了一座宏伟富丽的寺院，起名大慈恩寺，以此来纪念母亲。

大慈恩寺的规模很大，共有十几个院落（现仅存唐代时的西塔一院，其余早已荡然无存），1897 间房屋，云阁禅院，重楼复殿，十分豪华。唐玄奘称其"壮丽轮奂，今古莫俦"。大慈恩寺落成，太宗和太子举行了隆重的入寺仪式。当时"其锦彩轩槛，鱼龙幢戏，凡一千五百余乘，帐盖三百余事"，并经、像、舍利等从弘福寺引出，京城僧众执持香华，呗赞随后，文武百官各将侍卫部列陪从，"眩日浮空，震耀都邑"，沿路观者数亿万人。此外，太宗特地将玄奘任命为主持。高宗即位之后，玄奘认为大慈恩寺是皇帝为母亲追恩所建，此事应该立碑传扬后世。高宗应允，亲制碑文，即《慈恩寺碑铭》。碑将至寺，玄奘法师"惭荷圣慈，不敢空然待送，乃率慈恩徒众及京城僧尼，各营幢盖、宝帐、幡华，共至芳林门迎"。终唐一世，大慈恩寺香火鼎盛，是长安城中的佛学名胜之处，无数文人墨客在此留下了足迹。直到千年后的今天，依然矗立。

同年，唐太宗令苏方士为长孙皇后造《妙法莲花经》以追福。从长孙皇后逝世到唐太宗病逝这十三年间，太宗给长孙皇后的追福活动一直不曾停止。虽然身处皇权中心，但李世民追忆妻子、李治感恩母亲的感情，与平常人并无二致。高宗登基后继续为母亲追福，并于龙朔三年（公元 663 年）立资圣寺于崇仁坊。

❀ 生则同寝死同穴

长孙皇后遗言要求薄葬，希望不起坟茔，以山为陵。一向爱重妻子的太宗不仅听从，更下诏将其作为祖制，唐昭陵九嵕山唐太宗与长孙皇后的合葬地以传后世。从此开创了唐朝以山为陵的先河。其后，太宗命令阎立德营建昭陵。

在长孙皇后去世当年，太宗就开始设想将来与妻子的合葬事宜，决意将来与爱妻同穴而眠。先是于贞观十年（公元 636 年）十一月，刻六骏雕像于昭陵。后又在十一年（公元 637 年）二月，下达了功臣陪葬诏，并开始陆续让功臣葬入昭陵。

其实在长孙皇后生前，便与太宗同住一个寝宫，正因为如此，柴绍等中夕告变之时，才得以"扶疾以从"。

贞观二十三年（公元 649 年），太宗入葬昭陵，等待了十三年的长孙皇后终于又一次与丈夫聚首。正所谓"伉俪之道，义期同穴"。长孙皇后和太宗生同寝死同穴，不负夫妻之义，伉俪之情，感人至深。

神京背紫陌，缟驷结行輈。
北去横桥道，西分清渭流。
寒光向垄没，霜气入松楸。
今日泉台路，非是濯龙游

——唐·朱子奢《文德皇后挽歌》

裴回两仪殿，怅望九成台。
玉辇终辞宴，瑶筐遂不开。
野旷阴风积，川长思鸟来。
寒山寂已暮，虞殡有馀哀。

——唐·李百药《文德皇后挽歌》

黄门晓出西清仗，秋色满天鹰犬王。
虎落遥连渭水南，鸾旗直渡河桥上。
日边云气五色文，虬须天子真天人。

羽林猛士森成列，六气不惊清路尘。

太平无征帝神武，岂为禽荒将按旅。

已知哲后佐兴王，不数樊姬能霸楚。

从容数语郎罢田，六官迎笑花如烟。

眸回那待外庭疏，听谏由来同转圜。

天宝神孙赓大业，锦绣五家争蹀躞。

可怜风雪骊山宫，正与真妃同射猎。

——元·张翥《题长孙皇后谏猎图》

唐宗烈烈，踵美三王，

实维哲后，左右椒房。

调和直谅，奖进忠良。

用俾房魏，勋庸显彰。

煌煌彤管，千年遗芳。

——明·张居正《长孙进贤》

　　长孙皇后确实是水做的东方女性，她那种东方女性隐隐约约的柔情，和那种朦朦胧胧的婉约，正是浅唱低吟说不尽的风华绝代，也是生花妙笔写不出的风情万种。

　　水做的东方女性，正是我们心中的女神。这样的女神曾经于"蒹葭苍苍，白露为霜"中，在水一方地绝美呈现，也曾玉立在西湖边上浣纱，还曾容光高洁地朝游江北，夕宿湘沚。东方女性在过人头的莲花中荡过舟，东方女性在出浴时回眸一笑倾国倾城，东方女神还在酒醉回舟时惊起一滩鸥鹭。那时的她低眉回首却把青梅嗅，那时的她在日暮荡兰舟，顽皮地在藕花深处争渡，那时的她面如桃花，当风乍起，那吹皱的三月春水正是少女之心。

　　长孙皇后其实一直活着，她是个女神，在缠缠绵绵的梦里，在温温婉婉的情中，一直活着的女神让我们看到了她的根，原来在晶莹剔透的水中。